Otto Friedrich Bollnow – Schriften

Band 1

OTTO FRIEDRICH BOLLNOW
SCHRIFTEN

Studienausgabe in 12 Bänden

Herausgegeben von

Ursula Boelhauve, Gudrun Kühne-Bertram,
Hans-Ulrich Lessing und Frithjof Rodi

Band 1

Das Wesen der Stimmungen

Königshausen & Neumann

Gedruckt mit Unterstützung der ROBERT BOSCH STIFTUNG

Bibliografische Information der Deutschen Bibliothek

Die Deutsche Bibliothek verzeichnet diese Publikation in der Deutschen Nationalbibliografie; detaillierte bibliografische Daten sind im Internet über <http://dnb.ddb.de> abrufbar.

Gedruckt auf säurefreiem, alterungsbeständigem Papier
Umschlag: skh-softics / coverart
Bindung: Buchbinderei Diehl+Co. GmbH, Wiesbaden

Printed in Germany
ISBN 978-3-8260-3930-0
www.koenigshausen-neumann.de
www.buchhandel.de
www.buchkatalog.de

Inhalt

Ergänzende Texte

Vorwort der Herausgeber zur Studienausgabe

Die Studienausgabe der *Schriften* von Otto Friedrich Bollnow (1903-1991) macht es sich zur Aufgabe, die systematischen Hauptwerke des Philosophen und Pädagogen, die zum Teil seit Jahren im Buchhandel fehlen, für eine neue Lesergeneration zu erschließen. Die Schriften sind nicht nach der Chronologie ihrer Entstehung, sondern nach Sachgruppen geordnet. Sie erscheinen als Auswahl in der jeweils letzten, vom Autor selbst besorgten Fassung. Lediglich die Anmerkungen wurden formal vereinheitlicht. Druckfehler wurden stillschweigend korrigiert.

Ein weiterführendes Studium wird ermöglicht durch die Website der Otto-Friedrich-Bollnow-Gesellschaft (www.otto-friedrich-bollnow.de), die in jahrelanger Arbeit durch Prof. Dr. Friedrich Kümmel, Tübingen, erstellt worden ist. Sie enthält neben den in diese Studienausgabe nicht aufgenommenen Werken zahlreiche, bisher unbekannte Textentwürfe und -varianten, die für das Verständnis der Genese von Bollnows Schriften unverzichtbar sind.

Die Herausgeber danken allen bisherigen Inhabern von Urheberrechten an den Werken Bollnows für ihr freundliches Entgegenkommen sowie dem Verlag Königshausen & Neumann dafür, daß er dem Werk Bollnows eine neue verlegerische Heimat gibt. Besonderer Dank gilt der Robert Bosch Stiftung, durch deren Unterstützung die Ausgabe ermöglicht wurde.

Zur Einführung in Band 1

Mit dem Buch *Das Wesen der Stimmungen* trat Otto Friedrich Bollnow 1941 zum ersten Mal mit einem größeren systematischen Werk hervor. Vorausgegangen waren die Monographien über Friedrich Heinrich Jacobi (1933)[1] und Wilhelm Dilthey (1936).[2] Was hier nun vorgelegt wurde, war der Entwurf einer philosophischen Anthropologie, der für seine ganze spätere Lebensarbeit bestimmend geblieben ist. Insofern kommt dem Buch für unser heutiges Verständnis von Bollnow eine Art Schlüsselfunktion zu, und es steht nicht zufällig an der Spitze dieser Ausgabe der *Schriften*.

Den zwei Hauptteilen des Buches, in denen die „gehobenen" Stimmungen zunächst von den „gedrückten" abgehoben und dann in ihren zeitlichen Strukturen untersucht werden, ist auf knapp 30 Seiten eine Skizze des methodischen Ansatzes vorgeschaltet. Mit diesem theoretischen Teil zieht Bollnow Konsequenzen aus drei philosophischen Strömungen: der Lebensphilosophie, der Existenzphilosophie und der philosophischen Anthropologie. Dies bedarf heute, fast 70 Jahre nach Erscheinen des Buches, einer kurzen Erläuterung.

Bollnow hatte zunächst bei dem Göttinger Physiker und Nobelpreisträger Max Born promoviert, bevor er, Impulsen der Jugendbewegung folgend, zur Philosophie und Pädagogik überging. Das philosophische Leben im Deutschland der ausgehenden zwanziger Jahre war stark bestimmt durch Heideggers 1927 erschienenes Buch *Sein und Zeit*, das sich schon in Heideggers legendären Vorlesungen in Freiburg und Marburg angekündigt hatte. Bollnow hat auf Anraten seines Göttinger Lehrers Georg Misch diese Vorlesungen gehört und hat intensiv teilgenommen an der Auseinandersetzung mit Heidegger und Husserl durch Mischs Buch *Lebensphilosophie und Phänomenologie.*[3] Hinzu kamen seit 1928 Einflüsse durch die neuen Ansätze einer philosophischen Anthropologie, die mit Max Schelers Vortrag *Die Stellung des Menschen im Kosmos*[4] und mit Helmuth Plessners Buch *Die Stufen des Organischen und der Mensch*[5] gleichsam inauguriert wurden. Vor allem durch Plessners wenige Jahre später erschienene Schrift *Macht und menschliche Natur*[6] hat Bollnow starke Anregungen erfahren, die für seine eigene Konzeption einer philosophischen Anthropologie entscheidend

---

1 O.F. Bollnow: Die Lebensphilosophie F.H. Jacobis. Stuttgart 1933, 2. Aufl. Stuttgart u.a. 1966.

2 O.F. Bollnow: Dilthey. Eine Einführung in seine Philosophie. Leipzig 1936, 4. Aufl. Schaffhausen 1980. Erscheint als Bd. 10 dieser Studienausgabe.

3 G. Misch: Lebensphilosophie und Phänomenologie. Eine Auseinandersetzung der Dilthey'schen Richtung mit Heidegger und Husserl. Bonn 1930, 3. Aufl. Darmstadt 1967.

4 M. Scheler: Die Stellung des Menschen im Kosmos. Darmstadt 1928.

5 H. Plessner: Die Stufen des Organischen und der Mensch. Einleitung in die philosophische Anthropologie. Berlin 1928; jetzt Band IV der Gesammelten Schriften.

6 H. Plessner: Macht und menschliche Natur. Ein Versuch zur Anthropologie der geschichtlichen Weltansicht. Berlin 1931; jetzt in Band V der Gesammelten Schriften.

waren. Hierbei spielte eine Rolle, daß sich Plessner in jenen Jahren den Positionen von Dilthey und Misch angenähert hatte und für das Verhältnis von Philosophie und Anthropologie dem von der Göttinger Lebensphilosophie gewiesenen Weg folgte. Diltheys zentrale anthropologische Aussage: „Was der Mensch sei, sagt ihm nur seine Geschichte“[7] war von Misch in seinem Buch *Lebensphilosophie und Phänomenologie* in dem Sinne abgewandelt worden, daß das bloße „Sein“ in Diltheys Diktum verstanden wurde als „Macht“ oder „Mächtigkeit“: „Gemeint ist mit dem ‚Sein‘ des Menschen zugleich: was der Mensch vermag – die innere Mächtigkeit des menschlichen Lebens.“[8] Dies war das Stichwort für eine „Kulturanthropologie“ – das Wort in dem Sinne genommen, daß der Mensch primär durch sein Verhältnis zur Kultur definiert wurde. So hat Plessner den Menschen als „Schöpfer und die produktive ‚Stelle‘ des Hervorgangs einer Kultur“[9] aufgefaßt – eine Formulierung, die Bollnow häufig zitiert hat.

Eine andere, gleichfalls von Dilthey stammende und von Misch weiterentwickelte Konzeption war der Gedanke der Unergründlichkeit des Lebens und des Menschen. Misch hatte gefordert, „daß das Wissen von der Unergründlichkeit des Lebens als verbindlich für die Theorie des Wissens selber erkannt“ wird.[10] In dem zentralen Abschnitt *Das Prinzip der Unergründlichkeit oder der offenen Frage* schrieb Plessner ganz in diesem Sinn: „In der freien Anerkennung der Verbindlichkeit des Unergründlichen eröffnet sich die Möglichkeit, so etwas wie geistige Welt und Geschichte, als eine nie ausschöpfbare und doch faßliche, d.h. immer neu zu sehende, weil beständig sich in anderem Sinne erneuernde Lebenswirklichkeit in den Blick zu bekommen.“[11] Dieses Prinzip der offenen Frage bildet in formaler Hinsicht auch das Zentrum von Bollnows philosophischer Anthropologie.

Es kennzeichnet die Entstehungssituation von Bollnows Buch, daß er über die unmittelbare Nähe zu dem inzwischen „rassisch“ verfemten und außer Landes getriebenen Autor nur zwischen den Zeilen Rechenschaft ablegen konnte. Daß dies nicht aus Feigheit oder Opportunismus geschah, wird deutlich durch die Ausführlichkeit und Unmißverständlichkeit der Bezugnahme auf Plessner. Nicht zu vergessen ist aber auch, daß Bollnow sich einige Jahre zuvor in seinem Dilthey-Buch gefährlich weit vorgewagt hatte, indem er seinen gleichfalls jüdischen Lehrer Georg Misch in einem systematisch besonders wichtigen Abschnitt ausführlich hatte zu Wort kommen lassen. Mißtrauen und Zorn der Nazi-Oberen, wie auch politisch beflissener Kollegen, ließen nicht auf sich warten und mögen den politisch unbefangenen Autor dieses Mal zu größerer Vorsicht veranlaßt haben. Erst nach dem Ende der Nazi-Herrschaft, in der 3. Auflage, konnte er sich ausdrücklich auf Scheler und Plessner beziehen. Wir haben – abweichend

7 W. Dilthey: Gesammelte Schriften VIII, 226.

8 G. Misch: Lebensphilosophie und Phänomenologie, 45.

9 H. Plessner: Gesammelte Schriften V, 149.

10 G. Misch: Lebensphiloophie und Phänomenologie, 233.

11 H. Plessner: Gesammelte Schriften V, 181f.

vom Originaltext – die entsprechenden Hinweise in Kursiv gesetzt, die unter anderen politischen Umständen mit Sicherheit schon in der ersten Auflage zu finden gewesen wären. (Vgl. unten S. 8, 10 u. 12.)

Wie konsequent Bollnow das anthropologische Prinzip der offenen Frage aufzunehmen bereit war, zeigt die Auseinandersetzung mit Heidegger. Kritischer Ansatzpunkt war die herausgehobene Stellung der *Angst*, wie sie ihr in den existenzphilosophischen Analysen seit Kierkegaard zugewiesen wurde. Heidegger definierte in *Sein und Zeit* die „Grundbefindlichkkeit der Angst“ als eine „ausgezeichnete Erschlossenheit des Daseins“,[12] ja, geradezu als den einzig wirklichen Zugang zu der „eigentlichen“ Seinsweise des Daseins. Im Unterschied zu anderen, „gehobenen“ Stimmungen reiße nur die Angst den Menschen aus der Uneigentlichkeit des Daseins und bewahre ihn vor der „Verfallenheit“ an die Welt.

Bollnows Kritik richtet sich vor allem gegen den Ausschließlichkeitsanspruch, der dazu führte, daß andere Stimmungen oder „Grundbefindlichkeiten“ für Heidegger nur den Charakter eines „defizienten Modus“ beanspruchen konnten. Bollnows Frage an die Ergebnisse der fundamental-ontologischen Analysen war, „ob sie für sich allein eine hinreichend breite Grundlage für den Aufbau einer philosophischen Anthropologie abgeben oder nicht.“[13]

Das Buch entfaltet in seinem materialen Teil ein breites Spektrum gehobener und glücklicher Stimmungen und ihrer kreativen Möglichkeiten. Heideggers Konzeption der Stimmung als „Grundbefindlichkeit“ ist zunächst richtungweisend und wird positiv aufgenommen. Dies geschieht auch in der Unterscheidung zwischen Gefühlen und Stimmungen, die als „Zuständlichkeiten, Färbungen des gesamten menschlichen Daseins“[14] aufgefaßt werden. Die kritische Distanz zu Heidegger setzt dort ein, wo dieser gleichsam gegen das Prinzip der offenen Frage verstößt, indem er sich auf ein einzelnes Phänomen in seinem exemplarischen Vorzugscharakter konzentriert, um von hier aus die Eigentlichkeit des Daseins zu begründen. Bollnow verlangt die Anerkennung der grundsätzlichen Gleichberechtigung aller Phänomene des Lebens in ihrer jeweiligen anthropologischen Bedeutsamkeit. Für jedes von ihnen gilt die Frage: „Wie muß das Wesen des Menschen im ganzen beschaffen sein, damit sich diese besondre, in der Tatsache des Lebens gegebene Erscheinung darin als sinnvolles und notwendiges Glied begreifen läßt?“[15]

In späteren, begrifflich stärker herausgearbeiteten Fassungen einer „anthropologischen Betrachtungsweise“ ist Bollnow mehrfach auf das Methodenkapitel aus dem *Wesen der Stimmungen* zurückgekommen und hat vier methodische Prinzipien unterschieden: Die *anthropologische Reduktion*, das *Organon-Prinzip*, die *anthropologische Interpretation der Einzelphänomene* und das *Prinzip der offenen Frage*. In der *anthropologischen Reduktion* werden die fertigen Gebilde der

---

12 M. Heidegger: Sein und Zeit, § 40.

13 Vgl. unten 55.

14 Vgl. unten 22.

15 Vgl. unten 9.

Kultur „von ihrem Ursprung im Menschen her“ interpretiert. Dieser Gang der Deutung wird im *Organon-Prinzip* gleichsam umgekehrt; denn nun werden die Objektivationen als Organon des Verstehens nicht vom Menschen her, sondern auf ihn hin verständnisleitend betrachtet. Die *anthropologische Interpretation der Einzelphänomene des menschlichen Lebens* fragt im Sinne der oben zitierten Formulierung nach dem Wesen des Menschen von jedem einzelnen Phänomen aus, sofern sich „diese besondre, in der Tatsache des Lebens gegebene Erscheinung darin als sinnvolles und notwendiges Glied begreifen läßt.“ Das *Prinzip der offenen Frage* schließlich bildet insofern die Klammer für die drei anderen Prinzipien, als in ihnen allen nie nach dem einen, endgültig zu fixierenden Wesen des Menschen gefragt wird, sondern in immer neuen Ansätzen das Befragte letztlich offen und unergründlich bleibt. „Diese Arbeit“, so heißt es in dem späteren, in diesen Band aufgenommenen Aufsatz von 1972, „kann niemals zu einem Abschluß kommen, weil aus der Unergründlichkeit des Menschen immer Neues und Unvorhergesehenes in den Blick kommt.“[16] Im Sinne dieser Offenheit wird auch der Begriff „Wesen“ der anthropologischen Fragestellung relativiert in der Weise, „daß das Wort ‚Wesen‘ hier nur in einem unverbindlichen Sinn genommen ist, um das übergreifende Ganze zu bezeichnen, in dem die einzelne Erscheinung ihre Stelle hat.“[17] Selbst der Anspruch wissenschaftlicher Strenge, der in dem Namen „Philosophische Anthropologie“ steckt, wird in späteren Jahren eingeschränkt, indem Bollnow es vorzog, „statt von einer philosophischen oder pädagogischen Anthropologie vorsichtiger von einer anthropologischen Betrachtungsweise zu sprechen.“[18] In diesem mehrfachen Sinn modifiziert, ist die anthropologische Interpretation der Einzelphänomene des menschlichen Lebens zur philosophischen und pädagogischen Hauptarbeit Bollnows geworden, eingebettet freilich in die übergreifenden, „umfassenden Bestimmungen“ fundamentaler Bezüge des Menschen, wie das Verhältnis zur Zeit, zum Raum und zur Sprache.

In dem späten Rückblick aus dem Jahre 1986, der diesen Band beschließt, nimmt Bollnow noch einmal den Begriff „Macht“ im Sinne der „inneren Mächtigkeit des menschlichen Lebens“ auf, wie Georg Misch ihn an Plessner weitergegeben hatte. Dieses Mal aber liegt der Akzent weniger auf der „schöpferischen Macht der Gestaltung“ als auf den Grenzen, die jeder – politischen wie geistig-kulturellen – Machtausübung gezogen sind. Nicht nur die Erfahrung der Ohnmacht, sondern die „Versuchung der Maßlosigkeit, der Vermessenheit“ weisen auf die Notwendigkeit der Besinnung und der „Zucht des Maßes“. So ergibt sich letztlich die ethische Dimension der Frage nach dem Wesen des Menschen: Er erscheint „als das des Maßes fähige, das die Maßlosigkeit im selbstgebenden Maß

---

16 Vgl. unten 213.

17 Vgl. unten 217.

18 Otto Friedrich Bollnow im Gespräch. Hrsg. von H.-P. Göbbeler und H.-U. Lessing. Freiburg i.Br./München 1983, 47.

bindende Wesen."[19] *Menschlichkeit* ist das letzte Wort jener kurzen, altersweisen Betrachtung. Es ist auch der Leitbegriff für die beiden folgenden Bände dieser Ausgabe.

Wir danken dem Verlag Vittorio Klostermann dafür, daß er uns die Rechte für das Buch, das er fast 70 Jahre lang verlegerisch betreut hat, überlassen hat. Unser Dank gilt auch David Friedrich für mannigfache Hilfe und Zuarbeit.

Die Herausgeber

[19] Vgl. unten 226.

Das Wesen der Stimmungen

Vorwort

Die vorliegenden Untersuchungen sind 1941 und 1943 in erster und zweiter Auflage erschienen. Diese Jahreszahlen sind vielleicht für ihr Verständnis nicht ganz unwichtig. Auf der einen Seite war es das Dunkel dieser furchtbaren Jahre, vor dem sich die hellen Seiten des menschlichen Lebens um so leuchtender abhoben. Auf der andern Seite war es die drückende Ungewißheit, wie lange überhaupt noch eine philosophische Arbeit fortgeführt werden könnte, die dahin drängte, aus dem größeren Umkreis lange gehegter Pläne das herauszugreifen, von dem man hoffen konnte, es in absehbarer Zeit zu einem Ende zu bringen. Eine gewisse Eile, mit der weiterführende Fragen gelegentlich abgeschnitten wurden, mag unter diesem Gesichtspunkt verzeihlich erscheinen. Dieselben Fragen haben mich seitdem unaufhörlich weiter beschäftigt. Aber so sehr ich auch heute noch in dem vorliegenden Entwurf die bleibenden Grundlagen meiner späteren Arbeiten sehe, so war es mir doch unmöglich, jetzt, nach anderthalb Jahrzehnten, noch größere Änderungen in dem lange zurückliegenden Text vorzunehmen, und ich habe mich entschließen müssen, ihn in praktisch unveränderter Form neu herauszubringen. Nur einige kleinere Ergänzungen wurden eingefügt, die durch inzwischen erschienene Literatur nahegelegt waren. Aber selbst von der neueren Literatur konnte nur das wenige aufgenommen werden, was sich zwanglos in den hier gespannten Rahmen einfügte. Anderes mußte weiteren Arbeiten vorbehalten bleiben, unter denen der Versuch über „Neue Geborgenheit, das Problem einer Überwindung des Existentialismus“[1] nach einer andern Seite hin die hier begonnenen Untersuchungen fortführt.

Tübingen, im Januar 1956 Otto Friedrich Bollnow

---

[1] Neue Geborgenheit. Das Problem einer Überwindung des Existentialismus. Stuttgart 1955.

EINLEITUNG

I. BEGRIFF UND METHODE DER PHILOSOPHISCHEN ANTHROPOLOGIE

1. Die Entstehung der Frage nach dem Wesen des Menschen

Die folgenden Untersuchungen bedürfen zuvor einer (wenn auch kurzen) grundsätzlichen Klärung des in ihnen vorausgesetzten Begriffs der philosophischen Anthropologie, durch die der allgemeine Rahmen, in den sie gestellt werden sollen, festgelegt und die einzuschlagende Methode bestimmt wird. Trotz der verbreiteten Aufmerksamkeit, deren sich dieser Zweig der Philosophie in den vergangenen Jahren zeitweilig erfreute, fehlt bis heute noch immer ein gesicherter Begriff der philosophischen Anthropologie, und die darauf gerichteten ernsthaften philosophischen Anstrengungen wurden so bald durch einen Schwall lauter und geschwätziger Modeerscheinungen überdeckt, daß heute der fruchtbare Sinn erst wieder mühsam aus der Verdeckung einer nicht unbegründeten Fragwürdigkeit freigelegt werden muß.

Unter philosophischer Anthropologie versteht man bekanntlich, zunächst im äußerlichsten Wortsinn genommen, die philosophische Bemühung um die Beantwortung der Frage: Was ist der Mensch? Um aber zu verstehen, was diese scheinbar so unscheinbare Frage philosophisch wirklich bedeutet, muß man sich zunächst vor Augen halten, daß diese Frage nicht zu allen Zeiten als eine solche gestellt worden ist und daß sie als ein wirklich echtes Anliegen der Philosophie erst in einer ganz bestimmten geistesgeschichtlichen Lage erwachsen konnte: nämlich in dem Augenblick, wo sich die überlieferte und bis dahin selbstverständliche Wesensbestimmung des Menschen als eines animal rationale, als eines vernunftbestimmten Lebewesens, aufgelöst hatte. Erst in dem Augenblick also, wo der Glaube an die Vernunft als den entscheidenden Wesenskern des Menschen hinfällig geworden war, erst in dem Augenblick, wo der Mensch in seinem Verhältnis zum Leben und zur Welt einer früher nicht gekannten Unsicherheit ausgeliefert war, entstand als Ausdruck dieser wirklichen Verlegenheit die Frage: Was ist der Mensch? Und diese Frage heißt darum genauer: Wodurch wird der Mensch in seinem Wesen bestimmt, wenn wir dieses nicht von der Vernunft her zu begreifen imstande sind?

Die Antworten auf diese Frage wuchsen im 19. Jahrhundert wie Pilze nach dem Regen hervor: Der Mensch ist eine Maschine – ein Bündel von Trieben – ein Glied in der Entwicklung der organischen Natur – ein soziales Wesen – und wie diese Antworten sonst alle hießen. Eine Antwort stand neben der andern. Jede von ihnen konnte mancherlei Gründe für sich in Anspruch nehmen. Und einem chaotischen Spiel der Standpunkte war grundsätzlich Tür und Tor geöffnet. Aber jeder dieser Standpunkte behielt etwas Hypothetisches, um nicht zu sagen, etwas Dilletantisches, weil jeder von ihnen von einer einzelnen, zufälligen Seite her die

Frage angriff und von ihr aus das Ganze des Menschen zu erfassen suchte. Dabei stellte sich der Mensch als ein so vielseitiges und vieldeutiges Wesen heraus, daß man von jeder beliebigen Seite her die Frage ansetzen konnte und dann auch von jeder Seite her eine Antwort, wenn auch jedesmal eine verschiedene, erhielt.

So spitzte sich immer mehr die Lage zu, *in der Scheler zuerst das Problem einer philosophischen Anthropologie in die philosophische Bewegung unsrer Zeit hineingestellt hat. Er weist darauf hin, „daß zu keiner Zeit der Geschichte der Mensch sich so problematisch geworden ist wie in der Gegenwart“*[1] *und daß darum eine neue Besinnung auf das Wesen des Menschen notwendig sei.* Hier knüpft zugleich Heidegger an, wenn auch er feststellt: „Keine Zeit hat so viel und so Mannigfaltiges vom Menschen gewußt wie die heutige ... Aber auch keine Zeit wußte weniger, was der Mensch sei, als die heutige. Keiner Zeit ist der Mensch so fragwürdig geworden wie der unsrigen.“[2] Erst vor dem sich so entwickelnden Chaos der Standpunkte, wie sie sich aus den ersten naiven Ansätzen ergeben hatten, entstand dann das Bedürfnis nach einer methodischen Rückbesinnung auf die rechte Form der Frage nach dem Menschen, und damit erst erwuchs eine wirkliche philosophische Anthropologie.

2. Der methodische Ansatz

Man kann das Neue an der strengen philosophisch-anthropologischen Fragestellung am einfachsten durch den Vergleich mit den genannten ungeregelten Ansätzen zur Bestimmung des Menschen verdeutlichen. Diese alle stimmten, bei aller inhaltlichen Verschiedenheit, in der Form ihres Vorgehens überein. Sie alle waren dadurch gekennzeichnet, daß sie die gesamten Erscheinungen des menschlichen Lebens auf jeweils eine einzige zurückzuführen versuchten, die selber vor aller Untersuchung schon dogmatisch vorausgesetzt werden mußte. So entstanden die in ihrer Form typisch gleichen Ansätze: Alle Leistungen des menschlichen Lebens sind nichts anderes als umgesetzter Machttrieb oder weiter nichts als verwandelter Geschlechtstrieb, oder welche Seite man immer – in willkürlicher Setzung – zur Grundlage nahm. Alle diese Versuche nahmen die ursprüngliche Vielheit der menschlichen Lebenserscheinungen zu leicht, indem sie sie mit Hilfe der Zauberformel des „nichts anderes als“ auf eine einzige, zufällig herausgegriffene zurückzuführen versuchten. *Auch Schelers kühner (leider von ihm nur noch in einer vorläufigen Skizze mitgeteilter) Entwurf entwickelt sein anthropologisches System im direkten Zugriff, ohne sich dabei um die methodische Problematik einer solchen philosophischen Anthropologie viel zu bekümmern. So bleibt es auch bei ihm bei einem großartigen, aber doch nur partikulären Beitrag.*

1 M. Scheler, Die Stellung des Menschen im Kosmos. Darmstadt 1928, S. 14.
2 M. Heidegger, Kant und das Problem der Metaphysik. Bonn 1929, S. 200.

Demgegenüber kann eine methodisch gesicherte philosophische Anthropologie nur dadurch zu einer verläßlichen Grundlegung kommen, daß sie diese Zufälligkeit des Ausgangspunkts bewußt ausschaltet und in einem gleichsam empirischen Verfahren grundsätzlich jede einzelne Erscheinung des menschlichen Lebens, die sich darbietet, in gleicher Weise ganz ernst nimmt. Sie nimmt jeden einzelnen Zug des menschlichen Lebens (die Freude, die Angst, die Begeisterung, die Arbeit, die Ehrfurcht, die Scham, die verschiedenen Bezüge zur Gemeinschaft, die Erkenntnis in ihren verschiedenen Formen usw.) als etwas, das sich nicht von einem andern, schon Bekannten her begreifen lasse, sondern aus dem etwas Neues, Einmaliges und auf keine andre Weise zu Gewinnendes über das menschliche Leben zu entnehmen sei. Sie gewinnt aber ihr Ergebnis, indem sie nicht erst durch Zusammenfügen der einzelnen Züge langsam zum Ganzen aufzusteigen versucht, sondern in einer eigentümlichen und fruchtbaren Weise jeden einzelnen Zug in eine unmittelbare und ursprüngliche Beziehung zum Ganzen des menschlichen Lebens bringt: indem sie nämlich diesen einzelnen Zug innerhalb des größeren Ganzen als sinnvoll und notwendig zu begreifen sucht.

Die philosophische Anthropologie geht also aus von einem einzelnen, zunächst als Tatsache gegebenen Zug, aber sie benutzt ihn dann als Ausgangspunkt der entscheidenden und für sie bezeichnenden Frage: Wie muß das Wesen des Menschen im ganzen beschaffen sein, damit sich diese besondre, in der Tatsache des Lebens gegebene Erscheinung darin als sinnvolles und notwendiges Glied begreifen läßt? Das Verständnis dieser einen Fragestellung bedeutet das Verständnis der philosophischen Anthropologie überhaupt. Durch dieses eigentümliche Vorgehen, in dem das einzelne Glied in eine unmittelbare Beziehung zum Ganzen des Lebens gesetzt wird, erhält der Gedanke der philosophischen Anthropologie einen ganz bestimmten, methodisch strengen Sinn.

Es wird dabei also vorausgesetzt, daß der Mensch in seiner inneren Gliederung ein sinnvoll zusammenhängendes Gebilde ist, in dem alles, was an ihm vorkommt, eine einsehbare Bedeutung für das Ganze hat. Aber dieses Sinnganze ist nicht etwa eine metaphysische Voraussetzung, durch die der Gang der Untersuchung von vornherein von ganz bestimmten Vorentscheidungen abhängig gemacht wird, sondern es dient nur als versuchsweise angesetzter Leitfaden der Interpretation. Von jeder einzelnen Lebenserscheinung läßt sich so – wenn auch zunächst nur vorsichtig konstruktiv-hypothetisch – ein zugeordnetes Ganzes derart bestimmen, daß in ihm diese bestimmte Erscheinung als unentbehrlich, als sinnvoll und notwendig begriffen werden kann.

3. Das Prinzip der offenen Frage

Die Fruchtbarkeit der hiermit zunächst nur abstrakt bezeichneten Fragestellung kann nur an einem genauer durchgeführten Beispiel deutlich gemacht werden. Wir wählen dazu die Deutung der Angst, die diese bei Kierkegaard und im Anschluß an ihn bei der neueren Existenzphilosophie gefunden hat, weil diese zugleich für die folgenden inhaltlichen Überlegungen von Bedeutung sein wird. Wir müssen aber die Durchführung dieses Beispiels noch einen Augenblick zurückstellen, weil dafür zuvor noch andre Zusammenhänge, die sich auf die Kritik an dem existenzphilosophisch bestimmten Aufbau der philosophischen Anthropologie beziehen, weiter entwickelt sein müssen. Zuvor muß noch die formale Seite dieser Fragestellung einen Schritt weiter verfolgt werden.

Wenn in einem solchen philosophisch-anthropologischen Deutungsverfahren jede einzelne Lebenserscheinung zum Ausgangspunkt wird, von ihr aus das Ganze des menschlichen Lebens neu zu sehen, so ergibt sich doch dieser Blick auf das Ganze von jeder einzelnen Lebenserscheinung aus in verschiedener Weise. Weil in diesem Verfahren jede einzelne Lebenserscheinung in einen unmittelbaren Zusammenhang mit dem Wesen des Menschen im ganzen gebracht wird, hängt umgekehrt auch das Verständnis dieses Wesens von jeder einzelnen Erscheinung ab. Mit jeder einzelnen neu untersuchten Erscheinung verwandelt sich das Verständnis des Menschen im ganzen. Darum hat auch jede einzelne Erscheinung einen unersetzbaren Wert, weil durch die Untersuchung jeder einzelnen das Wissen vom Wesen des Ganzen vermehrt und verwandelt wird.

Während also die früheren, noch ungeregelten Versuche von einer einzelnen, mehr oder minder willkürlich herausgegriffenen Seite das Ganze des menschlichen Lebens aufzubauen versuchten, ist die philosophische Anthropologie grundsätzlich auf die Gesamtheit aller empirisch gegebenen Lebenserscheinungen angewiesen. Dieser Weite verdankt sie ihre methodische Sicherheit, weil sie so über die Zufälligkeit eines einseitigen Ausgangspunktes erhaben ist. Aus dieser Weite ergibt sich aber zugleich ihre größere Schwierigkeit, weil sie nie mit einem abgeschlossenen Ergebnis an ein Ende gelangt, sondern grundsätzlich immer offen für neue Lebenserscheinungen bleiben muß. Und weil in der angegebenen Weise jede einzelne Erscheinung unmittelbar auf das Ganze des Lebens bezogen ist, darum sind auch die neu hinzukommenden Ergebnisse nicht als bloße Ergänzungen und Erweiterungen zu verstehen, sondern greifen jedesmal unmittelbar in den Kern selbst ein. Philosophische Anthropologie ist darum wesensmäßig immer offen und in Bewegung. *Diesen Zusammenhang hat Plessner (an einer leider wenig beachteten Stelle) als „das Prinzip der Unergründlichkeit (des Menschen) oder der offenen Frage"*[3] *formuliert und damit als erster das methodische Problem einer philosophischen Anthropologie klar ausgesprochen.*

---

3 H. Plessner, Macht und menschliche Natur. Berlin 1931, S. 40, jetzt in: Zwischen Philosophie und Gesellschaft. Bern 1953.

Vielleicht muß man sogar noch einen Schritt darüber hinausgehen, denn ob sich überhaupt die verschiedenen Gesichtspunkte, die verschiedenen Bestimmungen, die sich von den einzelnen Lebenserscheinungen her ergeben, zu einem einheitlichen und geschlossenen Bild vom Menschen vereinigen lassen, ob die Anthropologie der Angst mit der Anthropologie der Freude, die Anthropologie des Glaubens mit der Anthropologie der Verzweiflung widerspruchslos zusammengeht, diese Frage muß vorläufig überhaupt offen bleiben. Die Möglichkeit einer philosophischen Anthropologie hängt nicht von der bejahenden Beantwortung dieser Frage ab, sondern wo überhaupt in der angegebenen Weise nach dem Wesen des Menschen gefragt wird, da überall wird an der philosophischen Anthropologie gearbeitet. Und immer wieder wird die unbefangene Untersuchung neuer Erscheinungen die dogmatische Festlegung früher gewonnener Ergebnisse wieder zurücknehmen müssen. Nur in der immer erneuten Inangriffnahme neuer Erscheinungen, in einem immer erneuten prüfenden Infragestellen dessen, was man als Wesen des Menschen zu fassen geglaubt hat, kann sich philosophische Anthropologie entwickeln.

In diesem Sinn ist die philosophische Anthropologie, mit einem von Heidegger glücklich geprägten Ausdruck, „Hermeneutik des (menschlichen) Daseins":[4] Wie der Philologe seinen Text zu deuten unternimmt und dabei immer einen durchgehenden Sinnzusammenhang des Ganzen für das Verständnis einer zunächst rätselhaft erscheinenden Stelle voraussetzen muß, ebenso versucht hier die Philosophie den „Text" des menschlichen Lebens auszulegen, wie er in den soeben angegebenen einzelnen Bestimmungen vorliegt. In diesem Sinn hatte schon Nietzsche sein Fragen nach dem Menschen immer wieder am Beispiel der philologischen Textauslegung verdeutlicht.

4. Die Notwendigkeit eines indirekten Verfahrens

Dabei befindet sich die philosophische Anthropologie der philologischen Textauslegung gegenüber zunächst in einem beträchtlichen Nachteil: Während dort nämlich der Text (im wesentlichen) als etwas ein für allemal Gegebenes festliegt und das Verfahren der Auslegung daran einen ganz bestimmten festen Halt hat, ist der „Text" des menschlichen Lebens keine solche feste Gegebenheit. Wenn wir Erscheinungen des menschlichen Lebens wie Angst, Achtung, Ironie usw. zu deuten versuchen, dann besteht die Gefahr, daß wir mit herangebrachten Anschauungen und Voreingenommenheiten diese Erscheinungen selbst vergewaltigen. Seelisches Leben in seiner Lebendigkeit ist eben nicht Festes, das der andringenden Untersuchung standhielte, sondern in dem Augenblick, wo wir eine ganz bestimmte Anschauung an eine solche Erscheinung heranbringen, wer-

[4] M. Heidegger, Sein und Zeit, 1. Hälfte. Halle a.d. Saale 1927, S. 13, S. 36.

den wir sie auch darin wiederzufinden glauben. Unsre inneren Erfahrungen legen sich nach einer solchen herangebrachten Theorie zurecht, und was ihr widerspricht, wird durch diese Theorie verdeckt und gar nicht erst wahrgenommen.

Über diese Unzuverlässigkeit der unmittelbaren Selbstbeobachtung hilft nur ein indirektes Verfahren hinweg, wie es von Dilthey (allerdings zunächst in einem etwas anderen Zusammenhang)[5] zur bewußten Methode ausgebildet worden ist: der Weg über den fixierten Ausdruck. Das Leben in seiner unmittelbaren Gegebenheit ist fließend und nicht scharf zu fassen, aber wo es sich im Ausdruck vergegenständlicht hat, da ist es fest geworden, und da gewinnt das Auslegungsverfahren einen festen und durch keinerlei Voreingenommenheit zu beeinflussenden „Text", an den es sich halten kann. Wir werden daher in der philosophischen Anthropologie nicht in erster Linie uns selber fragen, sondern darauf zurückgreifen, wo überall schon Äußerungen über die von uns betrachteten Lebenserscheinungen vorliegen, und je unmittelbarer diese aus dem Leben hervorgegangen sind, je weniger dabei eine bewußte Absicht mitgesprochen hat, um so höher hat man den „Quellenwert" dieser Zeugnisse zu veranschlagen. In solchen unbefangenen und unvoreingenommenen Äußerungen gewinnt die philosophische Anthropologie einen gesicherten Ausgangspunkt, der sie über die Unzuverlässigkeit der unmittelbaren Selbstbeobachtung hinaushebt.

Ein solcher Ausgangspunkt liegt in der einfachsten Form schon in der ursprünglichen und unmittelbaren Auslegung durch die Sprache vor. In ihr hat sich die Lebensauslegung und Welterfahrung eines Volkes niedergeschlagen. Das Hinhören auf das in der Sprache niedergelegte Lebensverständnis des Volks hat sich daher als ein besonders fruchtbares Mittel der philosophischen Besinnung bewährt.[6] Hinzu kommt dann in ausdrücklicherer Form alles das, in dem sich überhaupt seelisches Leben objektiviert hat. Jeder einzelne Kulturbereich wird so *mit einem von Plessner wiederaufgenommenen Gedanken Schellings* zum „Organon der Philosophie", an dessen Deutung eigentümliche Züge des menschlichen Lebens offenbar werden.[7] In besonderem Maße aber eignen sich hierfür grade für die innersten seelischen Bereiche die Zeugnisse der Dichter und Denker, weil in ihnen seelisches Leben rein und unverstellt von jeder fälschenden Absicht zur Darstellung gekommen ist. Wenn so die philosophische Anthropologie mit besonderer Vorliebe für die Deutung der Lebenserscheinungen dichterische Zeugnisse heranzieht, so handelt es sich dabei nicht um einen äußeren Schmuck, mit dem sie die Trockenheit der eignen Darstellung verbergen wollte, oder um eine Zuflucht hinter die Autorität berühmterer Namen, sondern um das bewußt angewandte Mittel einer strengen Methode, mit der sie die Fehlerquellen der

---

5 Zur näheren Begründung des Diltheyschen Verfahrens vgl. meine Darstellung: Dilthey. Eine Einführung in seine Philosophie. Leipzig und Berlin 1936, 2. Aufl. Stuttgart 1955, insbesondere den Abschnitt: Die schöpferische Bedeutung des Ausdrucks.

6 Die Auslegung des im Sprachgebrauch enthaltenen Lebensverständnisses ist insbesondere von Hans Lipps zur Vollendung entwickelt worden.

7 Vgl. Plessner, a.a.O. S. 11f.

unmittelbaren Selbstbeobachtung vermeidet und einen der philologischen Textauslegung vergleichbaren Grad an Sicherheit gewinnt.[8]

Aber noch eine andere Schwierigkeit kommt hinzu, die hier wenigstens angedeutet werden muß: Der Glaube an die Allgemeinheit der menschlichen Natur ist durch die Erfahrungen des geschichtlichen Bewußtseins widerlegt worden. Es gibt kein festes Wesen des Menschen, das aus den verschiedensten Zeugnissen in einer immer gleichbleibenden Weise erschlossen werden und so als Gegenstand der philosophischen Anthropologie zugrunde gelegt werden könnte, sondern dieses Wesen wandelt sich im Lauf der Geschichte. Darum trifft die philosophische Deutung gar nicht „den" Menschen schlechthin. Der „Text", den die philosophische Anthropologie auszulegen unternimmt, ist immer schon der Mensch einer bestimmten geschichtlichen Lage. Man darf diese Einschränkung gewiß nicht überspitzen und daraus eine Zusammenhanglosigkeit zwischen den verschiedenen geschichtlichen Ausformungen folgern. Es gibt etwas gemeinsam Menschliches auch über die Trennung der Völker und Zeiten hinweg, und die am eignen Volk gewonnenen Erkenntnisse gelten – wenigstens für die elementaren anthropologischen Bereiche – weitgehend auch darüber hinaus für die Menschen überhaupt. Aber wieweit es im einzelnen Fall möglich ist, die Aussagen auch für Menschen einer andern geschichtlichen Möglichkeit oder gar auf sogenannte „primitive" Völker zu übertragen, das läßt sich niemals von vornherein sagen und bedarf in jedem einzelnen Fall einer besonderen empirischen Untersuchung. Darum ist es zweckmäßig, den Umkreis der heranzuziehenden Zeugnisse bei der ersten Grundlegung nicht zu weit zu ziehen und nicht ohne Not zu wesentlich verschiedenen Völkern und Zeiten zu greifen. Auch in dieser Weise gilt der Satz von der „Offenheit" der philosophischen Anthropologie: Ihre Wesensaussagen gelten niemals unmittelbar vom Menschen schlechthin; sie gelten unmittelbar nur für den Menschen des eignen Volks und der eignen Zeit; sie gelten aber zugleich in weitgehendem Maß darüber hinaus für die Menschen allgemein, aber wieweit dieses Maß im einzelnen Fall gilt, läßt sich niemals im voraus angeben. Auch dieses Maß der Unbestimmtheit muß die philosophische Anthropologie bewußt auf sich nehmen.

5. Existenzerhellung und Analytik des Daseins Die Einwände durch Jaspers und Heidegger

Die Möglichkeit einer solchen philosophischen Anthropologie, wie sie soeben (wenigstens in den allgemeinsten Umrissen) kurz anzudeuten versucht wurde, ist in der gegenwärtigen philosophischen Bewegung von zwei Seiten her bestritten worden: von Heidegger und von Jaspers. Das Gewicht der von diesen beiden führenden Philosophen erhobenen Einwände zwingt jede neue Arbeit an der

[8] Zur Begründung vgl. meinen Versuch: Die Philosophie und die Dichter, in: Einfache Sittlichkeit. Kleine philosophische Aufsätze. Göttingen, 1947.

philosophischen Anthropologie, sich den Raum für den eignen Aufbau zuvor in der Auseinandersetzung mit diesen Einwendungen freizulegen.

Die beiden Einwände greifen die Möglichkeit einer philosophischen Anthropologie von genau entgegengesetzten Richtungen an. Während Jaspers ihr ein philosophisch nicht zu rechtfertigendes Maß an begrifflicher Festigkeit vorwirft, lehnt Heidegger sie ab, weil das in ihr erreichbare Maß an begrifflicher Bestimmtheit für tiefergreifende philosophische Aufgaben unzulänglich sei.

Der von Jaspers erhobene Einwand entspringt aus einem Gefühl der Verantwortung vor der „Existenz" im strengen existenzphilosophischen Sinn. Er leugnet die Möglichkeit einer philosophischen Anthropologie als einer Wesenslehre vom Menschen, weil der innerste Kern des Menschen so beschaffen sei, daß er nur in appellierenden Hinweisen vorsichtig angerührt, nicht aber in festen und bestimmten Aussagen festgehalten und weitergegeben werden könne. Der Ansatz einer philosophischen Anthropologie erscheint von hier aus schon als eine Verfestigung und damit als eine Verdeckung des grundsätzlich nicht zu vergegenständlichenden Kerns des Menschen. Als das angemessene Verfahren, den existenziellen Kern des Menschen ohne die Gefahr einer solchen falschen Vergegenständlichung sichtbar zu machen, entwickelt Jaspers in Gegensatz zur philosophischen Anthropologie den ihm eigentümlichen Weg der „Existenzerhellung", der durch eine bewußte Schwebe in allen seinen Aussagen eine solche Festigkeit ausdrücklich verhindern soll.

Auf eine eingehendere Auseinandersetzung mit dem Jaspersschen Einwand kann an dieser Stelle verzichtet werden; denn weil sich die Verschiedenheit ihm gegenüber allein auf den Grad der erreichbaren (oder zulässigen) Sicherheit bezieht, deren eine Wesensaussage vom Menschen fähig ist, ist der Inhalt anthropologischer Aussagen von diesem Gegensatz nicht unmittelbar berührt. Die Ebene, in der der Einwand von Jaspers behandelt werden kann, liegt nicht auf inhaltlich philosophisch-anthropologischem Gebiet, sondern auf dem Felde seiner allgemeinen Wissenschaftsauffassung und ist in diesem Zusammenhang vom Verfasser an andrer Stelle ausführlich behandelt worden.[9]

Anders liegen die Verhältnisse gegenüber Heideggers Einwand. Sein Angriff erfolgt zunächst aus genau der entgegengesetzten Richtung: nicht daß die philosophische Anthropologie ihre Aussagen zu sehr verfestige, sondern umgekehrt, daß die philosophische Anthropologie nicht denjenigen Grad an Festigkeit und Bestimmtheit erreichen könne, der für sie als zentrale philosophische Disziplin unerläßlich sei. Heideggers Einwand richtet sich also grade gegen diejenige Offenheit, mit der sich die philosophische Anthropologie für die Vielheit aller einzelnen Lebenserscheinungen frei hält, gegen diejenige Offenheit also, auf der grade die Sicherheit der philosophischen Anthropologie, ihre Erhebung über die Einseitigkeit eines zufälligen Ausgangspunkts beruhen sollte. Diese Offenheit hat nämlich zur Folge, daß es in der philosophischen Anthropologie niemals ein

---

[9] Existenzerhellung und philosophische Anthropologie. Versuch einer Auseinandersetzung mit Karl Jaspers, Blätter für deutsche Philosophie, 12. Bd. 1938, S. 133ff.

festes Ergebnis gibt, das man dann für weitere Untersuchungen als gesichert zugrundelegen könnte, sondern daß, wie schon früher erwähnt, in einer zirkelhaften gegenseitigen Abhängigkeit die Grundlegung immer wieder von neuen Ergebnissen abhängig gemacht wird. Demgegenüber fordert Heidegger ein Verfahren, durch das feste Grundbegriffe für die philosophische Behandlung des Menschen (wie für die andern Wissenschaften) geliefert werden können. Weil aber dieser Ansatz bei Heidegger (im Gegensatz zu demjenigen bei Jaspers) in seiner Durchführung zugleich inhaltlich das Bild vom Menschen weitgehend bestimmt, muß auf ihn etwas genauer eingegangen werden.

6. Analytik des Daseins oder philosophische Anthropologie?

Der umfassendere Zusammenhang, in dem bei Heidegger die Auseinandersetzung mit der philosophischen Anthropologie steht, kann hier nur so weit angedeutet werden, wie es für das Verständnis der Fragestellung unbedingt erforderlich ist. Diese Auseinandersetzung steht bei Heidegger im Rahmen seines allgemeinen ontologischen Ansatzes. Dieser besagt, daß alle einzelnen Wissenschaften einer vorgängigen Klärung der Seinsverfassung ihres Gegenstandsgebietes bedürfen, alle so entstehenden einzelnen Ontologien aber letztlich in einer der Kantischen transzendentalphilosophischen Wendung entsprechenden Weise auf eine „Analytik des (menschlichen) Daseins" als die eigentliche „Fundamentalontologie" zurückgeführt werden. Hiermit tritt bei ihm die „Analytik des Daseins" an die Stelle, die sonst von der philosophischen Anthropologie in Anspruch genommen wird, und es könnte zunächst scheinen, als handle es sich in beiden nur um verschiedene Namen für eine und dieselbe Sache.

In diesem Zusammenhang wird Heidegger zu einer Auseinandersetzung mit der Idee einer philosophischen Anthropologie gezwungen. Er lehnt sie für die von ihm gesuchte umfassende Grundlegungsfunktion als zu unbestimmt und in ihren Grundlagen zu ungeklärt ab und erklärt demgegenüber: „Alle Anthropologie, auch die philosophische, hat den Menschen schon als Menschen gesetzt",[10] d.h. sie arbeitet immer schon mit einem bestimmten vorausgesetzten Verständnis dessen, was der Mensch ist. Daher müsse ihr in derselben Weise, wie es auch bei den andern Wissenschaften der Fall sei, eine Ontologie des Menschen vorausgehen, die zuvor die grundlegenden ontologischen Wesensbestimmungen des Menschen klärt. Diesen Bereich bezeichnet Heidegger in „Sein und Zeit" als „Analytik des Daseins",[11] in seinem späteren Kantbuch dann als „Metaphysik des Daseins"[12] und unterscheidet ihn scharf von einer bloßen philosophischen Anthropologie.

[10] Heidegger, Kant und das Problem der Metaphysik, S. 220, vgl. S. 199ff.
[11] Heidegger, Sein und Zeit, S. 13.
[12] Heidegger, Kant und das Problem der Metaphysik, S. 220ff.

Heidegger sondert also die Aufgaben, indem er aus dem umfassenderen Bereich der philosophischen Anthropologie einen engeren Bezirk unter dem Namen einer „Analytik des Daseins" herauslöst. Die erstere übernimmt die Erforschung der menschlichen Lebenserscheinungen in ihrer Mannigfaltigkeit und in ihrer Verschiedenheit und strebt dabei nach möglichster Allseitigkeit, aber sie ist dafür von der Inanspruchnahme als eigentliche philosophische Grunddisziplin entlastet. Die letztere übernimmt alle Fragen einer letzten Begründung (der philosophischen Anthropologie wie aller andern Einzeldisziplinen), aber ist dafür von der Belastung mit der unübersehbaren Mannigfaltigkeit der Einzelerscheinungen und der daraus entspringenden wesensmäßigen Unabgeschlossenheit und Offenheit befreit. Der Vorteil einer solchen Trennung der Aufgaben liegt auf der Hand: Die grundsätzliche Unabgeschlossenheit der philosophischen Anthropologie ist überwunden, und es ist möglich geworden, eine sehr viel größere Sicherheit in der Grundlegung zu erreichen. Aus dieser Kraft erklärt sich die ungeheure Wirkung, die von Heideggers Werk auf die verschiedenen Wissenschaften vom Menschen ausgegangen ist.

Dahin gehört allgemein die sogenannte daseinsanalytische Richtung innerhalb der Psychopathologie[13] und vor allem das große Werk Binswangers über „Grundformen und Erkenntnis menschlichen Daseins".[14] Um so dringender aber wird die Frage, auf welche Weise bei Heidegger eine solche Grundlegung der verschiedenen anthropologischen Disziplinen durch eine ihnen vorgeordnete Analytik des Daseins möglich geworden ist, und es zeigt sich, daß dies nur auf dem Boden ganz bestimmter Voraussetzungen geschehen konnte, die zugleich die allgemeinen Voraussetzungen des Heideggerschen ontologischen Ansatzes darstellen.

7. Die Voraussetzungen einer Analytik des Daseins und die Möglichkeiten einer Prüfung

Heidegger findet sich zunächst grundsätzlich in einer Schwierigkeit: Er will der philosophischen Anthropologie eine ontologische Grundlage geben, die selber aber ihrerseits nur auf demselben „hermeneutischen" Weg gewonnen werden kann, wie er in der philosophischen Anthropologie überhaupt angewandt wird. Aber sein allgemeiner ontologischer Grundansatz ermöglicht hier eine wesentliche Vereinfachung. Er erlaubt es, innerhalb einer Gruppe zusammengehöriger anthropologischer Erscheinungen die Anwendung des „hermeneutischen" Verfahrens auf jeweils einen Fall einzuschränken, um an ihm als Beispiel diejenige allgemeine Wesensstruktur zu entwickeln, die dann zugleich für alle andern Beispiele mit gilt. Bei der „Stimmung" etwa, die als die der Spaltung zwischen

[13] Vgl. dazu: Heideggers Einfluß auf die Wissenschaften. Festschrift zu seinem 60. Geburtstag. Bern 1949, insbesondere die Beiträge von L. Binswanger und H. Kunz.

[14] L. Binswanger, Grundformen und Erkenntnis menschlichen Daseins. Zürich 1942.

Mensch und Welt noch vorausliegende ursprüngliche Einheit einen der einfachsten anthropologischen Grundbegriffe darstellt und die uns daher in den weiteren Überlegungen noch ausführlicher beschäftigen wird, bedeutet daher dieser Ansatz: Wenn es gelingt, eine einzige, geeignet ausgewählte Stimmung (als deren Beispiel Heidegger die Angst nimmt) zu behandeln, so ist damit zugleich die allgemeine Wesensstruktur der Stimmung bestimmt. Die zusätzliche Behandlung andrer Stimmungen erübrigt sich hier, weil von ihnen grundsätzlich nichts wesentlich Neues zu erwarten ist. Die „Analytik des Daseins" gewinnt also die allgemeine Wesensstruktur des Menschen nicht erst aus der Gesamtheit aller Lebenserscheinungen, sondern ihr genügt jeweils schon ein einziges Beispiel, während die philosophische Anthropologie dann auf der so geschaffenen Grundlage der Vielzahl der vorhandenen Möglichkeiten nach ihren inhaltlichen Verschiedenheiten untersucht.

Einem solchen Verfahren, wie es durch den allgemeinen ontologischen Grundansatz bei Heidegger ermöglicht ist, liegen aber ganz bestimmte Voraussetzungen zugrunde, die sich an den aus ihnen entspringenden inhaltlichen Folgerungen überprüfen lassen. Diese Voraussetzungen liegen vor allem in der Annahme, daß es solche gleichbleibenden formalen Grundstrukturen des menschlichen Daseins gibt, die von allen Verschiedenheiten ihrer inhaltlichen Erfüllung unabhängig sind. Das bedeutet also, daß beispielsweise die an einer bestimmten Stimmung, der Angst, gewonnene anthropologische Grundstruktur dieselbe ist, zu der man auch gelangte, wenn man von einer andern Stimmung, etwa mehr freudiger oder gehobener Art, ausginge. Das aber sind Annahmen, die keineswegs von vornherein selbstverständlich sind, sondern die sich nur an einer vergleichenden Untersuchung mehrerer solcher Fälle überprüfen lassen.

Das volle Verständnis dieser Zusammenhänge kann wiederum erst später, an der eingehenderen Durchführung eines bestimmten Beispiels, aufgehen, aber der dabei leitende allgemeine Grundgedanke läßt sich doch schon jetzt aussprechen: Wenn es gelingt, bei der vergleichenden Analyse einer Reihe verschiedenartiger Fälle zu verschiedenen Wesensstrukturen zu kommen, so ist damit der Heideggersche Ansatz widerlegt, der es erlauben sollte, sich auf die beispielhafte Behandlung eines einzelnen, geeignet ausgewählten Falls zu beschränken. Es entsteht dann ein neues Verhältnis, wo die Besonderheit der verschiedenen Möglichkeiten – am Beispiel: der verschiedenen Stimmungen – so weit geht, daß jede von ihnen zur allgemeinen Wesensbestimmung des Menschen zu ihrem Teil etwas Neues hinzufügt, das auf keine andre Weise zu gewinnen gewesen wäre. Damit aber wird die Möglichkeit hinfällig, eine besondere „Analytik des Daseins" von einer allseitig ausgebreiteten philosophischen Anthropologie und überhaupt eine vorgeordnete ontologische Betrachtung von allen empirischen Einzeluntersuchungen loszulösen. Damit ist die Untersuchung erneut an die Mannigfaltigkeit der in der Erfahrung gegebenen Erscheinungen ausgeliefert, und es rechtfertigt sich das eingangs entwickelte Verfahren der philosophischen Anthropologie, das sich grundsätzlich für die Fülle der Erscheinungsformen offen hält. Das zirkelhaft wechselseitige Abhängigkeitsverhältnis zwischen der Untersuchung der äußeren Erscheinungsformen und des tieferen Wesenskerns läßt sich nicht in eine einseitig gerichtete Begründungsordnung, wie sie Heidegger versucht hat, auflösen.

So verschlingen sich bei der Erörterung des Heideggerschen Einwands – anders als bei Jaspers – grundsätzlich methodisch-philosophische Erwägung und inhaltliche Einzeluntersuchung in einer solchen Weise, daß man nur mit Hilfe einer konkret bis in die Einzelheiten hinein durchgeführten Untersuchung eines geeigneten Beispiels hoffen kann, damit zugleich zu einer Entscheidung über die grundsätzliche Möglichkeit einer Ontologie des Menschen zu kommen. Als das dafür am besten geeignete Beispiel erscheint eine Untersuchung der verschiedenen, gehobenen oder gedrückten Stimmungslagen, weil es sich in ihnen um eine der elementarsten anthropologischen Erscheinungen handelt, die zugleich in sich einen hinreichenden Reichtum an verschiedenen Möglichkeiten aufweist. Die folgenden Untersuchungen sind aus dieser Problemlage heraus entstanden. Sie verbinden mit dem unmittelbaren Interesse an ihrem Gegenstand zugleich den andern Zweck, an einem geeigneten Beispiel zur Auseinandersetzung der philosophischen Anthropologie mit dem Einwand Heideggers beizutragen.

Eines darf dabei allerdings nicht vergessen werden: Seit den hier zugrunde gelegten Schriften der späten zwanziger Jahre hat Heidegger eine entscheidende, von ihm selber als „Kehre" bezeichnete Wendung vollzogen, bei der die Schlüsselstellung einer „Analytik des Daseins" als einer „Fundamentalontologie" verlassen und durch eine unmittelbare Erfassung des Seins ersetzt wird, die dieses Umweges über den Menschen nicht mehr bedarf.[15] Aber damit ist eine Auseinandersetzung mit dem früheren Heidegger, so wie sie hier (im Rahmen einer speziellen Frage) versucht wird, nicht überflüssig geworden. Auf der einen Seite hat sich Heidegger selbst bisher nicht darüber ausgesprochen, ob und wieweit durch diese „Kehre" der frühere Ansatz einer „Analytik des Daseins" modifiziert wird; auf der andern Seite ist die große Wirkung Heideggers auf die im weitesten Sinn anthropologischen Disziplinen grade von den früheren Schriften ausgegangen, so daß die vorliegende Untersuchung zugleich einen Beitrag zur Klärung dieser allgemeineren Fragen zu geben versucht.

---

15 Vgl. meine Darstellung: Heideggers neue Kehre, Zeitschrift für Religions- und Geistesgeschichte, 2. Jahrg. 1949/50, S. 113ff.

ERSTER TEIL

DAS VERHÄLTNIS DER GEHOBENEN ZU DEN GEDRÜCKTEN STIMMUNGEN

sind wie die reinen Stimmungen, so werden sie in der Regel doch zu den Stimmungen zu zählen sein. Denn wenn sich auch Gram und Kummer auf etwas Bestimmtes beziehen, so geschieht es doch in einer andern Weise, als wie etwa der Schmerz auf etwas gerichtet ist. Gram und Kummer haben ihren Grund nicht in derselben Weise im Auge, wie etwa der Schmerz unablösbar darauf gerichtet ist, sondern sie sind, genau wie die andern Stimmungen, zu einer allgemeinen Färbung geworden, die das ganze Gemüt durchzieht und allen seinen Regungen einen bestimmten einheitlichen Charakter gibt. Es ist also nicht die Bezogenheit auf einen (intentionalen) Gegenstand, sondern die einer Verursachung, die zwar durchaus bewußt sein kann, aber nicht im Zielpunkt der aktuellen Aufmerksamkeit zu stehen braucht. Nur auf diese Weise können auch Gram und Kummer, Glück und Zufriedenheit zu einer länger dauernden Gesamtverfassung des Menschen werden. Man könnte zwar daran denken, diese Unbestimmtheit durch eine Scheidung zwischen einzelnem Gram und allgemeiner Vergrämtheit, zwischen Glück und Beglücktheit usw. zu vermeiden, wie dies etwa im Sinne einer besseren begrifflichen Klarheit von Straßer vorgeschlagen wird. Aber eine solche Festlegung würde eine ungerechtfertigte Einengung des natürlichen Sprachgebrauchs bedeuten. Darum ist hier darauf verzichtet worden. Dererlei Regungen werden im folgenden ohne jedesmalige besondere Rechtfertigung unter den Stimmungen mit aufgeführt, wo sie als geeignete Beispiele zur Aufhellung unsrer Probleme beitragen können.

In einem ähnlichen Sinn kann auch der Mensch vor etwas Bestimmtem Angst haben, etwa vor einer Spinne. Das bedeutet keinen Widerspruch zu der angeführten Unterscheidung zwischen Angst und Furcht, sondern man hat grade die Unangemessenheit und Unbegründbarkeit und den damit verbundenen Zwangscharakter im Auge, wenn man diese Regung als Angst bezeichnet. Der einzelne Gegenstand ist nicht eigentlich der Grund, sondern nur der Anlaß der Angst, und es ist ein sehr viel tiefer greifender Charakter der Unheimlichkeit, der sich hier an einem verhältnismäßig zufälligen Kristallisationskern verdichtet.

3. Die umgreifende Einheit von Leben und Welt

Diesem allgemeinen Grundcharakter entspricht auch der rein sprachliche Sinn des Wortes Stimmung, der ursprünglich eine gleichnishafte Übertragung eines musikalischen Begriffs auf die menschliche Seele darstellt. Im Hinhören auf diesen Sprachgebrauch kann Novalis dann sagen: „Das Wort Stimmung deutet auf musikalische Seelenverhältnisse.“[12] Wie ein Instrument dann gestimmt ist, wenn es auf ein andres (und dann im abgeleiteten Sinn auf eine bestimmte Norm) abgestimmt ist und wie es nur im gestimmten Zustand zu seiner besonderen Leistung befähigt ist, so spricht man auch beim Menschen davon, daß er zu

---

12 Novalis , Schriften, hrsg. v. P. Kluckhohn, 3. Bd. S. 269; vgl. auch Platons Staat im 3. Buch.

einem bestimmten Vorhaben „in Stimmung" oder „nicht in Stimmung" sei, je nachdem seine gesamte Gemütsverfassung so beschaffen ist, daß in ihr eine innere Bereitschaft und Geneigtheit zu diesem Vorhaben angelegt ist oder nicht.[13]

Jede Stimmung ist Übereinstimmung, und so handelt es sich auch bei der „Gemütsstimmung" um eine solche durchgehende Übereinstimmung des ganzen Menschen, der in seinen verschiedenen Seiten gleichmäßig auf einen bestimmten „Ton" gestimmt ist. Dabei läßt sich dann genauer eine dreifache Richtung unterscheiden: 1. die Übereinstimmung zwischen Innen- und Außenwelt, 2. die Übereinstimmung zwischen Leibes- und Seelenverfassung und endlich 3. die Übereinstimmung aller einzelnen Leistungen innerhalb der Seele, die alle auf einen einheitlichen Grundton abgestimmt sind. Dabei erweist sich grade die Richtungslosigkeit, durch die sich der Stimmungsuntergrund von den (gerichteten) Gefühlen unterscheidet und in dem zunächst die größere Schwierigkeit in der Erfassung dieses Untergrunds zu bestehen schien, als der Ausdruck der größeren Ursprünglichkeit und Einfachheit. Die Welt ist in der Stimmung noch nicht gegenständlich geworden, wie nachher in den späteren Formen des Bewußtseins, vor allem im Erkennen, sondern die Stimmungen leben noch ganz in der ungeschiedenen Einheit von Selbst und Welt, beides in einer gemeinsamen Stimmungsfärbung durchwaltend. Darum ist es auch verkehrt, die Stimmung allein auf die Rechnung der subjektiven Seite zu setzen und zu meinen, daß sie dann gewissermaßen auf die Welt auch abfärbe.

So ist es auch keine nachträgliche, bloß gleichnishafte Übertragung, sondern eine direkte, ursprünglich treffende Kennzeichnung, wenn man auch einer Landschaft (insbesondere unter bestimmten atmosphärischen Bedingungen) oder einem Wohnraum eine bestimmte Stimmung zuschreibt oder wenn man in betonter Weise dann eine bildliche Darstellung einer Landschaft als Abend- oder Mondscheinstimmung bezeichnet. Man spricht damit nicht etwa der Landschaft eine Seele zu, sondern meint das gemeinsame, Mensch und Welt zusammen umgreifende Durchzogensein von einem bestimmten Stimmungsgehalt. Die Stimmung kommt also nicht einem isolierten „Innenleben" des Menschen zu, sondern der Mensch ist einbezogen in das Ganze der Landschaft, welches wiederum nichts losgelöst Bestehendes ist, sondern in eigentümlicher Weise auf den Menschen zurückbezogen ist.

Besonders bezeichnend für die sich in den Stimmungen offenbarende ursprüngliche Einheit von Mensch und Welt ist die Beziehung der Seelenstimmungen zu den Erscheinungen der Witterung. Nicht durch Zufall sind es oft ursprünglich Bestimmungen des Wetters, mit denen man die Gefühlslage eines Menschen zu bezeichnen sucht: als „heiter" oder „sonnig" auf der einen Seite, als

---

[13] Dieses In-Stimmung-sein zu etwas ist keinesfalls zu verwechseln mit der Intentionalität des Gefühls. Während es sich dort um eine im ursprünglichen Wesen des Gefühls enthaltene und für das Gefühl selbst konstitutive Richtung handelt, ist es hier die Übereinstimmung einer in sich noch ungerichteten Stimmung mit einer (nachträglich hinzutretenden) von ihr im Wesen verschiedenen und nicht ursprünglich zu ihr gehörigen Leistung.

„düster" und vom Gram „umwölkt" auf der andern Seite. Nicht umsonst erscheint ja auch die Freude als hell, das Leid als dunkel.

Am stärksten hat Heidegger diese stimmungshafte Einheit von Innen- und Außenwelt betont: „Das Gestimmtsein bezieht sich nicht zunächst auf Seelisches, ist selber kein Zustand drinnen, der dann auf rätselhafte Weise hinausgelangt und auf die Dinge und Personen abfärbt ... (Die Stimmung) kommt weder von „Außen" noch von „Innen", sondern steigt als Weise des In-der-Welt-seins aus diesem selbst auf."[14] Grade darin, daß sie noch hinter die für das theoretische Bewußtsein schon selbstverständliche Scheidung von Subjekt und Objekt in die Schicht einer ursprünglichen Einheit beider zurückreicht, liegt die hohe philosophische Bedeutung der Stimmung. Sie macht einen Untergrund sichtbar, der in der theoretischen Haltung schon unsichtbar (obgleich nicht unwirksam) geworden war und den man auch nie entdecken konnte, solange man von der rein theoretischen Haltung ausging.

Die in der Stimmung gegebene Einheit von menschlichem Gemüt und umgebender Welt hebt auch Strasser mit Nachdruck hervor. Nach ihm „erscheinen in den echten Gestimmtheiten überhaupt kein Ich, kein Gegenstand, keine Grenze zwischen Ich und Gegenstand. Man müßte im Gegenteil sagen: Die Grenzen des Ich verschwimmen und verschwinden in eigentümlicher Weise. Ich und Welt werden in ein ungeteiltes Totalerleben eingebettet. Stimmung ist Ich- und Weltgefühl zugleich".[15] Von medizinischer Seite her hat vor allem Binswanger diese Zusammenhänge in eingehenden Untersuchungen herausgearbeitet.[16] Er bezeichnet diese Form von Umwelt, die dem Menschen noch nicht gegenständlich gegenübersteht, sondern mit der er sich unmittelbar gefühlsmäßig verbunden fühlt und von der er sich selbst noch gar nicht unterscheidet, als „gestimmten Raum" und hebt diesen von dem vitalen Aktionsraum des Handelns und dem homogenen Erkenntnisraum der theoretischen Einstellung (sowie noch weiteren, abgeleiteten Raumformen) ab. Dieser „gestimmte Raum" ist in jedem Augenblick von einer bestimmten Gefühlsfärbung durchzogen, die alles in ihm, den Menschen wie die Dinge, gleichmäßig durchzieht. Er erläutert diese Einheit sehr überzeugend an den Goetheschen Versen:

> „O Gott, wie schränkt sich Welt und Himmel ein,
> wenn unser Herz in seinen Schranken banget."

„Keineswegs schwebt Goethe bei dieser Wie-wenn-Beziehung ein kausales Verhältnis vor, als ob etwa das Bangen des Herzens die ‚Ursache' davon wäre, daß Welt und Himmel sich einschränken ... In diesem Wesensverhältnis von Ich-Gestimmtheit ... und Welträumlichkeit ist nichts das genetisch Primäre oder das genetisch Sekundäre, nichts Ursache oder Wirkung, Bedingung oder Bedingtes,

---

[14] Heidegger, Sein und Zeit, S. 136f.

[15] Strasser, a.a.O. S. 115.

[16] L. Binswanger, Das Raumproblem in der Psychopathologie, jetzt in: Ausgewählte Vorträge und Aufsätze, Bd. 2. Bern 1955, S. 174ff.

Induzierendes oder Induziertes, ja nicht einmal Grund oder Folge, vielmehr besteht eben gerade das, was wir Bangen des Herzens nennen, auch in einer Einschränkung von Welt und Himmel im Bangen unseres Herzens". Auch Binswanger betont hier nachdrücklich, daß die Stimmung nicht ursprünglich im Innern liegt und dann auch auf die Welt abfärbt und ebensowenig ursprünglich in der Welt liegt und dann auch auf den Menschen übergreift. Vielmehr ist es nur auf Grund dieser ursprünglichen Wesenseinheit möglich, daß dann im einzelnen Fall eine seelische Veränderung (etwa durch eine Trauernachricht) die vorher helle und heitere Welt plötzlich verdüstert erscheinen läßt oder auch umgekehrt eine Veränderung der äußeren Natur (etwa ein heraufkommendes Gewitter) eine entsprechende Veränderung des menschlichen Innern nach sich zieht. „Diese ontisch-genetischen Zusammenhänge sind nur möglich auf Grund des phänomenologischen Wesensverhältnisses, das wir mit dem Titel gestimmter Raum belegen".[17]

4. Die ursprüngliche Einheit von Seele und Leib

Ebenso wesentlich ist aber für die Stimmung auch die Einheit von Seele und Leib.[18] Die Wichtigkeit der leiblichen Zustände für die Stimmung ist außerordentlich. Die Störungen des körperlichen Wohlbefindens und ihre Behebung wirken sich unmittelbar auch im seelischen Gestimmtsein aus, wenn sich auch dieses nicht einfach auf jenes zurückführen läßt, sondern die seelische Stimmungslage auch ihrerseits auf die Verfassung des Leibes zurückwirkt. Namentlich von der romantischen Psychologie ist immer wieder auf diese wechselseitige Abhängigkeit hingewiesen worden. So heißt es etwa bei Carus: „Lebhafter Herzschlag, freieres Strömen des Blutes in seinen feinsten Wegen und freieres Atmen, so wie sie, im Unbewußten entstanden, das Bewußte zur Freude stimmen, werden auch wieder an sich erregt, wenn das Bewußte freudige Vorstellungen erfaßt; ja man muß jene Erregungen geradezu die unbewußte Freude des Organismus selbst nennen, wie man etwa metaphorisch von einer Pflanze sagt: sie grüne und blühe freudig".[19]

Carus hat überhaupt in seiner „Psyche" dies Aufsteigen der Stimmungen im Menschen sehr tief als ein erstes Bewußtwerden des bis dahin Unbewußten zu

---

17 Binswanger, a.a.O. S. 200/01.

18 Auf die innere Einheit leiblicher und seelischer Erscheinungen bei der Stimmung hat von medizinischer Seite R. Bilz nachdrücklich hingewiesen: Die Stimmung, als leib-seelisches Problem, dargestellt am Beispiel der Magenneurose, Deutsche Medizinische Wochenschrift, 68. Jahrg. S. 640ff. 1942. Bilz definiert dort die Stimmung geradezu als „Übereinstimmung zwischen Physischem und Emotionalem" (S. 643). Vgl. auch R. Bilz, Pars pro toto, ein Beitrag zur Pathologie menschlicher Affekte und Organfunktionen, Schriftenreihe zur Deutschen Medizinischen Wochenschrift, hrsg. v. R. Siebeck u. V. v. Weizsäcker, S. 5. Leipzig 1940.

19 C.G. Carus, Psyche. Zur Entwicklungsgeschichte der Seele. Pforzheim 1847, S. 270f.

deuten versucht, so daß auch bei ihm die Stimmungen die entscheidende Schlüsselstellung im Aufbau der Seele einnehmen. Seine Kennzeichnung mag daher auch hier ihre Stelle finden: „Alles, was in der Nacht des Unbewußtseins unsere Seele in uns bildet, schafft, tut, leidet, drängt und brütet, Alles, was dort sich regt, nicht bloß unmittelbar am eignen Organismus sich kund gebend, sondern eben so was angeregt ist von Einwirkungen anderer Seelen und der gesamten Außenwelt, welches Alles bald heftiger, bald milder auch unser inneres unbewußtes Leben durchdringt, Alles dies klingt auf eine gewisse Weise aus dieser Nacht des Unbewußtseins auch hinauf in das Licht des bewußten Seelenlebens, und diesen Klang, diese wundervolle Mitteilung des Unbewußten an das Bewußte nennen wir – Gefühl".[20] Dabei wird hier das Wort Gefühl im Sinn der schon erwähnten Unbestimmtheit des Sprachgebrauchs genau für das genommen, was hier als Stimmung bezeichnet ist, so wie es auch bei Carus unmittelbar darauf als „diese ganz eigene Färbung der bewußten Seele" bezeichnet und ununterschieden mit den „Stimmungen unseres Gemütes" gebraucht wird.

In einer ähnlichen Weise hat Baader den Einfluß der atmosphärischen Erscheinungen auf die Stimmungslage hervorgehoben. Neben mancherlei Einzelbeobachtungen, die in seinen Jugendtagebüchern auf diese Zusammenhänge hinweisen, betont er auch einmal ganz ausdrücklich, „daß die Atmosphäre in unsere geistigsten Verrichtungen mächtigen Einfluß habe". „So sehr hängt auch alles in uns von außen ab oder vielmehr alles Äußere und Innere hängt zusammen, ist nur Eins."[21] Grade durch das Medium der Witterung lebt der Mensch in unmittelbarer Einheit mit dem Leben der in ihn umgebenden Natur.

5. Die fröhlichen Stimmungen

Ein System der Stimmungen, das deren in sich wiederum sehr ausgedehnte Mannigfaltigkeit nach einem übersichtlichen Klassifikationsschema zu ordnen verstünde, ist unmöglich; denn jede einzelne führt – in einer Weise, wie sie vorhin beim Verfahren der philosophischen Anthropologie allgemein vorweggenommen wurde[22] – bei hinreichend sorgfältiger Analyse in einer neuen und nicht zuvor zu konstruierenden Weise unmittelbar an das Wesen des Menschen heran und fügt sich nicht mit den übrigen zum symmetrisch aufgebauten System. Wie überall so zeigt sich auch hier die Unmöglichkeit, seelische Erscheinungen nach dem einfachen logischen Schema von „Art" und „Gattung" aufzuteilen.[23] Trotzdem ist in einer, wenn auch nur vorläufigen Weise eine gewisse Einteilung der Stimmungen, von denen bisher mehr zufällig die eine oder andre in den Blick gekommen war,

---

[20] Carus, a.a.O. S. 263.

[21] F. Baader, Seele und Welt. Jugendtagebücher 1786–1792, hrsg. v. D. Baumgart. Berlin o.J., S. 37, 23.

[22] Vgl. oben S. 8ff.

[23] Zur Begründung vgl. Einfache Sittlichkeit, a.a.O. S. 107f.

nicht zu vermeiden, und schon der gewöhnliche Sprachgebrauch gibt dafür gewisse Hinweise. Ein solches Verfahren ist auch so lange unbedenklich, als man sich den nur vorläufig orientierenden Charakter einer solchen Einteilung immer vor Augen hält.

Versucht man, in diesem eingeschränkten Sinn die Vielfalt der Stimmungen zu überblicken, so sondern sich zunächst die beiden großen Gruppen der fröhlichen und traurigen oder, wie man vielleicht besser in einer noch unbestimmteren Ausdrucksweise sagt: der gehobenen und gedrückten Stimmungen. Zwischen diesen beiden Polen schwankt die Stimmungslage des Menschen in einer mehr oder weniger ausgeprägten Weise.[24] Die genauere Forschung müßte dann aber auf beiden Seiten noch sehr viel genauer unterscheiden. Da gibt es auf beiden Seiten die verschiedenen Formen der Stimmungen, die keineswegs als bloße Gradabstufungen zu verstehen sind, sondern die auch in ihrem innersten Wesen einschneidende Unterschiede aufweisen und den Menschen in ganz verschieden tiefen Schichten seines Seins ergreifen.

Da gibt es auf der Seite der gehobenen Stimmungen, um zunächst einmal mit dem Äußerlichsten zu beginnen, die Formen der Albernheit und Ausgelassenheit, die den Menschen nur an der Oberfläche befriedigen und darum meist auch einen faden Nachgeschmack hinterlassen. Der Mensch empfindet diese Formen darum auch als Mangel an „Ernst“ und ist geneigt, sie abschätzig zu bewerten. Es handelt sich in ihnen in der Tat auch um eine vorwiegend jugendliche Lebensform. Ihr Ausdruck ist das oft grundlose und sich wie durch Ansteckung verbreitende Gekicher. Mag man sie beim jungen Menschen noch als weitgehend natürlich empfinden, so wirken sie beim Erwachsenen dann verächtlich. Sie führen dann hinüber zu anderen Formen einer gezwungenen und oft auch gequälten Lustigkeit, die sich laut und lärmend ausbreiten und unnatürlich wirken, weil sie meist nur eine geheime Angst übertönen sollen. Da gibt es überhaupt die Gruppe der Lustigkeit, Fröhlichkeit und Heiterkeit, die bald lauter und bald leiser, bald mehr den Menschen nur im Augenblick überfallen, bald mehr zu seiner bleibenden Naturanlage gehören, alle aber als ein Geschenk des natürli-

[24] Vgl. hierzu das von Lersch angegebene Ordnungsschema der Stimmungen (a.a.O. S. 251ff.). Lersch beschränkt sich, der besonderen charakterologischen Zielsetzung seines Buchs entsprechend, allerdings auf die habituellen Lebensgrundstimmungen und kommt so zu einem verhältnismäßig kleinen Umkreis. Er unterscheidet vier Hauptarten: die Heiterkeit, die Lustigkeit (Vergnügtheit), die Traurigkeit (Schwermut) und den Mißmut (Verdrossenheit). Von diesem „atmosphärischen Stimmungsuntergrund“ heben sich dann bei Lersch die „Erregungsformen des Lebensgefühls“ ab, die als „Zuständlichkeiten plötzlicher Erschütterung“ den „normalen und geordneten Ablauf des übrigen seelischen Lebens krisenhaft und schockartig unterbrechen“ (1. Aufl. S. 55). Hierhin gehören für ihn nach den beiden Seiten hin die Angst und die Ekstase. Sie sind „die dramatischen Außenpole des Lebensgefühls“ (a.a.O. S. 260). Für die Seite der gedrückten Stimmungen vgl. L. Binswanger, Über Ideenflucht. Zürich 1933. Diese Arbeit reich weit über das im Titel genannte Problem auch in den Bereich der nichtpathologischen Glücksempfindungen hinein und behandelt hier vor allem die von Binswanger so genannte „festliche Gestimmtheit“.

chen Daseins dem Menschen gegeben sind, als Zeichen seines vitalen Wohlbefindens. Ihr Ausdruck ist das befreite Lachen, das selber in seinen Erscheinungsformen noch mannigfach verschieden ist, von der stillen Entspanntheit bis zum lauten und schallenden Gelächter.

Hierzu kommen die verschiedenen Formen des Glücks.[25] Mag auch praktisch mit dem Worte Glück eine etwas störende Zweideutigkeit verbunden sein, weil es einmal (im Sinn von fortuna) die äußeren Glücksumstände bezeichnet, sodann aber auch (im Sinn von felicitas) einen dem äußeren Glück zugeordneten inneren Zustand des Menschen, so scheint es doch zweckmäßig, bei diesem Ausdruck zu bleiben, weil er am umfassendsten diese Schicht der gehobenen Stimmungslagen bezeichnet. Wir unterscheiden das Glück von den bisher genannten Stimmungen der Fröhlichkeit, Lustigkeit usw. dadurch, daß diese sich vom rein vitalen Dasein her im Menschen ausbreiten und in ihm herrschen können, ohne daß es ihm besonders zum Bewußtsein kommt. Das Glück dagegen entspringt der Auseinandersetzung mit den Lebensumständen. Es ist darum wesensmäßig empfundenes Glück, Glück nicht nur als Gehobenheit des eignen inneren Zustands, sondern zugleich als Befriedigung über die äußeren Lebensumstände und darum von diesen mit abhängig.

Auch beim Glück unterscheiden wir wiederum die verschiedensten Formen mit einem untereinander sehr verschiedenen Tiefgang, worauf später bei der Behandlung Nietzsches noch einmal ausführlicher zurückzukommen ist. Da gibt es einmal das kleine Glück, das mit wenigem zufrieden ist und die Übereinstimmung mit den äußeren Verhältnissen durch Verzicht auf die eignen Ansprüche erkauft hat. Ihm nahe verwandt ist das Glück des satten Behagens, das mit dem erreichten Zustand zufrieden ist und alle Kraft zum weiteren Streben verloren hat. Tiefer greift dann das stille und ruhige Glück, wie es aus der Befriedigung eines erfüllten naturverbundenen Daseins hervorwächst. Und wieder anders ist das große und mehr gewaltsame Glück, das aus der Kraftanspannung und dem Wagnis selber kommt, ein Glück, das nicht mehr einfach und klar, sondern hintergründig, dunkel und schwer ist. Und wiederum anders ist das „gläserne“ Glück, das, dem ästhetischen Dasein vergleichbar, in seltener Stunde wie ein zerbrechlicher Bogen die Schwere des Daseins überwölbt und in dem das Bewußtsein der Hinfälligkeit als ein unablösbarer Bestandteil dieser Form des Glücks in einem geheimen Erzittern der Seele mit empfunden wird. Und über allem steht dann die Form einer den Menschen bis in seine letzten Tiefen durchziehenden und durch keinerlei äußeres Schicksal mehr zu erschütternden Befriedigung, die man am besten mit dem der religiösen Sphäre entnommenen Namen der Seligkeit bezeichnet und deren mimischer Ausdruck in einem kaum noch wahrnehmbaren stillen Lächeln besteht.

---

[25] Über die Formen des Glücksgefühls vgl. auch bei Strasser, a.a.O. S. 244ff., das Kapitel: Phänomenologische Typologie der menschlichen Glückserfahrung.

6. Die traurigen Stimmungen

Den gehobenen steht dann eine entsprechende Reihe der gedrückten Stimmungen gegenüber. Dahin gehören im vitalen Bereich die Niedergeschlagenheit und die Mutlosigkeit, auch die Verzagtheit, Stimmungen, die allgemein in einer Schwächung des Lebensgefühls bestehen, die den Menschen am Erfolg seiner Unternehmungen zweifeln lassen und die ihn unfähig oder doch unlustig zur gewohnten Arbeit machen. Hierhin gehört weiter, ebenfalls noch aus der vitalen Sphäre aufsteigend, die Traurigkeit, die sich wie ein leichter Hauch über den Menschen legen kann und von deren Gründen er sich oft gar keine Rechenschaft zu geben weiß. Sie hat in ihren leisen Abwandlungen enge Beziehungen zum dichterischen Schaffen und Empfinden. Sie wandelt sich weiter zu den Formen der Melancholie und Wehmut, die in sich dann wieder schon oft einen geheimen Unterton der Süße enthalten können.

Die Traurigkeit ist, wie allgemein die stark vital verankerten Stimmungen, eine vorwiegend jugendliche Lebensform. Im Alter wird sie dann in zunehmendem Maß vom Ergebnis einer geistigen Auseinandersetzung mit dem Leben gefärbt. So entstehen dann Formen der Resignation und der Ergebenheit in das Schicksal, die ebenfalls in den Umkreis der gedrückten Stimmungslagen einzuordnen sind. Eine mit zunehmendem Alter sich gern verfestigende Form ist auch die Stimmung einer mürrischen Verdrossenheit, in der der Mensch mit unfreundlichem Gesicht umhergeht und ihm nichts recht zu machen ist. Auch die Zustände der Verärgerung und Gereiztheit gehören in diesen Zusammenhang, wo sich im Menschen eine feindselige Spannung zur Außenwelt angesammelt hat, die sich dann bei der geringsten Gelegenheit entladen kann.

Den Formen des Glücks entsprechend sind unter den gedrückten Stimmungen dann auch die Formen des Unglücks aufzuzählen, sofern man unter Unglück auch hier nicht den äußeren Unglücksfall, sondern die innere Seelenverfassung des unglücklichen Menschen versteht. Dem Unglücklichen ist alles verdüstert. Ihm erscheint die Welt grau in grau. Aber wie das Glück, so kann auch das Unglück einen sehr verschiedenen Grad an Tiefe haben. Es gibt einen kleinlichen Kummer, der den Menschen verdrossen macht und der immer etwas Verächtliches behält. Aber es gibt auch ein tiefes Leid, das den Menschen ergreift und ihn veredelt, es gibt eine verhaltene und oft stolze Trauer, in der sich die innere Zucht des Menschen bewährt, es gibt einen Gram, der im Verborgenen an seiner Seele nagt, und wiederum einen unendlichen Schmerz, der den Menschen aus der Menge heraushebt und immer das Ehrfurchtgebietende eines großen Schicksals an sich hat.

Nur in gewisser Weise den gedrückten Stimmungen zuzuordnen ist der Ernst.[26] Der Ernst steht im Gegensatz zum Scherz, und da dieser zweifellos auf die Seite der gehobenen Stimmungslagen gehört, müßte man entsprechend den

---

[26] Über den Ernst vgl. ausführlicher: Einfache Sittlichkeit, a.a.O. S. 75ff.

Ernst zu den gedrückten Lebenslagen rechnen. Der Traurige macht ein ernstes Gesicht, und so könnte der Ernst als eine Form der gehaltenen und gebändigten Trauer erscheinen. Mit dieser Seite verbindet ihn die Dunkelheit und die Schwere. Auch der Ernste steht unter dem Lastcharakter des Daseins. Aber nicht jeder Ernst ist darum auch umgekehrt Ausdruck der Trauer. Der Ernst steht im Gegensatz zum Spielerischen und ist als solcher Ausdruck eines Verantwortungsbewußtseins und zumeist auch eines gewissen Alters. Das unmittelbare Beteiligtsein des Kindes ist noch nicht Ernst, sondern dieser erwächst erst aus dem Bewußtsein der Verantwortung, die der Mensch zu tragen hat. Alles Feierliche, alles Gehobene und Getragene, insbesondre das Erhabene setzt einen Ernst voraus. Sein Gegenspieler ist das Lächerliche, das ihn aus der Fassung zu bringen und das Pathos des Ernstes zu zerstören droht. Das Lachen durchbricht die angenommene Fassung des Ernstes und macht darum besonders deutlich, daß der Ernst nicht bloße Stimmung ist, sondern zugleich auch Haltung, in der der Mensch seinem Dasein eine gewollte Form gibt.

7. Angst und Verzweiflung

Aber neben diesen Formen der Traurigkeit im weitesten Sinn stehen dann wieder andre Stimmungen: die Langeweile, die als eine quälende Gleichgültigkeit den Menschen durchzieht und alle Anteilnahme an den Menschen und den Dingen erstarren läßt, so daß der Mensch wie abgestorben erscheint, und weiter und eindringlicher noch die Angst und Verzweiflung, die den Menschen erfassen und so sehr aus der gewohnten Sicherheit seiner Lebensbezüge herauswerfen, daß alle vernünftige Überlegung dadurch niedergehalten wird. Von diesen Stimmungen muß später noch ausführlicher die Rede sein, darum braucht an dieser Stelle nur in vorläufiger Vorwegnahme das Verhältnis zu den andern Stimmungen erörtert zu werden.

Auf der einen Seite stehen sie den gedrückten Stimmungen nahe, sind selbst Formen, ja gesteigerte Formen der Depression. Auf der andern Seite heben sie sich aber so deutlich von ihnen ab, daß eine zusammennehmende Behandlung das Wesentliche dieser beiden Gruppen verstellen würde. Während Fröhlichkeit und Traurigkeit zwei Stimmungspole bezeichnen, zwischen denen das menschliche Leben in regelmäßigerem oder unregelmäßigerem Wechsel schwankt, und während auch der Ernst im Scherz seinen entsprechenden Gegensatz hat, stehen diese neuen Stimmungen außerhalb einer solchen Polarität. Sie haben kein eigentliches Gegenteil. Man könnte sie höchstens in einen Gegensatz zur Ruhe und Sicherheit und der darauf gegründeten Gelassenheit stellen, aber dies wäre dann nicht mehr das Verhältnis zweier gleichberechtigter Pole, sondern Angst und Verzweiflung heben sich als Störung der Gleichgewichtslage heraus, die sonst das durchgehende Wesen der Stimmung ausmacht. Ihnen fehlt das sanfte und gleichmäßige Durchströmtsein, das auch der stärksten Trauer noch eine gewisse Ausgeglichenheit gibt und sie eben dadurch als echte Stimmungslagen kennzeichnet. In der Angst und Verzweiflung ist dagegen dieses gleichmäßige Schwingen der eigentlichen Stimmung gestört. Es ist, als ob hier die Stimmung überhaupt zerbrochen ist.

Man könnte daher daran denken, sie um dieser Störung willen ganz aus dem Umkreis der sonstigen Stimmungen herauszunehmen und sie ihnen als „Verstimmungen" gegenüberzustellen. Allein „Verstimmung" ist, wenn man den Begriff streng nimmt, noch etwas anderes (worauf sogleich noch zurückzukommen sein wird), und darum ist es zweckmäßig, den irreführenden Begriff an dieser Stelle zu vermeiden. In der Verstimmung ist eine bestimmte Stimmung zerbrochen, auf die sie zurückverweist und die in ihr in irgendeiner verborgenen Form noch immer mit enthalten ist. In der Angst und Verzweiflung ist dagegen das Lebensgefühl im ganzen aus den Fugen geraten.

Damit hängt auch die zweite Richtung zusammen, in der sich Angst und Verzweiflung aus den übrigen gedrückten Stimmungen herausheben. Das ist die verhältnismäßig geringere zeitliche Dauer bei gesteigerter Intensität. Man könnte daher daran denken, sie im Sinn von Lersch als „Erregungsformen des Lebensgefühls"[27] von den gleichmäßigeren Stimmungen zu scheiden. Aber das gibt keinen grundsätzlichen Unterschied, denn für ihre kürzeren Zeiten bilden die so durch ihre besondere Stärke herausgehobenen „Erregungsformen" in genau derselben Weise den formenden Untergrund, wie es allgemein bei den Stimmungen der Fall ist. Darum erscheint es zweckmäßiger, an dem durch Heidegger schon festgelegten Sprachgebrauch festzuhalten und die Angst und Verzweiflung unter die echten Stimmungen zu rechnen. Man muß sich dann nur darüber klar sein, daß bei der vereinfachenden Gegenüberstellung der gehobenen und gedrückten Stimmungen auf der Seite der letzteren sehr viel tiefer greifende Unterschiede zusammengenommen werden, als auf der Seite der frohen Stimmungen zu unterscheiden sind.

Endlich aber liegt „zwischen" den beiden Gruppen der gehobenen und gedrückten Stimmungen dann noch eine gewissermaßen „mittlere" Lage der Stimmungen, in der die Erregungen der einen wie der andern Seite sich gelegt haben. In diese Gruppe, die selbst wieder bald mehr der einen, bald mehr der andern Seite zuneigen kann, gehören die Stimmungen der ausgeglichenen Ruhe, der Sicherheit in der gegenwärtigen Lebenslage oder der Gelassenheit, die die Dinge an sich herankommen läßt.

---

27 Lersch, a.a.O. S. 260ff.

8. Andacht, Feierlichkeit und Festlichkeit

Neben diesen großen Gruppen gibt es endlich noch eine größere Anzahl von Stimmungen, die sich nicht recht in ein solches zusammenhängendes Schema der Stimmungsschwankungen einordnen lassen, sondern die in einer inhaltlich schon sehr viel bestimmteren Weise einzeln für sich stehen. Nur einige wenige Beispiele können hier zur Verdeutlichung auch dieser, in sich wiederum sehr mannigfaltigen Möglichkeiten herausgegriffen werden. Dahin gehört etwa die Stimmung der Andacht. Andacht ist keine gehobene Stimmung schlechthin, sondern ein ganz bestimmtes Eingestelltsein, also ein Gestimmtsein zur Aufnahme religiöser oder allgemein als „höher" empfundener Wahrheiten. Das Eingestimmtsein auf einen ganz bestimmten Gehalt ist hier im Unterschied zu den bisher genannten Formen der Stimmung das Entscheidende, und darum ist der musikalische Vergleich mit der Stimmung eines Instruments hier in besonderem Maße zutreffend. Es ist eine Bereitschaft zum Hören. Aber grade darin ist die Andacht Stimmung im echten Sinn und kein bloßes theoretisches Eingestelltsein, denn sie wirkt sich genau wie die andern Stimmungen durch den ganzen Menschen aus, bis in Haltung und Gebärde hinein. Schon äußerlich sind die Augen niedergeschlagen oder richtiger nach innen zurückgenommen, denn es ist nicht Demut oder Befangenheit, die nicht aufzublicken wagen, sondern geschieht aus der inneren Sammlung heraus, vor der die Außenwelt versinkt. Alles Laute und Lärmende fällt vom andächtigen Menschen ab, und eine gehaltene und gesammelte Stille legt sich über ihn. Es ist, als ob der Lärm der „Welt" nur noch von fern zu ihm herüberdringt und ihn nicht mehr abzulenken vermag. Darum kann die Andacht auch durch entsprechende Bedingungen der Außenwelt gefördert werden, durch eine geeignete Musik oder entsprechende Räume, allgemein auch schon durch bloße Stille. Aber die Sammlung der Andacht ist doch wieder mehr als bloße Konzentration der Seele auf einen bestimmten Gehalt, sondern dieser ist als ein spezifisch religiöser herausgehoben aus der Sphäre des „gewöhnlichen" alltäglichen Lebens. Insofern ist die Andacht die Aufgeschlossenheit für diese ganz bestimmten Gehalte und entsprechend eine Abgeschlossenheit gegen den Zugriff des sonstigen Lebens. Das gibt der Stimmung der Andacht dann ihre ganz besondere Weihe, die in der Stimmung mit empfunden wird und die einen unablöslichen Bestandteil dieser Stimmung ausmacht.

Andre Stimmungen dieser Art, Formen eines ganz bestimmten menschlichen Zu-Mute-seins, sind auch die der Feierlichkeit und der Festlichkeit.[28] Auch dies sind Formen des gehobenen Lebensgefühls, aber sie unterscheiden sich von den bisher genannten gehobenen Stimmungen dadurch, daß an die Stelle der unbefangenen und gelösten Fröhlichkeit eine innere Gehaltenheit tritt. Diese Stimmungen erwachsen nicht unmittelbar aus dem natürlichen Lebensuntergrund, sondern entstehen, wie auch schon die Andacht, erst auf dem Boden einer

28 Über Feierlichkeit und Festlichkeit vgl. genauer: Neue Geborgenheit, a.a.O. S. 217ff.

ganz bestimmten menschlichen Haltung und empfangen von dieser eine ganz bestimmte Bändigung und Formung aller Lebensäußerungen, die dann ihrerseits wieder einen unablösbaren Bestandteil des erlebten Stimmungsgehalts ausmachen. In diesem Sinn ist die Feierlichkeit eine solche Form der Gehobenheit, die aus dem Bewußtsein von der besonderen Bedeutung des Geschehens ihre besondere Weihe empfängt. Unter dem Gewicht dieser Bedeutung ergibt sich das Gefühl des Getragenen. Es drückt sich aus in der Langsamkeit und Verhaltenheit aller Bewegungen, die alles Schnelle und Hastige verbietet und das einfache Gehen zum gemessenen Schreiten verwandelt. Zum Feierlichen gehört die betonte Pflege der äußeren Form, das Repräsentative, das ihrer Würde allein angemessen ist. Jede Nachlässigkeit im äußeren Gehaben, ja schon die Unbefangenheit des Gefühlsausdrucks kann die feierliche Stimmung zerstören. Als eine künstliche, dem natürlichen Leben abgerungene Form steht sie immer in der Gefahr, vom Erhabenen zum Lächerlichen umzuschlagen.

Eine bestimmte Steigerung des Feierlichen ist dann das Festliche. In ihm ist die bedeutungsgeladene Schwere des Feierlichen schon wieder gelöst in einer gewissen Helligkeit und Freudigkeit. Festlich ist das Gefühl der herausgehobenen Stunde der Freude. Aber dabei ist wesentlich, daß niemals aus der gesteigerten Freude des einzelmenschlichen Daseins die festliche Stimmung entspringt. Zur Feierlichkeit wie zur Festlichkeit gehört die Einlagerung in einen umfassenden Zusammenhang, durch den das Geschehene des Augenblicks eine objektive Bedeutung empfängt. Darum sind sie nur auf dem Boden der Gemeinschaft möglich, die in ihnen den gestalteten Höhepunkt ihres Lebens erlebt. Während die ernstere Feier noch bewußt gestaltet werden kann, ergibt sich die festliche Stimmung nur aus der Gunst des Augenblicks, so wie darum auch Feste nur vorbereitet, aber niemals „veranstaltet“ werden können.

Die so kurz umrissene Mannigfaltigkeit der Stimmungen soll im vorliegenden Zusammenhang jedoch nicht weiter entfaltet werden. Hier soll vielmehr nur als methodische Vorbereitung für eine durchgeführte Philosophie der Stimmungen deren Einfluß auf das Ganze des menschlichen Seelenlebens an einem einzelnen, vereinfacht herausgegriffenen Gegensatzpaar verfolgt werden. Denn an der durch zwei extreme Grenzfälle gegebenen Spannweite wird sich das Maß ihres Einflusses am ehesten übersehen lassen. In diesem Sinn beschränkt sich die folgende Untersuchung bewußt auf das vereinfachte Schema des Gegensatzes zwischen den gehobenen und gedrückten Stimmungen, ohne auf die an sich gewiß hochbedeutsamen feineren Unterscheidungen einzugehen.

III. DIE STIMMUNGEN ALS TRAGENDER GRUND DER SEELE

1. Die philosophisch-anthropologische Bedeutsamkeit der Stimmung

Nach diesen ersten vorbereitenden Überlegungen, die in der Abhebung gegen das Gefühl das eigene Wesen der Stimmung sichtbar machen sollte, kommt es jetzt darauf an, tiefer in ihre philosophisch-anthropologische Bedeutsamkeit einzudringen. Die erste wirklich in den entscheidenden anthropologischen Kern der Frage eindringende philosophische Erörterung der Stimmungen, ja eigentlich überhaupt ihre philosophische Entdeckung verdanken wir Heidegger, bei dem sie als die „Befindlichkeiten" des menschlichen Daseins eine grundlegende Stellung in seiner „Analytik des Daseins" einnehmen. Ihm muß daher die Darstellung für die erste Ausarbeitung der Fragestellung folgen. Die bei ihm gewonnene Einsicht läßt sich im wesentlichen auf zwei entscheidende Zusammenhänge zusammenfassen.

Das eine ist die Feststellung, „daß das Dasein je schon immer gestimmt ist".[1] Das soll besagen, daß die Stimmungen nichts Äußerliches sind, was gelegentlich über den Menschen kommt und wieder geht, während sich der entscheidende Kern des Menschen unabhängig von diesen Stimmungen begründen ließe, sondern daß die Stimmungen als notwendiger und unentbehrlicher Bestandteil zum ursprünglichen Wesen des Menschen gehören und daß es auf keine Weise möglich ist, der Abhängigkeit von der Stimmung zu entgehen, etwa in einer rein theoretischen Haltung einen Standpunkt einzunehmen, dessen Blick von den Stimmungen nicht „getrübt" ist. Es gibt grundsätzlich keinen Zustand des menschlichen Lebens, der nicht schon in bestimmter Weise gestimmt wäre.

Auf dieser ersten Erkenntnis baut sich dann die zweite entscheidende Einsicht auf: Diese Schicht der immer vorhandenen Stimmungen bildet den tragenden Untergrund, aus dem sich das gesamte sonstige Seelenleben entwickelt und von dem es in seinem Wesen durchgehend bestimmt bleibt. Durch eine bestimmte Grundstimmung werden gewisse Erlebnisse möglich gemacht und gewisse andre wieder von vornherein ausgeschlossen, weil sie sich mit dem Rahmen dieser Stimmung nicht vertragen. Durch diese Grundstimmung werden alle einzelnen Erlebnisse in einer ganz bestimmten Richtung geleitet. Welche höheren Leistungen sich in der Seele entwickeln können, und die Art und Weise, wie sie sich entwickeln, ist von dem jeweils herrschenden Stimmungsuntergrund abhängig.

Dieser Zusammenhang ist auch von der psychologischen Forschung ausführlich verfolgt und bestätigt worden. Der besonderen Wichtigkeit für den

---

[1] Heidegger, a.a.O. S. 134.

gegenwärtigen Zusammenhang wegen seien die Sätze, in denen F. Krüger das Ergebnis seiner Untersuchungen auf diesem Gebiet zusammenfaßt, ausführlicher wiedergegeben. Er sagt: „Die ‚Aktualgenese' ... zeigt überall, daß gesonderte Empfindungen, Wahrnehmungen, Relationen, auch Erinnerungen, deutliche Gedanken, entschiedene Willenshaltungen, kurz alle Erlebnisgliederungen, sich in einem, wenngleich kurzen Zeitverlauf erst abspalten aus diffuser Gefühlsgerichtetheit und daß sie zweitens funktional immer davon beherrscht bleiben; jedenfalls bleiben sie durchweg, mehr oder weniger innig, in Emotionales eingebettet, das die ‚Lücken' sozusagen des gesamten Erlebnisbestandes erfüllt und für alles sich etwa Abhebende den gemeinsamen ‚Hintergrund' bildet. Gefühl ist der mütterliche Ursprung aller übrigen Erlebnisarten und ihrer aller ergiebigster Nährboden. Wenn einem Lebewesen psychisch etwas widerfährt, beobachten wir jedesmal oder erschließen mit gutem Grunde ein gefühlsmäßiges Zumutesein."[2] Dabei ist auch hier wieder zu beachten, daß Krüger nicht (wie wir) zwischen Gefühl und Stimmung unterscheidet und daß so das bei ihm als Gefühl oder „gefühlsmäßiges Zumutesein" Bezeichnete genau dem entspricht, was hier als Stimmung vom (gerichteten) Gefühl unterschieden wird. Auf dieser durchgehenden Gefärbtheit alles Erlebens durch den Untergrund der Stimmung baut sich dann auf, was Krüger die „Ganzheitlichkeit des Erlebens" nennt: „Ein wirklich auftretendes Gefühl muß a l l e s umfärben, was einer gleichzeitig mit ihm erlebt."[3]

2. Die Auslegung der Welt in der Stimmung

Die Stimmungen bedingen also von vornherein, wie die Welt und das Leben dem Menschen erscheinen. Heidegger hat grade dies in seiner grundsätzlich philosophischen Bedeutung am schärfsten hervorgehoben: „Die Stimmung hat je schon das In-der-Welt-sein als Ganzes erschlossen und macht ein Sichrichten auf ... allererst möglich."[4] Wie ich mich einem Ding zuwende und wie es mir erscheint, ist von vornherein durch die Stimmungslage bedingt, in der ich mich befinde. Nur in ängstlicher Stimmung begegnet mir Bedrohliches, und nur in einer heiteren Gemütsverfassung kommen mir die beglückenden Erlebnisse wie von selbst entgegen. Darum ist es so schwer, den zu trösten, der ernstlich betrübt ist. Er ist in dieser seiner Stimmungslage für die Gedanken und Gefühle und Beschäftigungen, mit denen man ihn aus seiner Lage herausreißen möchte, gar nicht aufnahmefähig. Er ist gleichsam „blind" geworden für alle heiteren Seiten der Wirklichkeit.

Wie sehr eine gedrückte Stimmungslage den Menschen nur für ganz bestimmte, wieder traurige und unglückliche Erlebnisse offen läßt und ihn gegen

2 F. Krüger, Das Wesen der Gefühle. Leipzig 1928, S. 20f.

3 Krüger, a.a.O. S. 21.

4 Heidegger, a.a.O. S. 137.

den andern Bereich der beglückenden Erlebnisse ganz verschließt, so daß sie gar nicht an den Menschen herankönnen, ist (um nur ein beliebiges Beispiel heranzuziehen) sehr treffend einmal bei Wilhelm Raabe geschildert: „Es ist ein Irrtum oder gar eine Lüge, wenn man behaupten will, daß einem unglücklichen oder von Not und Sorge bedrängten Menschen eine schöne Gegend und herrlich erhabene Aussicht zum Heil und zur Genesung gereiche. Es ist einfach nicht wahr. Im Gegenteil, nichts ist schlimmer für einen Kummervollen, Schmerzbeladenen, als eine weite sonnenklare, in allen süßen Farben der Erde leuchtende Fernsicht, hoch von einer Bergspitze aus. Es ist arg und eigentlich furchtbar, aber es ist so: den Sturm, den Regen läßt man sich in der bösen Stimmung gefallen, aber die Schönheit der Natur nimmt man als einen Hohn, als eine Beleidigung und fängt an, alle sieben Schöpfungstage zu hassen.“[5] Hier ist also nicht nur gesagt, daß der eigne Trübsinn den Menschen gegen die Schönheiten der Natur verschließt (so wie der Trübsinnige ja mit gesenktem Kopf einherzugehen pflegt und sich schon so gegen die Weite eines freien Ausblicks verschließt), sondern dieser Trübsinn bleibt nur im Einklang mit neuen, wiederum trüben Eindrücken der Außenwelt. Andre, ihrem Wesen nach fremde Eindrücke dringen so sehr als Fremdkörper ein, daß sie durch den Gegensatz und den Widerspruch die noch gehaltene Traurigkeit zur reinen Verzweiflung aufzustacheln imstande sind. In diesen Zusammenhang gehört auch die Wirkung lauter Fröhlichkeit und lustiger Musik auf ein betrübtes Gemüt.

Wegen dieser auswählenden Wirkung der Stimmung ist es kaum möglich, einen unmittelbaren aufheiternden Einfluß auf die Stimmungslage eines Traurigen oder Verzweifelten zu gewinnen. Das gelingt höchstens auf einem Umweg, indem man in einem geeigneten Augenblick seine Aufmerksamkeit durch irgend etwas andres zu fesseln imstande ist. Aber ist es erst einmal gelungen, sein Interesse, das während des Kummers zu ruhen schien, wieder für etwas zu wecken, so ist damit schon der entscheidende Schritt getan; denn mit dem erwachenden Interesse verbreitet sich notwendig eine neue, aufgeschlossenere Stimmung, in der der Kummer dann ausgelöscht ist.

Und wenn man diese Abhängigkeit alles Auffassens von der Stimmungslage näher zu bestimmen versucht, so ist es nicht so, daß ein zunächst wahrgenommenes Ding dann noch in einer nachträglichen Überlagerung eine bestimmte Gefühlsfärbung erhielte, sondern die Stimmung ist das Ursprüngliche, und erst in ihrem Rahmen und durch sie bedingt erfolgt die Wahrnehmung eines einzelnen Dings. Die Wahrnehmung ist also selber schon durchgehend gestimmt, und selbst das scheinbar davon freie theoretische Hinsehen hat sich nicht von der Stimmung gelöst, sondern setzt im Gegenteil schon seinerseits eine ganz bestimmte Stimmung, nämlich die des „ruhigen Verweilens“ voraus. Dasselbe gilt zugleich von allen Leistungen des Verstehens des Lebens und der Welt. In jeder Stimmung ist die Welt schon in einer ganz bestimmten Weise „ausgelegt“, und

5 W. Raabe, Zum wilden Mann, 5. Kap., Sämtliche Werke, 2. Serie, Bd. 4, S. 32.

durch diese ursprüngliche Auslegung des Lebens und der Welt in der Stimmung wird alles Verstehen im vorhinein schon geleitet. So gibt es, wie noch genauer zu verfolgen sein wird, gewisse Erkenntnisse, die der Mensch nicht von sich aus erzwingen kann, so sehr er sich auch darum bemüht, sondern die ihm nur in bestimmten, dafür geeigneten Stimmungen „aufgehen". In diesem Sinn kann Heidegger den Gehalt seiner bedeutsamen Entdeckung in dem Satz zusammenfassen: „Wir müssen in der Tat ontologisch grundsätzlich die primäre Entdekkung der Welt der ‚bloßen Stimmung' überlassen."[6]

3. Stimmung und Laune

Diese Behauptungen widersprechen aber so sehr allen überlieferten Denkgewohnheiten, daß es darum nicht verwunderlich ist, wenn sich gegen eine so hohe Bewertung der Stimmungen zunächst der schärfste Widerspruch regt; denn hier soll zur tragenden Grundlage des gesamten Seelenlebens gemacht werden, was doch offenbar das Flüchtigste und Unbeständigste ist, was wir am seelischen Leben kennen. Wie Wolkenschatten und Sonnenflecken über eine Landschaft dahinziehen, bald das eine beleuchtend und heraushebend, bald das andre wieder in Dunkelheit zurücktreten lassend, so wechseln auch im Menschen die guten und die schlechten Stimmungen. Ebenso wie diese erscheinen auch die Stimmungen als etwas Äußerliches, was über die menschliche Seele dahinstreicht, ohne sie in ihrem eigentlichen Wesen, ihrem festen, unveränderlichen Kern zu berühren. Darum spricht man fast gleichbedeutend wie von Stimmung auch von Laune – ein Mensch kann guter oder schlechter Laune sein – und betont damit noch stärker das Unberechenbare des Stimmungswandels, der den Menschen mit sich fortzieht. Als „launisch" bezeichnet man darum einen Menschen, der sich in seinem Verhalten vom wechselnden Spiel der Laune treiben läßt. Bahnsen, der diesen Erscheinungen mit besonderer Sorgfalt nachgegangen ist, bestimmt daher Laune folgendermaßen: „Grade sofern der Wille sich in seinen Äußerungsweisen der logischen Folgerichtigkeit zu entziehen scheint, pflegen wir ihn als Laune zu bezeichnen, als welche er, je nach den Bedingungen unseres praktischen Verhaltens dazu, den ästhetischen Reiz zwangloser Freiheit oder den pathologischen Verdruß gewährloser Willkür erregen wird."[7] Bahnsen bezeichnet darum die Laune als eine „Seeleneigenschaft, nach welcher eine nimmer sich gleiche Unverläßlichkeit das einzige bleibende Kennzeichen" ausmache. Denn das ist es ja, worüber man sich bei der Laune am bittersten beklagt, daß sie heute verwerfe, was sie gestern gutgeheißen, und heute billige, was sie gestern weit von sich gewiesen. Gleichem ungleich begegnen und das Nämliche zu verschiedenen Zeiten verschieden aufnehmen oder behandeln, jetzt über dasselbe schelten, worüber sie

---

6 Heidegger, a.a.O. S. 138.

7 J. Bahnsen, Mosaiken und Silhouetten. Charakterologische Situations- und Entwicklungsbilder, hrsg. v. A. Görland. Leipzig 1931, S. 150.

vorher gelacht hat, oder umgekehrt, sich in diesem Augenblick an etwas freuen, das ihr im nächsten Tränen entlockt: das zählt zu den spezifischen Eigentümlichkeiten des launenhaften Wesens. Vermißt wird die Stetigkeit des Wollens und damit die Einheitlichkeit des Verlangens und Ablehnens".[8] Einer solchen Launenhaftigkeit und Unbeständigkeit des Wesens scheint nun aber Tür und Tor geöffnet, wo man in der philosophischen Anthropologie die Stimmung zur entscheidenden Grundlage zu machen sucht.

In eine ähnliche Richtung weist warnend auch ein andrer Sprachgebrauch, der von „Mondschein-Stimmung" und andern „stimmungsvollen" Augenblicken spricht und dabei einen gewissen Genuß der eignen sentimentalen Stimmungszuständlichkeit im Auge hat, welcher die Härte der Wirklichkeit in einen unbestimmt fließenden Nebel süßlicher Gefühle auflöst. Man sucht hier die „Stimmung" auf und genießt sie um ihrer selbst willen, aber die Stimmung selbst ist hier nicht mehr der Hintergrund, auf dem die andern Leistungen erwachsen und der selbst zumeist unbemerkt bleibt, sondern die Stimmung wird hier (in einer eigentümlichen Verkehrung der natürlichen Blickrichtung) um ihrer selbst willen erstrebt. Sie bleibt in dieser Form unfruchtbar und muß notwendig das ganze gesunde seelische Leben zersetzen.

Und wiederum in eine verwandte Richtung weist es, wenn man von einer „Stimmungsmache" für etwas oder gar von einer „schon vorgerückten Stimmung" spricht. Man meint damit ein gewisses Überwältigt-werden des kritischen Vermögens im Menschen durch die Stimmung, ein hemmungsloses Sich-forttragen-lassen auf dem Rücken der Stimmung, das dann ohne scharfe Grenze zur vollen Trübung des Bewußtseins im Rausch (eines Giftes, aber auch der Begeisterung) hinüberführt.

4. Die beständigen Lebensstimmungen

So steht ein Aufbau der philosophischen Anthropologie von der Stimmung her von vornherein unter dem Verdacht einer subjektivistischen Auflösung, und die überlieferte Anschauung erscheint durchaus begründet, daß die Stimmungen weiter nichts bedeuten als oberflächliche Störungen oder Trübungen des Bewußtseins, die von irgendwoher – beispielsweise aus Störungen der leiblichen Funktionen – über den Menschen kommen, und daß es darum gelte, sich vom störenden Einfluß der Stimmungen – ganz oder wenigstens, so weit es geht – frei zu machen. Mit Recht betont man in diesem Zusammenhang, daß der Mensch durch das Leben selbst immer wieder vor Situationen gestellt wird, die von ihm eine bestimmte Antwort verlangen, unabhängig davon, ob dies nun mit den Neigungen seiner ursprünglichen Stimmung zusammenstimmt oder nicht, und zwar mit einer Dringlichkeit, die keinen weiteren Aufschub bis zu einer geeigneteren

---

8 Bahnsen, a.a.O. S. 154.

Stimmung zuläßt. Mit Recht betont man daher, daß beispielsweise in den sittlichen Anforderungen an den Menschen eine Härte steckt, die nach aller stimmungsmäßigen Bereitschaft nichts fragt und die überhaupt in einer Ebene liegt, die von der bloßen Stimmung aus gar nicht erreicht werden kann.

In der Tat ist hier etwas Entscheidendes getroffen, das nachher noch einer besonderen Behandlung bedarf, und in der Unbeständigkeit der Stimmung liegen wirklich ernsthafte Gefahrenmomente, die man klar erkennen muß und die eine einfache „Auslieferung" des Menschen an die „bloße Stimmung" von vornherein unmöglich machen. Dabei darf eine schon im Begriff der Laune enthaltene Doppeldeutigkeit auch bei der Stimmung nicht übersehen werden: Wie es schon bei jener in dem doppelten Sinn von „launig" (im Sinn von gut gelaunt) und „launisch" (als dem Wechsel der Laune preisgegeben) zum Ausdruck kommt, eine Unterscheidung, die sich übrigens auch sprachlich erst spät aus einem ursprünglich noch ununterschiedenen Gebrauch herausgebildet hat,[9] so bezeichnet man entsprechend auch in der Stimmung ein Doppeltes: sowohl den Stimmungsuntergrund als auch den Stimmungswechsel; sie geht sowohl auf das Beharrende als auch auf das Veränderliche innerhalb der menschlichen Seele.

In dieser Lage scheint es zunächst nahezuliegen, unter Vermeidung dieser Doppeldeutigkeit den einen Sinn der Stimmung, nämlich den des wechselnden Spiels, ganz auszuscheiden und den Begriff nur im Sinn des (verhältnismäßig) beharrenden Untergrunds zugrunde zu legen. In dieser Richtung würde auch die Beobachtung liegen, daß sich im Menschen bei allem Wechsel der Stimmungen doch bestimmte Grundstimmungen oder Lebensstimmungen durchzusetzen pflegen (beispielsweise der Schwermut oder der Heiterkeit, aber auch der Verdrossenheit usw.), die sich nach allen Schwankungen vorübergehender Einzelstimmungen doch wieder als eine Art natürlicher Gleichgewichtslage einzustellen pflegen. Diese Grundstimmungen, mögen sie nun durch Naturanlage oder durch Lebensschicksale bedingt sein, sind bezeichnend für das Wesen eines Menschen und bilden ihrerseits den bleibenden Untergrund, auf dessen Boden sich die andern, nur vorübergehenden Stimmungen erheben und durch den sie in ihrer besonderen Färbung weitgehend bedingt bleiben. In diesem Zusammenhang hat beispielsweise Dilthey die „universalen" oder „Lebensstimmungen" in einen unmittelbaren Zusammenhang mit der Ausbildung einer festen Weltanschauung eines Menschen gebracht. Aber so wichtig die Ausbildung einer verhältnismäßig gleichbleibenden Lebensstimmung im Menschen vom charakterologischen Standpunkt aus zur Unterscheidung typischer menschlicher Lebensmöglichkeiten auch sein mag, so wenig vermag der Übergang von den flüchtigeren zu den verhältnismäßig beharrenden Stimmungen dem tieferen philosophischen Problem seine eigentliche Schärfe zu nehmen. Der Unterschied bleibt doch nur relativer Natur, und die Bedenken, die sich gegen den Rückgang

[9] Vgl. Bahnsen, a.a.O. S. 150, sowie E. Jensch, Die Laune. Eine ärztlich-psychologische Studie, Grenzfragen des Nerven- und Seelenlebens, 2. Bd. Wiesbaden 1901/02.

auf die Bestimmungen überhaupt erheben, gelten in gleicher Weise auch gegenüber den verhältnismäßig beständigen Formen.

5. Die Verstimmung

Schon tiefer führt in diese Zusammenhänge hinein, wenn man sich klarzumachen versucht, daß keiner der möglichen Einwände die Gültigkeit des ersten der angeführten Heideggerschen Sätze anzutasten vermag, „daß das Dasein je schon immer gestimmt ist".[9a] Was sich im Wechsel der Stimmungen wandelt, das ist der besondere Inhalt der jeweils vorhandenen Stimmung. Eine bestimmte Stimmung kann in eine bestimmte andere Stimmung übergehen, aber dieser Übergang führt nur immer in eine neue Stimmung hinein, niemals aber aus der Gestimmtheit des Menschen ganz hinaus. Es bleibt also in grundsätzlicher Allgemeingültigkeit bestehen, daß zum menschlichen Dasein, wo immer und wie immer es sich befindet, notwendig und unablösbar als unterster Grund eine Schicht der Stimmung gehört.

Gewiß gibt es im Leben bestimmte andere Erscheinungen, die zum Zustand der Stimmung, wenigstens in seinem gewöhnlichen Sinn, in einem gewissen Gegensatz zu stehen scheinen, aber die genauere Überlegung ergibt jedesmal, daß auch diese Formen auf die Stimmung als den ursprünglicheren Zustand bezogen sind und selbst, wenn auch in abgewandelter Weise, unter die Stimmung fallen. So gibt es neben den Stimmungen gewisse andere Zustände, die man als Verstimmungen bezeichnet, aber auch in ihnen durchbricht der Mensch nicht den Rahmen der allgemeinen menschlichen Gestimmtheit. Zwar ist die Verstimmung, was vielfach übersehen wird, etwas anderes als einfach eine unangenehme Stimmung, die sich mit der Zeit wieder behebt, und darum bedeutet das Umschlagen aus der Stimmung in die Verstimmung etwas anderes als einen einfachen Wechsel der Stimmung. Während nämlich beim bloßen Wechsel der Stimmung jede einzelne Gefühlslage selbständig in sich ruht und nicht über sich selbst hinaus auf eine andre, vergangene oder kommende Stimmung hinausweist, liegt es im Wesen der Verstimmung, daß sie notwendig auf eine andre, ihr vorausgehende Stimmung verweist, die in ihr verstimmt ist. Verstimmt kann ich etwa in meinem Verhältnis zu einem andern Menschen nicht sein, solange ich zu ihm erst in einen Bezug eintrete, sondern erst, wenn wir schon miteinander in einem bestimmt gefärbten Verhältnis leben, kann dieses dann verstimmt werden, wenn ihm durch neu hinzutretende oder neu bekanntwerdende Ereignisse der Boden entzogen wird. Das unterscheidet sich von einem bloßen Umschlag dadurch, daß sich hier durch neue Erfahrungen der Boden des früheren Verhältnisses als trügerisch erwiesen hat. Verstimmt bin ich etwa, wenn ich einem Menschen für ein vermeintlich aufopferndes Verhalten große Dankbarkeit bezeugt

[9a] Heidegger, a.a.O. S. 134.

habe und hinterher erkennen muß, daß es nur der Ausfluß kalter Berechnung gewesen ist. Verstimmt bin ich etwa, wenn ich einem Menschen auf dem Boden eines völligen Vertrauens Dinge anvertraut habe, die er hinterher im Spott gegen mich ausspielt. Und dieser Zustand der Verstimmung ist eigentümlich verschieden etwa vom Zorn, der sich demselben Verhalten gegenüber einstellen würde, wenn das Moment der Unterhöhlung des vorhergegangenen Vertrauens fortfiele. Aber trotz aller dieser Unterscheidung von einer einfachen Stimmung bedeutet auch die Verstimmung keinen Zustand außerhalb des Gestimmtseins überhaupt, sondern grade eine bestimmte und sogar eine betonte Weise dieses Gestimmtseins, die nicht nur als etwas Abgeleitetes auf die vorhergegangene Stimmung zurückverweist, die in ihr verstimmt ist, sondern die zugleich selbst einen betonten Stimmungscharakter hat.

6. Die Ungestimmtheit

Der Verstimmung verwandt, aber doch wiederum von ihr unterschieden, ist der Zustand einer merkwürdigen Ungestimmtheit, auf die Heidegger in diesem Zusammenhang hingewiesen hat: „die oft anhaltende, ebenmäßige und fahle Ungestimmtheit", in der das Dasein seiner selbst überdrüssig wird".[9b] Diese Ungestimmtheit unterscheidet sich von jeder Stimmung, aber auch von der Verstimmung dadurch, daß ihr die zusammenhaltende, einheitsbildende Kraft fehlt, durch die in der Stimmung die ganze Welt einheitlich ausgelegt ist, und daß so in ihr das Leben ungeformt auseinanderzufließen scheint. Sie unterscheidet sich von der Verstimmung dadurch, daß die Verstimmung selbst noch immer eine Weise der Stimmung bleibt, während in der Ungestimmtheit auch noch diese Form auseinandergebrochen ist. Das unterscheidet sie zugleich von der ihr sonst nahestehenden Stimmung der Langeweile, wie sie – um nur zur Verdeutlichung ein beliebiges Beispiel anzuführen – bei Baader einmal folgendermaßen beschrieben ist: „Reizlose Stille, in der ich nun dahinlebe mein Leben, wie unter einer Schlafmütze, du wirst mir zum Ekel. Es ist unausstehlich, ein Theaterstück spielen zu sehen, worein der Verfasser kein Interesse zu bringen gewußt hat. Noch viel unausstehlichere Langeweile macht uns die Farce unseres Lebens, wenn Reiz und Interesse daraus weg ist."[10] Zwar hat auch die Langeweile dieselbe „Fahlheit" mit der vollen Ungestimmtheit gemeinsam, in der die Farbigkeit des Lebens wie in einem Nebel verschwindet, und doch bedeutet dies in der Langeweile wieder schon einen bestimmten durchgehenden Ton, der vom Menschen eine Antwort erfordert und aus dessen wirklichem Aushalten eine neue Kraft des Lebens hervorgeht, während in der Ungestimmtheit jeder Anhaltspunkt für eine menschliche Antwort fehlt. Der Mensch kann sich nach dieser oder jener Richtung wen-

[9b] Heidegger, a.a.O. 134.
[10] Baader, a.a.O. S. 160f.

den, ohne je auf fruchtbaren Boden zu stoßen. So ist der Mensch in diesem Zustand wirklich nicht mehr gestimmt. Aber trotzdem ist dieser Zustand grade in seinem „nicht mehr" nicht indifferent gegen die Stimmung, sondern bleibt als zerbrochene und nicht wiederhergestellte Stimmung wesensmäßig auf diese bezogen.

7. Der Stimmungscharakter der theoretischen Haltung

Weiter wäre hier noch der ruhige und gleichmäßige Zustand zu erwähnen, wie er beispielsweise in der reinen theoretischen Haltung zugrundeliegt. Bei ihm liegt am meisten die Vermutung nahe, daß es sich hier um einen „soliden" Boden handelt, der dem Einfluß der Stimmungen entzogen ist, einen Zustand, wo der Mensch stimmungsfrei die Dinge erkennt, „wie sie sind", und an dem gemessen sich dann der färbende Einfluß der Stimmungen abschätzen läßt. Aber wenn dieser Zustand auch von der starken Anspannung sowohl in den gehobenen als auch in den gedrückten Stimmungen gleich weit entfernt liegt und so gleichsam in der Mitte zwischen beiden zu ruhen scheint, so ist dennoch auch dieser Zustand der Ruhe und Gelassenheit keine seelische Verfassung außerhalb des Gestimmtseins, sondern selbst wieder eine ganz bestimmte Weise des Gestimmt-seins, ein durch „sanfte Herabstimmung einzelner, überspannter Kräfte" erreichter Zustand „völliger Windstille",[11] der als ein nur in einer gewissen Reife erreichbarer und immer gegen Störungen besonders empfindlicher Gleichgewichtszustand selbst eine ausgezeichnete Weise des Gestimmtseins darstellt.

Und endlich wäre als letztes noch die Tatsache zu bedenken, daß es bis zu einem gewissen Grad auch eine Herrschaft des Menschen über die Stimmungen gibt, so wie sie ja auch im (schon gestreiften) natürlichen sittlichen Anspruch auch vom Menschen verlangt wird. Die hiermit verbundene ethische und allgemein-anthropologische Problematik kann erst an einer späteren Stelle zureichend entwickelt werden. Aber daß auch dies aus der durchgehenden Stimmungsgebundenheit des Menschen nicht herausfällt, läßt sich schon jetzt übersehen. Alle Herrschaft über die Stimmung geschieht nicht als ein direktes Einwirken oder ein ausdrückliches Ausschalten, sondern immer nur auf dem indirekten Weg einer Regulierung, die zu den aufsteigenden Stimmungen ja oder nein sagt, die die Vorbereitungen für ein Aufkommen günstiger Stimmungen schafft und die Anlässe für ein Aufkommen ungünstiger Stimmungen auszuschalten weiß. Nietzsches Besorgnis um die günstigen klimatischen Vorbedingungen für sein Schaffen steht hier als deutliches Beispiel da. In diesem Sinn

---

11 Baader, a.a.O. S. 34.

erklärt Heidegger ausdrücklich: „Herr werden wir der Stimmung nie stimmungsfrei, sondern je aus einer Gegenstimmung.“[12]

[12] Heidegger, a.a.O. S. 136.

IV. DER AUFBAU DER EXISTENZPHILOSOPHISCHEN ANTHROPOLOGIE AUS DER STIMMUNG DER ANGST

1. Der existenzphilosophische Vorrang der Angst

Die Entdeckung der philosophischen Bedeutsamkeit der Stimmung verdankt die philosophische Anthropologie bekanntlich der Existenzphilosophie, aber diese Entdeckung vollzog sich, wie bereits erwähnt, an der Untersuchung einer ganz bestimmten, ausgezeichneten Stimmung, nämlich der Angst. Die existenzphilosophische Bewertung der Angst als einer für das menschliche Dasein entscheidenden „Grenzsituation“ gründet sich auf Kierkegaards schon 1844 erschienene Schrift „Der Begriff der Angst“. Die grundsätzlichen philosophischen Folgerungen aus dem hier Eingeleiteten sind dann vor allem von Heidegger in dem schon in der Einleitung berührten Werk „Sein und Zeit“ gezogen worden. Der gesamte Aufbau seiner „Analytik“ oder „Hermeneutik“ des menschlichen Daseins ist grundlegend und durchgehend durch den Ausgangspunkt von der Stimmung der Angst bedingt. Es kommt daher zunächst darauf an, sich die Art und Weise genauer zu vergegenwärtigen, in der bei ihm die Auffassung vom Menschen und damit zugleich das Ganze seines philosophischen Systems durch diesen Ausgangspunkt bedingt ist.

Im Anschluß an die allgemeine Erörterung der Stimmung (über deren Ergebnis im bisherigen berichtet war) heißt es bei Heidegger zunächst noch in einem allgemeinen Sinn, daß sich die „existenziale Analytik“ an die Stimmungen als „die ausgezeichneten weittragendsten Erschließungsmöglichkeiten des Daseins“[1] halten müsse. Damit scheint zunächst noch die Vielzahl der Auslegungsmöglichkeiten in den verschiedenen Stimmungen eingeschlossen zu sein. Aber in der wirklichen Durchführung tritt dann an deren Stelle nur noch eine einzelne, bestimmte Stimmung, und zwar bildet nach den vorbereitenden Erörterungen über den Modus der Furcht[2] nachher der § 40 das entscheidende Glied: „Die Grundbefindlichkeit der Angst als eine ausgezeichnete Erschlossenheit des Daseins.“[3] Dabei ist zu beachten, daß, Heideggers Absicht nach, die Angst zunächst nicht „die“, sondern lediglich „eine“ ausgezeichnete Stellung einnimmt. Sie unterscheidet sich zwar von andern Befindlichkeiten, die nicht in die gleiche Tiefe hinabreichen und damit nicht dieselbe anthropologisch aufschließende Kraft haben (für die im früheren die Furcht ein Beispiel war), aber grundsätzlich. wird sie nur als die eine Möglichkeit eingeführt, mit der zugleich eine Reihe anderer gleichberechtigter „ausgezeichneter Erschlossenheiten“ zugelassen zu

---

1 Heidegger, Sein und Zeit, S. 139.

2 Heidegger, a.a.O. S. 140ff.

3 Heidegger, a.a.O. S. 184ff. Vgl. die schon schärfer auf den ontologisch gesehenen Vorrang der Angst hin zugespitzte Selbstinterpretation in Heidegger, Kant und das Problem der Metaphysik, S. 228.

sein scheinen. In der wirklichen Durchführung treten diese dann aber gar nicht in Erscheinung, und der ganze Aufbau wird ausschließlich an dem einen einzigen Beispiel der Angst durchgeführt. Von ihm aus werden alle wesentlichen Bestimmungen des Menschen entwickelt. Die Angst tritt also exemplarisch für eine voll ausgebildete Grundbefindlichkeit überhaupt ein, und allein aus der Untersuchung dieser einen Stimmung werden alle aus der Untersuchung der Stimmungen überhaupt zu gewinnenden philosophisch-anthropologischen Ergebnisse entnommen.

Die ausgezeichnete Bedeutung der Angst ist die verbindende gemeinsame Voraussetzung aller Existenzphilosophie, deren weitreichende Folgen dann bei Heidegger in einer letzten Schärfe heraustreten. Alle andern Stimmungen sind von vornherein auf die Angst bezogen. Wenn es etwa an einer Stelle heißt: „Wiederum kann die gehobene Stimmung der offenbaren Last des Seins entheben; auch diese Stimmungsmöglichkeit erschließt, wenngleich enthebend, den Lastcharakter des Daseins",[4] so wird daran ganz deutlich, daß die der Angst entgegengesetzten „gehobenen" Stimmungen nicht von ihrem eignen Wesen her, sondern nur von ihrem Bezug zur Angst her gesehen werden, und zwar so, daß sie nur in negativer Weise, nur in Form eines „defizienten Modus" enthalten, was positiv und umfassender schon in der Angst gegeben ist. Der Begriff des „defizienten Modus" ist das charakteristische methodische Hilfsmittel einer solchen Zurückführung. Die andern Stimmungen ergeben keinen neuen Aufschluß über das Wesen des Menschen, sie zeigen nichts inhaltlich Neues, sondern sie können nur von einer andern Seite her das in der Angst schon Erkannte bestätigen. Wo sie zu widersprechen scheinen, wie etwa in dem Gefühl einer beglückenden Geborgenheit, handelt es sich in Wirklichkeit doch nur darum, daß die entscheidenden Bezüge, die die Angst aufdeckt, hier verdeckt sind.

2. Die Voraussetzungen des existenzphilosophischen Ansatzes

So ruht bei Heidegger der ganze Bau seiner Philosophie auf dem schmalen Grund einer einzigen Stimmung, der Angst. Die wesentliche Vereinfachung des Verfahrens, die diese Beschränkung auf einen einzigen exemplarischen „Fall" bedeutet, wie auch die ontologischen Voraussetzungen, auf denen sie beruht, sind schon in den einleitenden Betrachtungen hervorgehoben worden. Jetzt kommt es darauf an, die dort in ihrer allgemeinen Form entwickelte Fragestellung an dem besonderen Fall der Angst schärfer zu bestimmen und dadurch einer Lösung entgegenzuführen.

Die Voraussetzungen, auf denen der allgemeine ontologische Ansatz bei Heidegger beruht, besagen in diesem besonderen Fall: Entweder muß (inhalt-

[4] Heidegger, Sein und Zeit, S. 134.

lich) die Angst so sehr von allen andern Stimmungen ausgezeichnet sein, daß sie allein dasjenige in voller Entfaltung zeigt, was an den andern Stimmungen nur in einer verkürzten oder verstümmelten Form zu erkennen ist, oder es muß (formal) in allen voll entfalteten Stimmungen eine und dieselbe Strukturform zugrundeliegen, so daß man also von jeder beliebigen Stimmung aus, von der man ausgeht, nach Abstraktion von deren inhaltlichen Besonderheiten immer wieder nur zu dieser selben Grundstruktur gelangt.

Über die Gültigkeit dieser Voraussetzungen läßt sich nicht apriori entscheiden, sie läßt sich nur durch konkrete Untersuchungen an andern Stimmungen bestätigen oder widerlegen, und zwar läuft die Prüfung beider Voraussetzungen in der Durchführung auf dasselbe hinaus. Auch das methodische Verfahren, aus einer einzigen Stimmung die volle Struktur der menschlichen Befindlichkeit abzunehmen, ist in dem Augenblick als unzureichend erwiesen, wo es gelingt, von andern Stimmungen her – beispielsweise aus dem Bereich der glücklichen Lebensgefühle – Einsichten in das Wesen des Menschen zu gewinnen, die von den aus der Angst entwickelten Bestimmungen grundsätzlich abweichen. In dem Fall, daß sich eine solche Vermutung bestätigen sollte, wäre erwiesen, daß einmal (inhaltlich) das ganze Bild des Menschen und der Welt durch den Ausgangspunkt von der Angst in eine ganz bestimmte und einseitige Richtung gedrängt ist und daß andre, ebenfalls wichtige Erscheinungen des menschlichen Lebens dadurch entweder ganz verstellt sind oder nur in einer sehr verkürzten Weise zur Geltung kommen. Es wäre aber zugleich (methodisch) das dabei angewandte Verfahren als unzulänglich erwiesen, das von einem einzelnen Fall aus direkt zu einer solchen Erfassung der allgemeinen Wesensstruktur vorzudringen versucht und das meint, die Ergebnisse dieser Untersuchung zur festen Voraussetzung zur Erforschung der andern Stimmungen machen zu können. Dann würde jede neu untersuchte Stimmung bei hinreichend tiefer Erfassung mit in die ontologisch tragende Schicht hinabreichen, und erst bei einem vergleichenden Zusammennehmen der an den verschiedenen Stimmungen gewonnenen Einsichten würde sich eine zureichende Grundlage für den Aufbau einer philosophischen Anthropologie ergeben.

Mit dieser Fragestellung ist der Fortgang der weiteren Untersuchungen wenigstens in seinen gröbsten Umrissen festgelegt: Es kommt zunächst darauf an, sich (in möglichster Kürze) die Abhängigkeit der gesamten von Heidegger entwickelten Anthropologie überhaupt von dieser besonderen Ausgangsstellung klarzumachen. Es muß sodann (ausführlicher) untersucht werden, ob die Analyse geeigneter andrer Stimmungen zu denselben Ergebnissen führt oder ob sich aus ihnen wesentlich andre anthropologische Folgerungen ergeben. Wenn sich hierbei wirklich Einsichten herausstellen sollten, die sich im Rahmen der Heideggerschen „Analytik des Daseins“ nicht oder doch nicht ohne Vergewaltigung einfügen lassen, so würde sich hieraus nicht nur die Unzulänglichkeit des Heideggerschen Ansatzes einer vorgeordneten Ontologie ergeben, sondern zugleich die verhängnisvolle Einseitigkeit einer ausschließlich auf dem Boden der Existenzphilosophie entwickelten Anthropologie. Und es würde jetzt die neue Aufgabe entstehen, durch eine vergleichende Betrachtung der verschiedenen Stimmungen und der sich aus ihnen ergebenden, voneinander abweichenden Folgerungen das Fundament für den Aufbau einer wirklich umfassenden, allseitig ausgebauten philosophischen Anthropologie zu schaffen. Als Vorbereitung zu einer solchen Aufgabe sind die hier vorgelegten Untersuchungen entworfen.

Diese Art der Fragestellung ist auch für das folgende immer festzuhalten. Weil es nicht nur im inhaltlichen Sinn um die Erforschung dieses wichtigen anthropologischen Bereichs geht, sondern an diesem besonderen Beispiel zugleich um die Methodenfrage einer philosophischen Anthropologie überhaupt,[5] ist auch der Einwand verfehlt, daß diese Untersuchungen als „nur psychologisch" sich in einer (im Sinne Heideggers) „vorontologischen" Ebene bewegten, daß sie als solche grundsätzlich nicht zur philosophisch entscheidenden Frage vorzudringen vermöchten, sondern ihrerseits erst einer „ontologischen" Grundlegung bedürften. Im Gegenteil: grade nach der Möglichkeit jener Form einer apriorischen Ontologie des Daseins, die in diesem Argument schon vorausgesetzt wird, soll hier erst in kritischer Absicht gefragt und dabei ihre Unhaltbarkeit in stufenweise fortschreitendem Aufbau ans Licht gebracht werden. Über den Sinn einer solchen Frage kann aber nicht auf dem Boden einer schon vorweg genommenen Antwort entschieden werden; er kann nur aus der konkreten Untersuchung selber hervorgehen.

3. Die Angst als Offenbarung des Nichts

Es kann in diesem Zusammenhang nicht darauf ankommen, die existenzphilosophische Deutung der Angst in ihrer ganzen Ausdehnung zu entwickeln, sondern nur darauf, ihre allgemeinen Grundzüge so weit zu entfalten, wie es zum Verständnis der sich daraus ergebenden philosophischen Folgerungen notwendig ist. Die Darstellung hält sich dabei weniger an die schon systematisch zugespitzte Behandlung bei Heidegger als an die noch freiere Deutung bei Kierkegaard, um damit die existenzphilosophische Position allgemein zu zeichnen und zugleich das an früherer Stelle zurückgestellte Beispiel einer philosophisch-anthropologischen Deutung einer bestimmten Einzelerscheinung nachzuholen.

Man verdeutlicht sich die philosophisch-anthropologische Betrachtungsweise der Angst am leichtesten, wenn man sie gegen die naive, sich sozusagen von selbst aufdrängende Auffassung abzuheben sucht. Die naive Betrachtung nimmt die Angst als etwas, was zwar auch am Menschen irgendwie vorkommt, aber im Grunde doch mehr zufällig, und was so dem eigentlichen Wesen des Menschen, seinem soliden Kern gleichsam, fremd und äußerlich sei. Die Angst erscheint so unter der Perspektive eines Mangels, der nun dem Menschen unleugbar einmal

[5] Vgl. oben S. 18.

anhaftet, der aber für das Wesen des Menschen keine Bedeutung hat und den es daher, ganz oder wenigstens nach Möglichkeit, zu beseitigen gelte. Die Auseinandersetzung mit der Angst war so eine lediglich praktische Angelegenheit, die wohl den Erzieher oder Arzt etwas anging, nicht aber den eigentlichen Philosophen. Man konnte untersuchen, unter welchen Bedingungen (physiologischer und psychologischer Art) im Menschen die Angst entsteht, wie solche Angstzustände verlaufen und wie sie zu beheben sind, möglicherweise noch die verschiedenen Formen, die sie bei den verschiedenen menschlichen Typen annehmen. Man konnte sodann in ethischer Betrachtung die Ängstlichkeit als Mangel an Mut und Einsatz verwerfen und vom Menschen die Überwindung der Angst verlangen.

Aber philosophischen Rang gewinnt die Fragestellung erst dadurch, daß sie die Angst nicht als etwas Äußerliches, als etwas Bedauerliches oder gar Vermeidbares abzuschieben und dann von der ethischen Seite ihre Überwindung zu fordern versucht, sondern sie dringt in eine tiefere und dem bisherigen gegenüber grundsätzlich neue Ebene dadurch ein, daß sie die Angst als ein sinnvolles und notwendiges Glied in der Gesamtorganisation des Menschen zu begreifen sucht. So ist es das Besondere der existenzphilosophischen Deutung der Angst, daß sie sofort nach einer positiven aufbauenden Wirkung der Angst im menschlichen Leben fragt und das Leben von ihr her zu deuten versucht. Sie geht also nicht von einem festen, vorgefaßten Begriff des Menschen an die Angst heran und untersucht die Angst als etwas, was an diesem (leider nun einmal) vorkommt, sondern sie gewinnt ihre neue Tiefe dadurch, daß sie das Wesen des Menschen selbst offen läßt und es erst in dieser Untersuchung neu zu bestimmen sucht.

Die existenzphilosophische Deutung der Angst setzt dabei genau an der Stelle ein, an der oben die Angst als eine bloße Stimmung gegen die Furcht als ein (gerichtetes) Gefühl abgehoben wurde: bei der Richtungslosigkeit und Unbestimmtheit, in der sie keinen bestimmten Gegenstand anzugeben weiß, vor dem sie sich ängstigt. „Frage ich mich nämlich, wovor ich mich denn eigentlich fürchte, ... so finde ich ... nichts, keinen bestehenden, stichhaltigen Vernunftsgrund, also nichts Reales, Wahres, Bleibendes“,[6] heißt es in der genauen Beobachtung dieses Zustands, und die Existenzphilosophie deutet dann diesen Befund so, daß es das „Nichts“ selber sei, das in der Angst aufbreche: „Fragen wir nun näher, welches der Gegenstand der Angst ist, so ist hier allewege zu antworten: dieser ist Nichts. Die Angst und Nichts entsprechen einander beständig“.[7]

---

6 Baader, a.a.O. S. 85. Da der Sprachgebrauch auch hier nicht ganz eindeutig ist, spricht Baader von Fürchten, wo es im Sinn der hier vorgenommenen Unterscheidung Ängstigen heißen müßte. Die angeführte Stelle hat um so größeren Quellenwert, als sie vor aller existenzphilosophischen Ausdeutung der Angst geschrieben ist und daher ein unparteiliches Zeugnis für die Richtigkeit der existenzphilosophischen Beschreibung darstellt.

7 S. Kierkegaard, Der Begriff der Angst. Gesammelte Werke, Bd. 4. Jena 1923, S. 93.

Aber dieses Nichts, das im Gegenstand der Angst aufbricht, ist etwas anderes als das Fehlen eines bestimmten Gegenstandes, das auch den andern Stimmungen eigen ist, so wie auch die heitere Lebenslage als ein allgemeines unbestimmtes Medium über den Menschen kommt oder, wie Mörike einmal den Zustand des Frühlingserlebens schildert: „Ich sehne mich und weiß nicht recht nach was."[8] Von allen diesen Formen gegenständlicher Unbestimmtheit, die im allgemeinen Wesen der Stimmung gelegen ist, unterscheidet sich das Nichts des Angsterlebens und ist insofern ein Nichts im ausgezeichneten Sinn, daß es hier ausdrücklich als Nichts erfahren wird. Die andern Stimmungen belassen den Menschen bei seiner Welt, so daß die Dinge ihm nahekommen. Die Angst dagegen löst den Menschen von allen seinen vertrauten Bezügen, bringt die ihn sonst sicher tragende Welt gleichsam zum Schwinden, so daß um ihn das Nichts entsteht, in der Erfahrung eines unheimlich bedrückenden Verlassenseins. Die Unheimlichkeit und Ungeborgenheit des Daseins überhaupt bricht in diesem Nichts der Angst auf. In diesem Sinn heißt es bei Heidegger: „In der Angst – sagen wir – ist es einem unheimlich ... Alle Dinge und wir selbst versinken in eine Gleichgültigkeit. Dies jedoch nicht im Sinne eines bloßen Verschwindens, sondern in ihrem Wegrücken als solchem kehren sie sich uns zu. Dieses Wegrükken des Seienden im Ganzen, das uns in der Angst umdrängt, bedrängt uns. Es bleibt kein Halt. Es bleibt nur und kommt über uns – im Entgleiten des Seienden – dieses ‚kein'. Die Angst offenbart das Nichts."[9]

In diesem Sinn kann Heidegger dann den Vorrang der Angst vor den andern Befindlichkeiten des Daseins dahin aussprechen: „Die Angst ist diejenige Grundbefindlichkeit, die vor das Nichts stellt."[10] In diesem Zusammenhang kann aber der für Heidegger im weiteren Fortgang entscheidende Gedanke nicht weiter verfolgt werden, inwiefern dieses Erfahren des Nichts die Bedingung der Möglichkeit für alles Offenbarwerden eines Seienden darstellt, sondern nur die unmittelbar anthropologische Seite der Frage: daß in der Angst dem Menschen sein eigenes Dasein in seiner ganzen Ungeborgenheit und Unheimlichkeit aufgeht: „Wovor die Angst sich ängstigt, ist das In-der-Welt-sein selbst."[11]

4. Die Angst als Bedingung der Freiheit

Die naive Betrachtung würde nun versuchen, dieses Erzittern der Angst als eine bedauerliche Schwäche zu begreifen und abzutun. Die existenzphilosophische Deutung unterscheidet sich aber grade dadurch von ihr, daß sie dieser Erschütterung der vertrauten Lebensbezüge in der Erfahrung des Unheimlichwerdens einen positiven Sinn abzugewinnen versucht. Sie wird von vornherein durch die

---

8 E. Mörike, Werke, hrsg. v. H. Maync. Neue Ausgabe, Bd. 1, S. 32.

9 M. Heidegger, Was ist Metaphysik? S. 17.

10 Heidegger, Kant und das Problem der Metaphysik, S. 228, vgl. Was ist Metaphysik? S. 17.

11 Heidegger, Sein und Zeit, S. 187.

Annahme geleitet, die sich dann nachher als das Ergebnis der Untersuchung bestätigt: „Die Angst ist ein Ausdruck für die Vollkommenheit der menschlichen Natur."[12] Daß dem Menschen in der Angst unheimlich wird, ist notwendig, um den Menschen aus dem Gleichmaß seines alltäglichen Dahinlebens aufzuscheuchen.

Die Tatsache der Angst enthält also, anthropologisch gesehen, den Hinweis darauf, daß der Mensch sich zunächst und zumeist in einem Zustand befindet, in dem er nicht ist, was er seinem Wesen nach sein sollte, in einem Zustand also, den Heidegger als den der „Uneigentlichkeit" des Daseins und der „Verfallenheit" an die „Welt" bezeichnet. Und in ihr ist zugleich der Hinweis gegeben, daß der Mensch nicht durch eigenen Entschluß, durch eine einfache Steigerung der im alltäglichen Dasein gegebenen Möglichkeiten oder auf dem Boden einer rein theoretisch entstandenen Einsicht sich zur „Eigentlichkeit" seines Daseins erheben kann, sondern daß es hierzu einer ausdrücklichen Umkehr aus dem Zustand seines „natürlichen" Dasein bedarf, einer Umkehr, wie sie sich nur unter dem Druck einer solchen Unheimlichkeit vollzieht, wie sie dem Menschen in der Angst aufgeht.

Die Angst hat also die Funktion, den Menschen aus dem Zustand der Uneigentlichkeit herauszureißen und aufzuscheuchen. „Die Angst benimmt so dem Dasein die Möglichkeit, verfallend sich aus der ‚Welt' und der öffentlichen Ausgelegtheit zu verstehen. Sie wirft das Dasein auf das zurück, worum es sich ängstigt, sein eigentliches In-der-Welt-sein-können."[13] Darin ist jetzt zugleich der positive Sinn der Angst enthalten: „Die Angst offenbart im Dasein das Sein zum eigensten Seinkönnen."[14] In diesem Sinn kann Kierkegaard es aussprechen: „Die Angst ist der Schwindel der Freiheit."[15] „Die Angst ist die Möglichkeit der Freiheit, nur diese Angst ist, in Verbindung mit dem Glauben, absolut bildend, indem sie alle Endlichkeiten verzehrt, alle Täuschungen derselben aufdeckt."[16] So gewinnt die Angst im Leben des Menschen eine unentbehrliche Leistung dadurch, daß in ihr und nur in ihr die Verfestigungen der Endlichkeit vom Menschen abfallen und er dadurch zur eigentlichen Schärfe seiner Existenz durchdringt. Darum ist die Angst für den Menschen die Bedingung der Möglichkeit seiner Freiheit. In diesem Sinn heißt es auch bei Heidegger in thesenartiger Zuspitzung: „Die Angst offenbart das Nichts", aber: „Ohne ursprüngliche Offenbarkeit des Nichts kein Selbstsein und keine Freiheit."[17]

Damit verändert sich zugleich grundlegend das Verhältnis des Menschen zur Angst. Angst bedeutet jetzt nicht mehr den Zustand aufgeregter und unentschiedener Ängstlichkeit, dessen sich der Mensch zu schämen hätte, sondern die

12 Kierkegaard, a.a.O. S. 68.
13 Heidegger, a.a.O. S. 187.
14 Heidegger, a.a.O. S. 188.
15 Kierkegaard, a.a.O. S. 57.
16 Kierkegaard, a.a.O. S. 156.
17 Heidegger, Was ist Metaphysik? S. 16 und 19.

Angst erfordert grade einen unerhörten Mut. Aber wer diese Angst wirklich innerlich durchhält, dem geht im Wegbrechen aller endlichen Bezüge jener letzte innerlich nicht mehr angebbare Halt auf, den die Existenzphilosophie mit ihrem besonderen, strengen Begriff der Existenz bezeichnet. Darum ist die volle, echte Angst dann wieder durch eine „eigentümliche Ruhe“[18] gekennzeichnet: „Wer hingegen in Wahrheit Angst zu haben gelernt hat, kann wie im Tanz dahingehen, wenn die Ängste der Endlichkeit aufzuspielen beginnen und die Lehrlinge der Endlichkeit Verstand und Mut verlieren.“[19] Dabei ist die Angst als Bedingung der Freiheit ein wesentliches Kennzeichen für ein endliches Wesen, genauer gesagt für ein Wesen, das in eigentümlicher Weise in der Mitte zwischen zwei entgegengesetzten Möglichkeiten steht, wie Kierkegaard es ausdrückt, zwischen Engel und Tier: „Wäre der Mensch ein Tier oder ein Engel, so würde er nicht in Angst kommen. Nun aber ist er eine Synthese, und insofern kann er sich ängsten, und je tiefer er sich ängstet, um so größer ist der Mensch.“[16]

Hier konnte das Inhaltliche dieser Gedankengänge nur kurz umrissen werden. Hier kommt es vor allem darauf an, an diesem Beispiel die einleitend von uns abstrakt formulierte Fragestellung der philosophischen Anthropologie anschaulich zu verdeutlichen und daran zugleich die Grundlage für die existenzphilosophische Menschenauffassung darzustellen.[20] Was zunächst die erste Seite betrifft, so ist daran bezeichnend, daß ein einzelner Zug, der am menschlichen Leben zunächst zufällig, ja vermeidbar erschien, jetzt als tragender Bestandteil am Wesen des Menschen erkannt wird. Damit ist zugleich der Gegensatz zu allem in der psychologischen Ebene Erreichbaren deutlich: Es handelt sich nicht darum, daß in gewissen Fällen der Zustand einer bodenlosen Angst in der Seele des einzelnen Menschen vorkommt und aus ihm dann eine Vertiefung der gesamten Existenz dieses Menschen hervorgehen kann, es handelt sich überhaupt nicht um die Feststellung empirischer Abläufe oder kausaler Zusammenhänge, sondern wenn hier die Angst als die Bedingung der Möglichkeit eines freien Selbstsein erkannt wird, so handelt es sich um einsehbare Wesenszusammenhänge, um die Einsicht, wie Angst und Freiheit als Glieder eines einheitlich zusammengehörigen Ganzen notwendig zusammengehören und ohne einander gar nicht bestehen können.

---

18 Heidegger, a.a.O. S. 16.

19 Kierkegaard, a.a.O. S. 162f.

20 Wegen der existenzphilosophischen Behandlung der Angst und der ihr nahestehenden Stimmungen der Langenweile, der Schwermut und der Verzweiflung vgl. meine Darstellung: Existenzphilosophie, 4. Aufl. Stuttgart 1955. Die dort gegebene Darstellung der Leistungen der Existenzphilosophie bildet die notwendige Ergänzung und in vielem auch die Voraussetzung für die hier entwickelten kritischen Betrachtungen. Es sei auch wegen der späteren Erörterungen ein für allemal darauf verwiesen.

5. Die Konsequenzen aus diesem Ansatz

Dieser kurze Umriß einer existenzphilosophischen Deutung der Angst muß für den gegenwärtigen Zusammenhang genügen, denn diese an sich entscheidend wichtigen philosophischen Zusammenhänge sollten hier nur dazu dienen, den notwendigen Hintergrund für die in andrer Richtung laufenden eignen Überlegungen zu bilden. Ganz äußerlich könnte man den neuen Ansatz vielleicht so bestimmen, daß die Existenzphilosophie bisher nur die „gedrückten" Stimmungen fruchtbar gemacht hat und in ihrem ganzen Aufbau entscheidend von diesem Ausgangspunkt bestimmt bleibt, und daß darum die Frage nach der Überwindung der Einseitigkeiten der Existenzphilosophie ganz wie von selbst an eine Anthropologie der „gehobenen" Stimmungen verwiesen ist, wobei unter „gehobenen" Stimmungen in einer vorläufig ganz allgemeinen Weise der Bereich des Heiter-, Lustig-, Fröhlich-, Glücklich-seins usw. verstanden werden soll.

Dieser neue Ansatz könnte zunächst vielleicht sehr äußerlich aussehen: Nachdem sich die „gedrückten" Stimmungen als philosophisch-anthropologisch außerordentlich fruchtbar erwiesen haben, liege es nahe, daneben als „Ergänzung" auch die „gehobenen" Stimmungen zu behandeln. Nachdem die Fragestellung an dem einen Fall der Stimmungen ausführlich ausgearbeitet sei, könne man jetzt versuchen, in Analogie dazu auf dem Feld der andern Beispiele eine mühelose Nachernte zusammenzuraffen. Aber bei näherem Zusehen ergibt sich sehr bald, daß sich eine solche Lehre von den „gehobenen" Stimmungen in keiner Weise als eine bloße Ergänzung mit Hilfe der bei den „gedrückten" Stimmungen ausgearbeiteten Mitteln durchführen läßt, daß sie gar nicht als eine Art von Gegenstück aufgebaut werden kann, sondern daß sie in völlig andersartige Zusammenhänge hineinführt und Erscheinungen deutlich werden läßt, die sich vom Ausgangspunkt in der Angst her gar nicht oder doch nicht angemessen in den Blick bringen ließen. Es zeigt sich, daß das Verhältnis der „gedrückten" zu den „gehobenen" Stimmungen in tiefe philosophische Fragen hineinführt, weil sich beim Übergang von den einen zu den andern nicht nur die menschliche Seele mit neuen Inhalten füllt, sondern zugleich auch in ihrer Form selbst verwandelt. Darum gehört die Bewältigung dieser Schwierigkeiten zu den wichtigsten Aufgaben, seitdem überhaupt einmal die philosophische Anthropologie in den Mittelpunkt des philosophischen Fragens gerückt ist.

Dabei sei von vornherein bemerkt, daß es sich hier nicht um eine Kritik an den existenzpilosophischen Ergebnissen handeln kann. Diese gehören zu den tiefsten Einsichten, die die neuere Philosophie überhaupt hervorgebracht hat, und dürfen auf keinen Fall wieder preisgegeben werden. Die Frage ist nur, ob sie für sich allein eine hinreichend breite Grundlage für den Aufbau einer philosophischen Anthropologie abgeben oder nicht. In Richtung auf diese Frage muß jetzt zunächst am Beispiel Heideggers verfolgt werden, in welcher Weise sich von dem einen Ausgangspunkt in der Angst aus eine ganz bestimmte anthropologische Grundstruktur ergibt und in welcher Weise zugleich der gesamte weitere Aufbau der Philosophie von hier aus von vornherein in eine ganz bestimmte einseitige Richtung gedrängt wird. Dabei mag es genügen, die wesentlichen Richtungen in folgenden Punkten kurz zusammenzufassen:

a) Der eine Zug, der sich für jede auf dem Boden der Angst entwickelte Anthropologie notwendig ergibt, ist der schon gelegentlich berührte Dualismus zwischen den beiden Formen des menschlichen Daseins, die Heidegger als Eigentlichkeit und Uneigentlichkeit bezeichnet. Das eigentliche Dasein in seiner vollen existenziellen Schärfe kann nicht auf dem Wege einer Steigerung aus dem sonstigen Leben hervorwachsen, sondern ist nur in der Form einer ausdrücklichen Umkehr zu gewinnen. Das aber besagt, daß das alltägliche, natürliche Leben keinen eignen Wert in sich selbst hat, sondern nur als Entartung der eigentlichen Möglichkeiten, als „Verfallenheit“ zu verstehen ist und nur den Hintergrund abgibt, von dem aus sich der Mensch zu seinem eigentlichen Seinkönnen abstoßen kann.

Aber damit ergibt sich schon eine Frage: Ist wirklich alles nicht „eigentliche“ Dasein, d.h. alles Leben, das sich nicht zu der ausdrücklichen aktiven Spitze existenzieller Entschlossenheit verdichtet, damit schon ein verdorbener Zustand? Gibt es nicht auch eine Ruhelage, die nicht nur Hintergrund des Sichabstoßens ist, sondern die einen eignen Wert hat als tragender Boden, der den Menschen auffängt und trägt? Und gibt es von diesem Boden aus nicht auch einen Zustand des gehobenen und erfüllten Lebens, der völlig andrer Art ist als die Zugespitztheit der echten Existenz?

b) Damit hängt zugleich ein Zweites zusammen: Die Größe der existenzphilosophischen Anthropologie liegt in ihrer Unbedingtheit, ihrem Ernst und ihrer Strenge, vor der alle freundlicheren Seiten des Lebens als unernst und unverantwortlich verblassen, vor der sie von vornherein als von geringerer Tiefe erscheinen. Und wiederum entsteht hier die Gegenfrage: Gibt es nicht auch ein eignes Recht der freundlicheren Seiten des Lebens? Gehören alles Glück und alle Freude schon immer auf die Seite eines bloßen Sich-verschließens vor der Unheimlichkeit des Daseins? Bei Heidegger heißt es ausdrücklich so: „Die Angst des Verwegenen duldet keine Gegenstellung zur Freude oder gar zum behaglichen Vergnügen des beruhigten Dahintreibens.“[21] Damit ist die Gegenseite natürlich schon von vornherein als etwas Kleinliches und Verächtliches gekennzeichnet. Aber entsteht diese Kennzeichnng nicht erst aus der Perspektive der vorausgesetzten Einstellung? Und entsteht nicht eine ganz andre Blickrichtung, wenn etwa Nietzsche im „trunkenen Lied“ von der Welt sagt: „Tief ist ihr Weh –, Lust – tiefer noch als Herzeleid.“[22] Hier entsteht wiederum die Frage: Wie verhält es sich mit der hier behaupteten größeren Tiefe der „Lust“? Wie verhält sich überhaupt diese Seite des Lebens zu der in der Existenzphilosophie

[21] Heidegger, a.a.O. S. 22.

[22] F. Nietzsche, Bd. 6, S. 332f. und 471. Nietzsche wird im folgenden allgemein nach der Groß- und Kleinoktavausgabe zitiert.

entwickelten Seite der erst im Durchgang durch die Angst erwachsenen existenziellen Entschlossenheit?

c) Ganz ähnliche Folgerungen ergeben sich auch für das Verhältnis des Menschen zu seinen Mitmenschen. Im Durchhalten der Angst wird der Mensch in einer charakteristischen Weise auf sich selbst zurückgeworfen. Es zerbrechen nicht nur alle Bezüge, die den Menschen mit seiner Welt, seiner Arbeit und ihren Aufgaben, seinem Haus und seiner Heimat verbinden, alle Bezüge, die seinem Dasein sonst seine natürliche Lebenssicherheit geben, sondern es zerbrechen zugleich die Bezüge zu den sonst vertrauten Menschen, und der Mensch steht jetzt in seinem letzten Grunde ganz allein da. Der Mensch wird zum „Einzelnen", wie darum auch der entscheidende Begriff bei Kierkegaard lautet. Eigentliches Dasein ist notwendig Dasein des Einzelnen in seiner Einsamkeit. Alle Bezüge der Gemeinschaft aber gehören von diesem Ausgangspunkt aus zum uneigentlichen Dasein. Der Mensch lebt in ihnen in der Weise eines gedankenlosen und verantwortungslosen alltäglichen Dahinlebens, aber er muß sich von ihnen lösen, sobald er sich zu einer eigentlichen Existenz erheben will. Als die Welt des „man" wird diese Form des anonymen Massendaseins bei Heidegger ausführlich entwickelt, und es läßt sich zeigen, daß sich auf dem Boden der Existenzphilosophie die Gemeinschaft auch gar nicht anders sehen läßt.

Aber in Wirklichkeit ist Gemeinschaft nicht notwendig gleichbedeutend mit Masse, sondern diese ist nur eine bestimmt geartete Zerfallserscheinung. In Wirklichkeit ist die Gemeinschaft ein gegliederter Zusammenhang, von der Familie und den persönlichen Beziehungen bis hinauf zu den großen Gemeinschaftsgebilden in Volk und Staat. Und das Leben in diesen größeren Zusammenhängen ist nicht einfach mit uneigentlichem Dasein gleichzusetzen, sondern sie tragen ihrerseits den Menschen, sie haben einen eignen, eigentümlichen Gehalt und eine eigne formende Kraft, durch die sie den Einzelnen halten und seine Gestalt bestimmen. Und es entsteht angesichts dieser Erscheinungen die Frage: Wie läßt sich diese Seite der tragenden Gemeinschaftsbezüge mit der sich aus der Angst ergebenden Isolierung der einzelnen Existenz vereinigen?

d) Dies hängt zugleich mit einem weiteren zusammen: Der Zustand der eigentlichen Existenz, wie er sich im Durchgang durch die Angst ergibt, ist selber nur formal zu bestimmen, denn alle Gehalte und inhaltlichen Bestimmtheiten gehören ja schon in den Bereich dessen, was in der Angst fragwürdig wird und vom Menschen abfällt. Das bedeutet, daß weite Bereiche von unabstreitbarer Lebenswichtigkeit auf dem existenzphilosophischen Boden gar nicht erfaßt werden können, sondern ebenfalls in die ungegliederte und belanglose Welt der Uneigentlichkeit absinken müssen. Das gilt sowohl von dem ganzen Gebiet der objektiven Kultur mit ihren Formen und Gehalten in den verschiedenen Kulturbereichen als auch von der in ihnen lebenden und durch sie gebildeten „Seele" als der ausgebildeten individuellen Gestalt, also in der Hegelschen Bezeichnung sowohl vom objektiven als auch vom subjektiven Geist.

e) Ähnliches gilt auch von der Auffassung der Zeit und der Geschichte. Auf dem Boden der Angst erwächst ein typisch existenzieller Zeitbegriff, für den die Konzentration auf den einzelnen Augenblick in seiner letzten aktuellen Schärfe bezeichnend ist. Das Entscheidende an ihm ist die absolute Punktualität dieses Augenblicks, in den die ganzen Bezüge der Vergangenheit und Gegenwart hineingenommen werden. Aber es gibt in dieser Auffassung nur die immer erneute Verwirklichung dieses existenziellen Augenblicks, nicht die Stetigkeit des Getragen-Werdens von einer zeitlichen Entwicklung, keine Brücke, die von Augenblick zu Augenblick hinüberführt. Aber es gibt in der Wirklichkeit auch ein andres Erleben und damit eine andre Struktur der Zeit, wo sie nicht in der Punktualität des Augenblicks begriffen wird, sondern diese Schärfe im glücklichen Augenblick schwindet, wo die Zeit stillzustehen scheint in einem „stehenden Jetzt". Und es ergibt sich wiederum die Frage: Wie fügt sich dieses Zeiterleben in die existentielle Deutung der Zeit ein oder welchen andersartigen Beitrag kann sie für eine umfassende Deutung der Zeit geben?

Entsprechend ergibt die Existenzphilosophie auch in der Geschichte nur eine Deutung der „Entschlossenheit", mit der sich der Mensch der geschichtlichen Situation gegenüber verhält, aber kein Verhältnis zu der geschichtlichen Stetigkeit, zu den überindividuellen großen geschichtlichen Entwicklungszusammenhängen. Und wiederum entsteht die Frage nach der Möglichkeit der Vereinigung dieser beiden Gesichtspunkte.[23]

Mit dieser Zuspitzung der Geschichtlichkeit auf die im Augenblick selber sich bewährende Entschlossenheit geht aber zugleich auch der Bezug zu den besonderen Inhalten der geschichtlichen Situation verloren. Entschlossenheit ist hier nur als formale Struktur zu bestimmen, die in jedem Augenblick neu errungen werden muß. Das hat aber zur Folge, daß die wirkliche schöpferische Leistung von diesem Boden aus nicht begriffen werden kann. Wirkliche Produktivität muß dem existenzphilosophischen Einsatz fremd bleiben, weil sie andre stimmungsmäßige Bedingungen voraussetzt als das angstvolle Auf-sich-selbst-zurückgeworfen-sein, nämlich notwendig eine Stimmung des gläubigen Vertrauens und sicheren Getragenwerdens.

f) Und endlich ist hier noch das Verhältnis zur Erkenntnis zu erwähnen. Wenn in dem allgemeinen Ansatz schon gesagt war, daß sich die Erkenntnis nicht auf dem vermeintlich rein theoretischen Boden erhebt, sondern nur aus ganz bestimmten Bedingungen der Stimmung erwächst, in der die Welt schon immer in einer bestimmten Weise ausgelegt ist, so erhebt sich auch hier notwendig die Frage, ob die andern Stimmungen nicht ebenfalls einen eignen Beitrag zur

23 Ich kann mich hier mit den wenigen Andeutungen begnügen und die Frage nach der Geschichtlichkeit im folgenden beiseitelassen, weil ich sie in anderem Zusammenhang ausführlicher zu verfolgen versucht habe. Vgl. Existenzphilosophie und Geschichte, Blätter für deutsche Philosophie, 11. Bd., S. 337ff. und: Zum Begriff der Geschichtlichkeit, in: Gegenwartsfragen der Wirtschaftswissenschaft, hrsg. v. H. Hunke u. E. Wiskemann. Berlin 1939, S. 314ff.

Erkenntnis liefern, der zu den aus der Angst sich ergebenden Einsichten etwas Neues hinzufügt.

Und hier ist wiederum der von Heidegger entwickelte Zusammenhang bezeichnend für die Existenzphilosophie im ganzen. Ausgehend von der Angst ergibt sich bei ihm die „Sorge" als die Grundverfassung des menschlichen Daseins. Dieser Begriff ist bei Heidegger allerdings nicht in dem unmittelbaren psychologischen Sinn eines besorgten und bekümmerten Gemütszustands verstanden, sondern in dem ontologisch-formalisierten Sinn, der besagen soll, daß es dem Menschen in seinem Dasein immer um etwas zu Besorgendes geht. Die Frage, wie weit auch in diesen formalisierten Sinn der Sorge etwas von den Voraussetzungen seiner unmittelbaren Bedeutung eingeflossen ist, kann hier beiseitebleiben,[24] denn das hier zu Untersuchende liegt grade in der von Heidegger an seiner „Sorge" hervorgehobenen Richtung, daß nämlich durch Heideggers Vorrang der Sorge grundsätzlich alle Erkenntnis in den Zusammenhang des zu besorgenden Anliegens und damit des handwerklich-praktischen Lebens eingeordnet ist. Die grundlegende Bedeutung der Sorge bedeutet also für ihn den Vorrang der „Praxis" vor der „Theorie". Alle spätere „theoretische" Erkenntnis ergibt sich erst durch eine nachträgliche Abstraktion aus einer zunächst rein praktisch gesehenen, durch den Gesichtspunkt der Nützlichkeit oder Schädlichkeit bestimmten Perspektive: „Theoretisches Hinsehen hat immer schon die Welt auf die Einförmigkeit des puren Vorhandenen abgeblendet",[25] d.h. das „Vorhandene" der theoretischen Erkenntnis ergibt sich als ein „defizienter Modus" aus dem „Zuhandenen" des praktischen Umgangs mit den Dingen. Damit aber ergibt sich die Frage, ob so die theoretische Erkenntnis nicht schon zu sehr eingeschränkt ist. Rein gebietsmäßig läßt sich leicht einsehen, daß so bei Heidegger nur zwei Bereiche erfaßt werden können: der der letzten existenziellen Entscheidungen und der des bloß handwerklich-technischen Lebens. Es fehlt dazwischen die ganze Welt, die man am ehesten mit dem Begriff der Kultur bezeichnet. Und es ist die Frage, ob sich nicht in dieser Enge eine einseitige Bezogenheit der Erkenntnis auf die Angst auswirkt, ob es nicht andre Formen der Erkenntnis gibt, die die Dinge, vor allem die Gegenstände des pflanzlichen und tierischen Lebens und die Werke der Kunst, von ihrer eignen Mitte her sehen. Und es könnte sein, daß zu diesem Eindringen in den inneren Wesenskern andrer Dinge und Wesen eine andre stimmungsmäßige Bereitschaft notwendig ist, als sie sich vom Boden der Angst her gewinnen läßt, nämlich eine glücklich in sich selbst ruhende Gelassenheit, die, weil sie in sich selbst sicher ist, auch die Ruhe hat, andre Dinge von ihrer eignen Mitte her aufzunehmen. Hier ergibt sich die Frage nach der aufschließenden Kraft der gehobenen Stimmungslagen als ein entscheidend wichtiges, zugleich pädagogisches Problem.

---

24 Über das Verhältnis zur Sorge vgl. Neue Geborgenheit, a.a.O. S. 113ff.

25 Heidegger, Sein und Zeit, S. 138.

V. RAUSCH UND SELIGKEIT

1. Stimmung, Rausch und Ekstase

Den zweckmäßigsten Zugang zu einer anthropologischen Betrachtung der gehobenen Stimmungen bietet ein kurzer Vorblick auf die Erscheinungen des Rausches. An ihm treten dieselben Erscheinungen in letzter, eindrucksvoller Steigerung auf, die dann in einer mehr verborgenen, aber darum nicht minder wichtigen Weise auch bei den stilleren Formen der gehobenen Stimmungen, bis hin zum Lebensgefühl einer heiteren Gelassenheit, wiederkehren. Eine kurze, vorbereitende Untersuchung des Rausches kann daher zunächst die allgemeinen Grundlinien bereitstellen, auf denen sich dann die genauere Untersuchung der gehobenen Stimmungen bewegen kann.

Der Sprachgebrauch wendet das Wort Rausch nach verschiedener Richtung. Auf der einen Seite versteht er unter Rausch die physiologisch bedingten Zustände einer extremen seelischen Gehobenheit, die sich unter dem Einfluß der „Rauschgifte" und insbesondere des Alkohols einzustellen pflegen. Diese Erscheinungen sollen für den vorliegenden ersten Überblick beiseitegelassen werden; auf die damit verbundenen krankhaften Veränderungen des Bewußtseins muß in späterem Zusammenhang noch ausführlich zurückgekommen werden. Hier soll zunächst nur von denjenigen Rauschzuständen gesprochen werden, die sich ohne künstliche Anregungsmittel aus dem inneren Erleben der Seele selbst ergeben.

Rausch in diesem Sinne steht der Begeisterung nahe. Man spricht gradezu von einem Rausch der Begeisterung. Aber Rausch ist doch irgendwie mehr als bloße Begeisterung. Der Rausch unterscheidet sich von der bloßen Begeisterung durch die größere vitale Tiefe des Beteiligt-seins und eine nochmalige Steigerung. Während in der Begeisterung der Mensch immer noch er selber bleibt, ist er im Rausch wirklich „außer sich". Er ist hier so wenig unter der Kontrolle seines normalen Bewußtseins, daß er für seine Taten nicht wie sonst verantwortlich gemacht werden kann. Rausch in diesem Sinn wird gleichbedeutend mit dem, was von der religiösen Seite her als Ekstase bezeichnet wird, so wie sie aus den kultischen Formen ursprünglicher naturverbundener Völker ebenso bekannt ist wie aus den Verzückungserlebnissen mancher christlicher Heiliger.[1] Grade weil die letzten Steigerungen eines solchen religiös bedingten Rausches dem heutigen Menschen kaum noch zugänglich sind, haben die Zeugnisse über diesen Zustand einen besonderen anthropologischen Wert, weil hier ein letzter Grenzfall mit

---

1 Vgl. L. Klages, Vom kosmogonischen Eros, 3. Aufl. Jena 1930, doch ist es bezeichnend, daß Klages im Sinn seiner Lebensthese die christlichen Entrückungserlebnisse ganz beiseite läßt.

vollendeter Deutlichkeit sichtbar wird, von dem aus auch auf die heutigen Formen der gehobenen Bewußtseinslage ein neues Licht fällt. Neben der religiös zu verstehenden Ekstase und oft in ursprünglicher Verbindung damit stehen dann die andern Formen der heroischen und der erotischen Ekstase, so wie ein kleiner Widerschein dieser mächtigen Erscheinungen noch in jedem Zustand einer gewöhnlichen Verliebtheit erhalten geblieben ist.

Im Zusammenhang der gegenwärtigen Untersuchungen gilt es zunächst, das Verhältnis von Rausch und Stimmung genauer zu bestimmen. Im streng philosophischen Sinn wäre der Rausch selbst als eine Stimmung zu bezeichnen, denn er hat teil an deren entscheidendem Merkmal: Er ist ebenfalls ein in sich ungerichteter Zustand, der genau wie die andern Stimmungen eine bestimmt gefärbte Ausgangslage darstellt, die das gesamte Erleben während der Dauer dieses Zustands in einer bestimmten Weise leitet. Der Rausch unterscheidet sich dagegen von den andern Stimmungen und hebt sich aus deren Reihe heraus durch das Maß an innerer Erregung. Er setzt sich dadurch von den andern Stimmungen als ein verhältnismäßig seltener und notwendig bald vorübergehender Ausnahmezustand ab. In der Klagesschen Bezeichnung müßte man den Rausch unter die „Wallungen" rechnen,[2] da aber diese von den Stimmungen im engeren Sinn nur der Stärke und der zeitlichen Dauer nach unterschieden sind, versteht man die Sonderstellung des Rausches im Bereich der Lebensgefühle vielleicht am besten, wenn man den Rausch als den äußersten Grenzfall auf der Seite der gehobenen Stimmungen betrachtet, bei dem durch das Maß an innerer Bewegtheit die feineren Unterschiede zwischen den verschiedenen gehobenen Stimmungen verwischt sind, dagegen die allgemeinen Grundzüge dieses Stimmungspols in gesteigerter Schärfe hervortreten. So heißt es etwa bei Lersch, der an der Ekstase ebenfalls eine „gewisse Verwandtschaft mit den Stimmungslagen der Frohheit" hervorhebt: „Sie ist die höchste Aufgipfelung des Lebensgefühls überhaupt." „Die Ekstase ist – anthropologisch gesehen – die ursprünglichste für den Menschen mögliche Erfahrung der Lebendigkeit und damit der äußerste Gegenpol der Angst."[3]

2. Der dionysische Rausch beim jungen Nietzsche

Eine Behandlung der religiösen Ekstase heidnischer wie christlicher Herkunft würde so weit in andre religionsphilosophische wie völkerpsychologische Bereiche hinüberführen, daß der Rahmen der vorliegenden Untersuchung dadurch gesprengt würde. Es muß daher an dieser Stelle darauf verzichtet werden, und es

---

[2] L. Klages, Persönlichkeit. Einführung in die Charakterkunde. Das Weltbild, Bücherei des lebendigen Wissens, 2. Bd. S. 39ff. Grundlegung der Wissenschaft vom Ausdruck, 5. Aufl. Leipzig 1936, S. 153 und anderweitig.

[3] Lersch, a.a.O. S. 60f.

sollen nur einige Zeugnisse herangezogen werden, die sich ohne ein Ausgreifen nach neuen Richtungen in den Gedankengang der gegenwärtigen Untersuchung einfügen. In diesem Zusammenhang verdeutlichen wir die Gesamterscheinung des Rausches am besten an einigen Deutungen und Beobachtungen, die sie bei Nietzsche gefunden hat. Wir beschränken uns dabei auf zwei engere Zusammenhänge, von denen einer dem Schaffen des jüngeren, der andre dem des älteren Nietzsche entnommen ist. Wir setzen ein mit der großen philosophischen Deutung des „dionysischen" Rausches in der „Geburt der Tragödie", um von da über die feineren psychologischen Beobachtungen der späteren Schriften den Einsatzpunkt für die allgemeine philosophisch-anthropologische Interpretation der gehobenen Stimmungen zu finden.

Bei Nietzsche heißt es an der entscheidenden Stelle in der „Geburt der Tragödie": „Unter dem Zauber des Dionysischen schließt sich nicht nur der Bund zwischen Mensch und Mensch wieder zusammen: auch die entfremdete, feindliche oder unterjochte Natur feiert wieder ihr Versöhnungsfest mit ihrem verlorenen Sohne, dem Menschen ... Jetzt, bei dem Evangelium der Weltenharmonie, fühlt sich jeder mit seinem Nächsten nicht nur vereinigt, versöhnt, verschmolzen, sondern Eins ... Singend und tanzend äußert sich der Mensch als Mitglied einer höheren Gemeinsamkeit, er hat das Gehen und Sprechen verlernt und ist auf dem Wege, tanzend in die Lüfte emporzufliegen ... Der Mensch ist nicht mehr Künstler, er ist Kunstwerk geworden: die Kunstgewalt der ganzen Natur, zur höchsten Wonnebefriedigung des Ur-Einen, offenbart sich hier unter den Schauern des Rausches."[4]

Wenn man versucht, in diesem großartig entworfenen Bild die verschiedenen Züge einzeln hervorzuheben, so wäre auf folgende Punkte hinzuweisen:

a) Es schließt sich „der Bund zwischen Mensch und Mensch" wieder zusammen. Der Mensch wird im Rausch aus seiner Vereinsamung herausgerissen und in eine größere, ihn umfassende Gemeinschaft eingefügt.

b) Dieses Gefühl des Einklangs gilt nicht nur zwischen Mensch und Mensch, sondern auch zwischen Mensch und Natur. Diese „feiert ihr Versöhnungsfest mit ihrem verlorenen Sohne". Sie steht nicht mehr als ein Fremdes dem Menschen gegenüber, als etwas, das ihn bedroht oder das er zu beherrschen hätte, sondern an dessen Stelle tritt ein Vertrautheitsgefühl, das Nietzsche als „Evangelium der Weltenharmonie" bezeichnet.

c) Diese Harmonie ist aber nicht nur ein Übereinstimmen des zuvor Getrennten, sondern ein wirkliches Eins-sein zwischen Mensch und Mensch und ein Eins-sein mit der Natur im ganzen, die als die ursprüngliche Einheit des „Ur-Einen" erscheint.

d) Es handelt sich damit zugleich um ein Sprengen der Grenzen der Individualität, um ein Aufgehen des Einzelnen in einem größeren, ihn umfassenden Leben. So heißt es bei Nietzsche in einer eigentümlichen Wendung des Schopen-

---

4 Nietzsche, Bd. 1, S. 24f.

hauerschen Gedankens: „Unter dem metaphysischen Jubelruf des Dionysos wird der Bann der Individuation gesprengt und der Weg zu den Müttern des Seins ... liegt offen.“[5]

e) Endlich: Dies Erlebnis des Eins-seins wird nicht als eine Täuschung genommen, die im Menschen durch eine Trübung seiner kritischen Fähigkeiten entstünde, sondern als „Offenbarung“, in der etwas Wirkliches und sogar eine tiefere Wirklichkeit dem Menschen erscheint. Der Rausch fällt also nicht unter die als krankhaft zu verstehenden Erscheinungen, sondern hat eine eigene aufschließende Kraft.

3. Die Weiterführung beim späteren Nietzsche

Die ursprünglichen Lebenserfahrungen, die sich hier beim jungen Nietzsche in der großen Vision eines heroisch-pantheistischen Weltbilds zusammenschließen, werden dann mit dem geschärften psychologischen Blick des späteren Nietzsche erneut durchforscht und finden dann im „Willen zur Macht“ eine neue, abschließende Darstellung, die zwar in der metaphysischen Ausdeutung vorsichtiger geworden ist, in der sorgfältigen Analyse der Erscheinungen selbst aber einen viel größeren Reichtum sichtbar macht. Wenn man versucht, das dort in verschiedenen Aphorismen Ausgesprochene systematisch zusammenzunehmen, kann man es um folgende Gesichtspunkte sammeln:

a) Das zuerst Auffällige ist eine Erhöhung des Kraftbewußtseins: „Der Lustzustand, den man Rausch nennt, ist exakt ein hohes Machtgefühl.“[6] Aber es handelt sich in diesem Zustand nicht nur um eine Täuschung, daß der Mensch die Widerstände weniger beachtet und infolgedessen seine Kraft höher einschätzt, sondern das Rauschgefühl ist „tatsächlich einem Mehr an Kraft entsprechend“[6]. Und von diesem Ausgangspunkt ergibt sich dann weiter nach den verschiedenen Seiten hin: „Die Stärke als Herrschaftsgefühl in den Muskeln, als Geschmeidigkeit und Lust an der Bewegung, als Tanz, als Leichtigkeit und Presto; die Stärke als Lust am Beweis der Stärke, als Bravourstück, Abenteuer, Furchtlosigkeit, Gleichgültigkeit gegen Leben und Tod.“[6]

b) Mit dieser Veränderung des inneren Zustandes wandelt sich dann zugleich das Raum- und Zeitbewußtsein in Richtung auf eine größere Weiträumigkeit. Der Mensch vermag mit einem Blick einen weiteren Raum und eine weitere Zeit zu umgreifen oder fühlt sich wenigstens in einer größeren räumlichen und zeitlichen Perspektive. „Die Raum- und Zeitempfindungen sind verändert; ungeheure Fernen werden überschaut und gleichsam erst wahrnehmbar; die Ausdehnung des Blicks über größere Mengen und Weiten.“[6] Der Mensch vermag also in eine größere Ferne auszugreifen.

---

5 Nietzsche, Bd. 1, S. 110, vgl. S. 62.

6 Nietzsche, Bd. 16, S. 227, Aph. 800, ähnlich auch anderweitig.

c) Damit verbindet sich zugleich eine andre und noch wichtigere Veränderung des Zeitbewußtseins: „Man traut endlich seinen Augen nicht – und seiner Uhr“,[7] weil die Zeit im Rausch gleichsam stillezustehen scheint. Die Vergangenheit wird nicht mehr als lastend und die Zukunft nicht mehr als drohend empfunden, sondern die Zeit scheint in einem „stehenden Jetzt“ stillezustehen. Es sei hier nur an die bekannte Stelle zu Beginn der „Zweiten Unzeitgemäßen Betrachtung“ erinnert: „Wer sich nicht auf der Schwelle des Augenblicks, alle Vergangenheiten vergessend, niederlassen kann, wer nicht auf einem Punkte wie eine Siegesgöttin ohne Schwindel und Furcht zu stehen vermag, der wird nie wissen, was Glück ist.“[8] Diese beglückende Möglichkeit, „unhistorisch zu empfinden“, die das Tier für den Menschen beneidenswert erscheinen läßt, wird im Rausch in reiner Form verwirklicht (so wie der Mensch ja auch im Wein „das Vergessen“ sucht).

d) Hinzu kommt ferner eine verstärkte Sensivität, an der besonders deutlich ist, daß der Rausch nicht einfach als eine Ausfallserscheinung zu fassen ist, in der bestimmte Hemmungen fortfallen, sondern wirklich eine eigne, eigentümliche Leistung in sich schließt: „die Verfeinerung des Organs für die Wahrnehmung vieles Feinsten und Flüchtigsten“.[6]

e) Dies führt dann aber sogleich zum nächsten hinüber: einer gesteigerten Fähigkeit zu verstehen: „Die Divination, die Kraft des Verstehens auf die leiseste Hilfe hin, auf jede Suggestion hin“,[6] eine Fähigkeit, alles auf den ersten Blick in seiner eigentümlichen Ordnung zu begreifen, wie sie uns später in besonderer Steigerung bei der Behandlung der krankhaften Rauschzustände entgegentreten und noch näher beschäftigen wird. Zur Bezeichnung dieser Unmittelbarkeit des Auffassens spricht Nietzsche sehr treffend von einer „intelligenten Sinnlichkeit“,[6] um darin auszudrücken, daß in dieser intuitiven Form der Auffassung die Akte des Verstehens nichts Nachträgliches sind, was zu der sinnlichen Auffassung hinzukommt, sondern etwas, das ursprünglich und unlösbar schon in ihr enthalten ist. Es ist also ein einziger, unteilbarer Akt, der zugleich Wahrnehmung und Deutung ist, ohne daß es irgendwelcher nachträglich hinzutretender Überlegungen bedürfe.

f) Dies verbindet sich zugleich mit dem letzten, was aber auch in dem bisherigen schon enthalten war: dem veränderten Verhältnis zur Realität überhaupt. Nietzsche spricht gradezu von einer „Transfigurationskraft des Rausches“, durch die er die Wirklichkeit in eine neue Gestalt überführt. Oder er spricht davon, daß der Mensch hier „ersichtlich jenseits aller Realität“[7] steht. Die Realität wird also nicht mehr als Widerstand empfunden, der das Leben einschränkt, sondern sie verwandelt sich in den tragenden Untergrund, mit dem sich der Mensch tief innerlich verbunden fühlt und der in der pantheistischen Ausdeutung der „Geburt der Tragödie“ dann zum Erlebnis des „Ur-Einen“ geführt hat. Die Reali-

---

7 Nietzsche, Bd. 16, S. 234f., Aph. 807 u. 808.

8 Nietzsche, Bd. 1, S. 285.

tät ist nicht mehr eine Wirklichkeit, die der Mensch als fremd sich gegenüber hat, sondern verschwindet als Realität aus dem Bewußtsein in dem Maß, in dem der Mensch sich mit ihr eins weiß.

4. Gehobene Stimmungen nicht rauschhafter Natur

Die reicheren und experimentell sicherer überprüfbaren Formen, die diese Erscheinungen bei den künstlich erzeugten Rauschzuständen finden, können erst in späterem Zusammenhang genauer verfolgt werden, wo sie insbesondere für die Untersuchung des Zeitbewußtseins wichtig werden. Im gegenwärtigen Zusammenhang haben die Zeugnisse Nietzsches nur als Beispiel einen vorbereitenden Zweck: Sie sollen an einem eindringlichen Beispiel die Richtung deutlich werden lassen, in der nachher bei den geringeren Graden der glücklichen Stimmungslagen nach entsprechenden Erscheinungen zu suchen ist. Infolgedessen brauchen wir auch auf die Ausdeutung im einzelnen nicht einzugehen, sondern es genügt, die allgemeinen Grundzüge hervorzuheben, denen nachher die folgenden Untersuchungen im einzelnen nachzugehen haben. Neben der allgemeinen Steigerung des Lebensgefühls zeichnet sich eine Veränderung der „normalen" Bewußtseinsformen vor allem nach folgenden drei Richtungen ab:

1. als Veränderung des Gemeinschaftsbewußtseins,
2. als Veränderung des Realitätsbewußtseins und
3. als Veränderung des Zeitbewußtseins.

Es kommt jetzt darauf an, zu verfolgen, wie weit sich in diesen selben drei Richtungen auch auf dem Gebiet der andern, nicht rauschhaften Stimmungslagen ähnliche Erscheinungen nachweisen lassen. Als Übergang von dem Erregungszustand des Rausches zu den stilleren und ruhigeren Stimmungslagen eignet sich in besondrer Weise die unerhörte feinfühlige Schilderung einer im Menschen aufsteigenden beseligenden Stimmung, die Baudelaire in der Einleitung zu seinen „Künstlichen Paradiesen" gegeben hat. Wenn es sich nachher auch in diesem Buch um die Schilderung von Rauschphantasien handelt, wie sie unter dem Einfluß bestimmter Gifte erzeugt werden, so bezieht sich diese eine, zu Vergleichszwecken an den Anfang gestellte Schilderung doch durchaus auf das „normale" Bewußtsein. Diese Schilderung sei hier der großen Anschaulichkeit des in ihr entworfenen Bildes wegen verhältnismäßig ausführlich wiedergegeben:

„Es gibt Tage, an denen der Mensch mit jungem und kräftigem Geist erwacht. Kaum sind seine Augenlider vom Schlummer, der sie versiegelte, befreit, so bietet sich ihm die Außenwelt mit mächtigem Glanz, klaren Konturen, wunderbarem Farbenreichtum dar. Die geistige Welt öffnet ihre weiten Perspektiven voller neuer Klarheiten. Der Mensch, der mit dieser – unglücklicherweise seltenen und vergänglichen – Seligkeit begnadet ist, fühlt sich zugleich künstlerischer und gerechter, – mit einem Wort: edler. Aber das Sonderbarste an diesem Ausnahmezustand des Geistes und der Sinne, den man im Vergleich zu den schweren Finsternissen des allgemeinen und täglichen Lebens ohne Übertreibung paradiesisch nennen kann, liegt daran, daß er durch keinerlei klar sichtbare und leicht zu bestimmende Ursachen geschaffen worden ist ... Deshalb möchte ich diese ungewöhnliche Geistesverfassung eher als eine wirkliche Gnade ansehen, als einen Zauberspiegel, in dem es dem Menschen vergönnt ist, sich ‚schön', d.h. so wie er sein sollte und könnte, zu sehen, als eine Art Steigerung ins Engelhafte, einen Ruf zur Ordnung in liebenswürdiger Form ... Übrigens hat dieser reizvolle und sonderbare Zustand, wo alle Kräfte im Gleichgewicht sind, wo die Einbildungskraft, obwohl wunderbar mächtig, nicht den moralischen Sinn mit sich in gefährliche Abenteuer hineinzieht, wo eine feine Sensibilität nicht mehr von kranken Nerven, diesen gewöhnlichen Ratgebern des Verbrechens oder der Verzweiflung, gequält wird, – hat dieser wunderbare Zustand, sagte ich, keine vorhergehenden Anzeichen. Er kommt ebenso unvorbereitet, überraschend wie ein Gespenst. Er ist eine Art Verzauberung, aber nur zeitweilig erscheinende Verzauberung, aus der wir, wenn wir weise wären, die Gewißheit eines besseren Daseins und die Hoffnung, sie durch tägliche Übung unsres Willens zu erreichen, entnehmen sollten."[9]

Es handelt sich hier nicht um einen Rauschzustand. Es fehlen dessen gewöhnliche Kennzeichen: das Gewalttätige und Geräuschvolle, das ihm sonst anhaftet, die gesteigerte Aktivität. Vielmehr ist dieser Zustand, „wo alle Kräfte im Gleichgewicht sind", durch eine eigentümliche Stille gekennzeichnet. Wir haben in dieser Schilderung einen reinen Fall einer beglückenden Stimmung vor uns und zugleich eines der schönsten der hierüber leider so seltenen Zeugnisse.

5. Das Aufsteigen der glücklichen Stimmung

Im Unterschied zum Rausch, der immer einen mehr oder minder äußerlichen Grund hat, ist es für diese Art der glücklichen Stimmungen bezeichnend, daß sie ohne angebbaren Grund und unbemerkt im Menschen aufsteigen. Sie „kommen über ihn", aber er kann sie nicht von sich aus hervorbringen und ist darum auch nicht im unmittelbaren Sinn für sie verantwortlich. Diese Tatsache bekommt sogleich eine eigentümliche ethische Seite. Wenn der Mensch, wie es aus den angeführten Sätzen schon vorwegnehmend anklang und wie es im folgenden dann noch ausführlicher zu verfolgen ist, erst in dem Zustand einer solchen Seligkeit zu seiner eigentlichen Vollendung kommt, so kann er doch nie diesen Zustand durch eigne Anstrengung herbeizwingen, und kann es um so weniger, je verzweifelter er sich darum müht. Alles Glück bleibt das Geschenk einer eigenwilligen Göttin. Mit vollem Recht war daher hier von einer „wirklichen Gnade"

---

9 Ch. Baudelaire, Oeuvres Complètes. Paris, Calman-Lévy, t. 4, p. 99ff.

die Rede, die dem Menschen geschenkt wird und die sich nicht von ihm aus erzwingen läßt.

Die Vorgänge des Aufsteigens einer solchen glücklichen Stimmung sind kaum durch unmittelbare Beobachtung zu verfolgen. Es ist nicht nur, daß jeder Versuch, sie im Licht der ausdrücklichen Aufmerksamkeit zu verfolgen, die entstehende Stimmung sofort wieder ersticken und vernichten würde, sondern es liegt grade im Wesen des Aufkommens solcher Stimmungen, daß sie den Menschen überkommen, wenn er es am wenigsten erwartet, und daß sie sich schon in seinem Innern durchgesetzt haben müssen, wenn er sie überhaupt bemerkt. Auch die rückwärts tastende Erinnerung vermag immer nur gewisse Teile dieses Vorgangs dem Unbewußten zu entreißen. Der Mensch erwacht im eigentlichen Sinn zu seinem Glück, und mit besonderer Häufigkeit geht dieser Vorgang mit dem körperlichen Erwachen zusammen. So heißt es auch hier: „Es gibt Tage, an denen der Mensch mit jungem und kräftigem Geist erwacht." Die Grundlosigkeit, mit der diese Stimmungen über den Menschen kommen, wird hier besonders deutlich, wo sie sich unmittelbar aus dem Dunkel des unbewußten Lebens erheben. Wesentlich und immer wieder beobachtet ist diese Beziehung zwischen den glücklichen Stimmungslagen und der morgendlichen Stunde, wo nach den finstern, quälenden Gedanken der Nacht mit dem erwachenden Licht eine neue Heiterkeit über den Menschen kommt. Der tiefe Sinn des „Beschlafens" einer schwierigen Frage liegt auch nicht nur in der Gewinnung eines größeren zeitlichen Abstands, sondern tiefer in der aufschließenden Kraft der morgendlichen Heiterkeit, in der sich die des Abends unlösbar verwickelt erscheinenden Fragen wie von selbst auseinander- und zurechtlegen.

Von den zahlreichen dichterischen Gestaltungen dieses morgendlich über den Menschen kommenden Glücksgefühls und der in ihm sich vollziehenden Verwandlung der Welt sei nur das eine bedeutsame Beispiel angeführt: der Eingang zum zweiten Teil von Goethes „Faust". Nach den ausweglos scheinenden Ängsten und Schwierigkeiten des ersten Teils findet sich Faust schlafend auf einen grünenden Rasen versetzt, in Frieden gesungen vor den Liedern freundlicher Geister, und treffend heißt es dann von dem Erwachen aus dem im Schlaf über ihn gekommenen neuen Frieden:

> „Des Lebens Pulse schlagen frisch lebendig,
> ätherische Dämmerung milde zu begrüßen;
> du, Erde, warst auch diese Nacht beständig
> und atmest neu erquickt zu meinen Füßen,
> beginnest schon, mit Lust mich zu umgeben,
> du regst und rührst ein kräftiges Beschließen,
> zum höchsten Dasein immerfort zu streben."[10]

[10] Goethe, Faust, J.A. Bd. 14, S. 5.

Das Glücksgefühl, in dem er sich erwachend vorfindet, setzt sich augenblicklich in eine neue Aktivität um, die im erstaunt-beglückenden Vertrauen auf das tragende Leben der Natur eine neue sittliche Entschlossenheit hervorbringt.

6. Die verwandelnde Kraft der glücklichen Stimmung

Damit ist zugleich eine neue Seite berührt, die gleich hier als Richtung für die späteren Überlegungen besonders herausgehoben sei, weil sich in ihr die höchste, zugleich sittliche Bedeutung dieser Zusammenhänge auswirkt. Es handelt sich in diesem Glücksgefühl nicht nur darum, daß die Welt dem Menschen schöner erscheint, „mit mächtigem Glanz, klaren Konturen, wunderbarem Farbenreichtum", sondern der Mensch selber ist ein andrer, er ist besser geworden: „Der Mensch, der von dieser ... Seligkeit begnadet ist, fühlt sich zugleich künstlerischer und gerechter, – mit einem Wort: edler." – Was im Rausch vielleicht noch in gewissem Grad als trügerische Überschätzung der eignen Kräfte erscheinen konnte, das gewinnt in diesen stilleren und klareren Stunden erhöhte Wirklichkeit, weil es den ganzen Menschen bis in seine letzten Tiefen hinein durchdringt und verwandelt.

Das erste, was an dieser neuen Gemütsbeschaffenheit hervorzuheben ist, ist eine neue Gläubigkeit. „Seliger Zustand", heißt es einmal bei Baader, „wie gerne glaubt man sich und anderen. Nun da ich dieses Zustandes genieße, sehe ich auch alles in einem milderen Lichte."[11] Das läßt sich zugleich in allgemeiner Bedeutung zeigen: Der Mensch der zerrissenen und verzweifelten Stimmungen vermag nicht zu glauben und zu vertrauen, und wie die glücklichen Stimmungen überhaupt, so sind auch Glauben und Vertrauen nicht zu erzwingen, sondern sie bilden sich erst mit dem neu erwachenden Glücksgefühl, als dessen notwendige und unausbleibliche Folge, aus.[12] Das gilt von den Beziehungen zu andern Menschen, das gilt aber auch von allen andern Lebensbezügen. Erst aus dieser Haltung ergibt sich das von der eigenen Befangenheit befreite Anschauen, das offen für die Schönheiten der Welt ist und bereit, jedes Ding von seiner eignen Mitte her und in seinem eignen Wesen aufzufassen.

Das Entscheidende aber ist, daß dieser Zustand einer höchsten Beseligung nicht in der Passivität eines reinen Genießens verharrt, sondern notwendig über sich selbst hinausdrängt zu einer tätigen Bewährung. So heißt es (um für diesen Zusammenhang nur einige Zeugnisse anzuführen) einmal bei Baader: „Überhaupt fühle ich mich heute zu jeder großen, edlen Tat ungleich mehr aufgelegt

---

[11] Baader, a.a.O. S. 27.

[12] Die Darstellung des Zusammenhangs zwischen Seligkeit und Glauben und entsprechend zwischen Verzweiflung und Unglauben habe ich in: Die Lebensphilosophie F.H. Jacobis. Stuttgart 1933, S. 77ff. genauer entwickelt.

VI. GLÜCK UND GEMEINSCHAFT

1. Die Vereinsamung des Menschen in der Angst

Die philosophisch-anthropologische Bedeutsamkeit der glücklichen Stimmungen offenbart sich in besonders anschaulicher Weise in dem Verhältnis des Menschen zu seinen Mitmenschen, so wie sich dieses zwischen den Polen der Einsamkeit und der Geselligkeit, zwischen der Verschlossenheit in sich selber und der Offenheit für andre Menschen bewegt. Es zeigt sich nämlich sehr schnell, daß dieses Verhältnis in einem wesentlichen und in seiner philosophischen Bedeutung noch gar nicht erkannten Zusammenhang mit dem Verhältnis zwischen den gehobenen und den gedrückten Stimmungen steht.

Die eine Seite dieses Verhältnisses war schon in der bisherigen Untersuchung der Angst deutlich geworden und läßt sich leicht noch verallgemeinern. Die Stimmungen der Angst und der Verzweiflung reißen den Menschen gewaltsam aus allen tragenden Bezügen zu seinen Mitmenschen heraus und werfen ihn auf sein einsames Ich zurück. In einer grundsätzlich ähnlichen (wenn auch im einzelnen dann wieder eigentümlich verschiedenen) Weise wirken auch die andern gedrückten Stimmungen. Auch die Traurigkeit, der Gram und Kummer, der seelische wie der körperliche Schmerz drängen den Menschen in eine entsprechende Vereinsamung. Der Mensch zieht sich in allen diesen Lagen gleichsam in sich selbst zusammen – so wie es sich ja schon bis in die Formen des leiblichen Ausdrucks hinein zeigt – er verschließt sich in sich selbst, er findet sich in eine innere Verfassung versetzt, wo er weder das Bedürfnis noch die Möglichkeit hat, zu seinen Mitmenschen in fruchtbare Beziehungen einzutreten.

Das gilt hinein bis in die allerelementarsten Bereiche. Der kranke Mensch hat das Bedürfnis nach Einsamkeit und wird unleidlich, wenn ihm andre Menschen trotzdem ihre Gesellschaft aufzwingen wollen. Erst mit dem Stimmungsumschwung, der sich mit der Genesung einstellt, wächst wieder die Freude an der Gesellschaft andrer Menschen. Und so ist es selbst beim Tier. Das kranke Tier zieht sich aus der Herde zurück und verendet in der Einsamkeit. „So flieht das getroffene Wild in die Wälder" (Hölderlin).[1] Und ähnlich ist es auch beim Menschen. Sobald die bedrückenden Stimmungen über ihn kommen, zieht er sich in sich selbst zurück, verschließt er sich in sich selbst, wie eine Schnecke in ihrem Gehäuse, und weicht angewidert vor jedem Versuch einer menschlichen Berührung zurück. Und zwar ist dies ein so elementarer Vorgang, daß er gar nicht in der Gewalt des einzelnen Menschen steht, sondern sich aus einer unbewußten Tiefe des Lebens heraus auch gegen seinen Willen an ihm vollzieht.

Vielleicht kann es sein – was zunächst zu widersprechen scheint –, daß der Mensch bei einer vorübergehenden Stimmung der Angst oder der Bedrängnis in

[1] F. Hölderlin, Menons Klagen um Diotima, Sämtliche Werke, Historisch-kritische Ausgabe, begonnen durch N. v. Hellingrath, Bd. 4, S. 82.

die Geselligkeit zu fliehen versucht, um dort in der Betriebsamkeit dem unheimlichen Druck zu entfliehen, aber dabei handelt es sich nur um den Versuch einer Flucht oder einer äußeren Überdeckung, welche die Wirklichkeit seines Wesens gar nicht berührt, und wo eine wirklich ernsthafte Angst oder ein wirklich tiefer Gram den Menschen erfaßt, da fällt auch dieser Versuch als nichtig in sich zusammen, und es bleibt nur die nackte, volle Einsamkeit. Ebenso kann es sein, daß ein geringerer Grad an Traurigkeit das Verlangen nach einer teilnehmenden Seele erweckt, mit der man sich aussprechen kann, und daß so die Traurigkeit auf den ersten Blick gradezu gemeinschaftsbildend zu wirken scheint. Von diesen mehr an der Oberfläche liegenden Erscheinungen ist hier nicht die Rede.[2] Wo aber der Mensch von wirklich echter und schwerer Trauer ergriffen wird, die ihn im innersten Wesen erschüttert, da tritt jederzeit auch die volle Vereinsamung ein.

2. Die Verbitterung und Verkümmerung in den gedrückten Stimmungen

Die zerstörenden Wirkungen der gesenkten Stimmungslagen gelten zugleich in einem sehr viel allgemeineren Sinn, der im gegenwärtigen Zusammenhang wenigstens kurz gestreift werden muß. Es ist so, daß die Menschen nur dann, wenn sie sich in einer hinreichend glücklichen Gesamtverfassung befinden, auch imstande sind, ihren Aufgaben gerecht zu werden und die in ihnen liegenden Möglichkeiten voll zu entfalten. Nur aus dem Glücksgefühl der frohen Stimmung geht auch der Mut und die Freudigkeit zum Schaffen hervor. Das Leid aber und der Gram und der Kummer und das Unglück im allerweitesten Sinn haben die Wirkung, daß sie den Menschen nicht nur äußerlich von seiner Umwelt abschneiden, sondern zugleich in ihm selber mit einer beängstigenden inneren Zwangsläufigkeit die Entfaltungsmöglichkeiten verschließen. Sie „verbittern" den Menschen und führen mit einer fast unentrinnbaren Notwendigkeit die Neigungen des Mißtrauens, des Hasses und des Neides, ja überhaupt eine kleinliche Gesinnung nach sich. Ein dauerndes Unglück läßt den Menschen „verkümmern". Nicht durch Zufall liegt ja schon sprachlich in der Bezeichnung der trüben Stimmungen ein beachtenswerter Doppelsinn angedeutet: Vom „Kummer" als einem rein innerlichen Gefühlszustand führt ein stetiger Zusammen-

[2] Um den hier zur Rede stehenden grundsätzlichen Zusammenhang erst einmal in seiner vollen Bedeutung zu erfassen, müssen verwickeltere Zwischenerscheinungen zunächst beiseite gelassen werden, in denen sich Bestandteile beider Stimmungsseiten durchdringen. Hierhin gehören etwa Gefühle der süßen Traurigkeit, der sanften Wehmut usw., überhaupt Gefühle, in denen der Mensch die Traurigkeit selbst wiederum genießen kann. Auch die Verschiedenheit zwischen den einzelnen Formen der gedrückten Stimmungen ist in ihrem Verhältnis zur Gemeinschaft wiederum sehr groß, doch kann auf diese Unterschiede hier nicht näher eingegangen werden.

hang der Bedeutung hinüber zu „verkümmern“ und „kümmerlich“, also zur Bezeichnung eines objektiv minderwertigen Seinszustandes. Und traurig bedeutet nicht nur eine bestimmte Weise des Gestimmtseins, sondern wird zugleich zu einem wegwerfenden Urteil. Traurig wird gleichbedeutend mit elend, mißraten, verächtlich.[3]

Das Unheimliche dieser Zusammenhänge liegt aber darin, daß sich diese Wirkungen nicht nur bei denen einstellen, die sich hemmungslos von solchen Einflüssen treiben lassen, sondern sie entwickeln sich auch bei denen, die davon wissen und sich dagegen zu stemmen versuchen. Denn es gibt keine Möglichkeit, sich gegen die zersetzenden Wirkungen des Kummers zu wehren, selbst dann nicht, wenn man ihm mit vollem Ernst und voller sittlicher Verantwortung zu begegnen versucht. So sehr man sich auch müht, an den Sorgen und Leiden und Freuden seiner Mitmenschen teilzunehmen, es gelingt nicht mehr, sobald die Grundstimmung ein gewisses Mindestmaß unterschritten hat.

Hier liegen Zusammenhänge, die von der Ethik bisher noch nicht im gebührenden Maß berücksichtigt sind. Zwar spricht Kant an der bekannten Stelle einmal von jenem Menschenfreund, dessen Gemüt so sehr vom eignen Gram umwölkt sei, daß ihn keine fremde Not mehr rühren könne, und der dennoch, ohne alles gefühlsmäßige Beteiligtsein, rein aus dem Bewußtsein der Pflicht heraus, sich aus dieser „tödlichen Unempfindlichkeit“ herausreißt, um andern wohlzutun.[4] Wir werden vor der sittlichen Größe eines solchen Menschen ganz gewiß die größte Hochachtung haben, aber wir werden ebensosehr auch wissen, daß er seine Aufgaben schlecht erfüllt, daß er niemand wirklich glücklich zu machen imstande ist, sondern mehr bedrückt als erfreut. Er kann wohl im äußeren Sinn helfen und unterstützen, und man soll von dieser äußeren Hilfe nicht gering denken, aber niemals kann er durch eine wirklich innere menschliche Nähe dem andern über eine innere Schwierigkeit hinweghelfen.

Es ergibt sich somit der eigentümliche und zunächst widersinnig erscheinende Zusammenhang, daß niemand imstande ist, andre Menschen zu beglükken, der nicht selbst in einem gewissen Mindestmaß glücklich ist, so wie es auch Nietzsche an einer Stelle kurz streift: Wer nicht im Vergessen die Last der Vergangenheit von sich abzuwerfen vermag, „der wird nie wissen, was Glück ist, und noch schlimmer: er wird nie etwas tun, was andre glücklich macht“.[5] Um diesen verkümmern machenden Wirkungen des Unglücks zu entgehen, ergibt sich also, so überspitzt es auf den ersten Blick erscheinen mag, grade um der Verpflichtung vor den Mitmenschen und vor den sachlichen Aufgaben willen in einem sehr tiefen Sinn so etwas wie eine Pflicht zum Glücklich-sein, eine Pflicht, die um so schwerer wiegt, als sie nicht aus dem eignen guten Willen allein zu erfüllen ist.

3 Carus, a.a.O. S. 273.

4 I. Kant, Grundlegung zur Metaphysik der Sitten, Werke, hrsg, v. E. Cassirer, Bd. 4, S. 254.

5 Nietzsche, Bd. 1, S. 285.

3. Die aufschließende Wirkung des Glücks

Und wie der Kummer verkümmern machte und den Menschen von allen menschlichen wie sachlichen Bezügen abschnitt, so beobachtet man genau die entgegengesetzten Erscheinungen bei den gehobenen, den glücklichen oder wenigstens freudigen Stimmungen. Wo sie den Menschen erfassen, da kann er gar nicht in einer verschlossenen Einzelexistenz verharren, sondern er schließt sich auf, für das Leben und neue Lebenserfahrungen, insbesondre aber auch, was gegenwärtig vor allem zu verfolgen ist, für die Berührung mit andern Menschen. So heißt es einmal bei Jean Paul: „Heiterkeit, die nur der Mensch haben kann – obwohl Genuß das Tier – schließt wie ein Frühling alle Blüten des Lebens auf.“[6] Oder ganz entsprechend an einer andern Stelle: „Freudigkeit – dieses Gefühl des ganzen freigemachten Wesens und Lebens, dieser Selbstgenuß der innern Welt, nicht eines äußern Weltteilchens – öffnet das Kind dem eindringenden All; sie empfängt die Natur nicht lieb-, nicht wehrlos, sondern gerüstet und liebend und lässet alle jungen Kräfte wie Morgenstrahlen aufgehen und der Welt und sich entgegenspielen, und sie gibt Stärke, wie die Trübseligkeit sie nimmt.“[7] Und in der Schilderung einer ähnlichen Stimmungslage heißt es bei Mörike: „Der Sonnenblume gleich steht mein Gemüte offen.“[8] Der Mensch öffnet sich jetzt den verschiedenen Bezügen zur Welt. Er gewinnt wieder Freude an der Arbeit, eine neue Nähe zu den Dingen, die ihn umgeben, und insbesondere öffnet er sich wieder für die Mitmenschen. Er sucht ihre Gemeinschaft, ja er sucht sie nicht einmal eigentlich, sondern sie fällt ihm wie von selbst zu. Und dabei wird er zugleich selbst ein andrer, entfaltet er jetzt die in ihm liegenden Möglichkeiten.

Dieses eigentümliche Verhältnis ist wirklich eine der unheimlichsten Erfahrungen des menschlichen Lebens: Solange es dem Menschen schlecht geht, kann er sich noch so verzweifelt nach den Bezügen der Gemeinschaft, nach irgendeiner teilnehmenden Seele sehnen, aber alle seine verzweifelten Bemühungen, sie herbeizuführen, sind vergeblich, und er bleibt allein. Aber in demselben Augenblick, wo er selber die innere Schwierigkeit überwunden hat, wo er sich selber in einer glücklichen oder wenigstens beruhigten Verfassung befindet, und wo er die Hilfe der Mitmenschen gar nicht mehr in dem früheren Sinn „braucht“, da fallen ihm diese Bezüge einer beglückenden menschlichen Nähe wie von selbst zu. Alle Freundschaften, die in der Angst abgefallen und in der Trauer vergebens ersehnt wurden, erstehen neu in der Stimmung des Glücks und der Heiterkeit.

Und um den Gedanken noch etwas allgemeiner auszusprechen: Es ist nicht so, daß dies nur einer unter mehreren Wegen zur Gemeinschaft wäre oder daß er diese nur erleichterte, sondern es gilt ganz grundsätzlich: Alle tragenden Lebensbezüge im allgemeinen und alle Gemeinschaftsbezüge im besonderen

[6] Jean Paul, Sämtliche Werke, Historisch-krtische Gesamtausgabe, 1. Abt., 16. Bd. Weimar 1938, S. 93 in „Bruchstück aus der ‚Kunst, stets heiter zu sein‘“.
[7] Jean Paul, Levana oder Erziehlehre, Sämtliche Werke, 12. Bd., S. 148.
[8] Mörike, a.a.O. Bd. 1, S. 32.

erschließen sich dem Menschen allein durch das Medium der glücklichen Stimmung. Er kann auf keine andre Weise einen Zugang zu ihnen gewinnen. Alle Freude fordert die Gemeinschaft, sie hat von sich aus den Drang, sich mitzuteilen, und hat dies so sehr, daß sie verkümmern muß, wenn ihr aus irgendwelchen Gründen die Möglichkeit der Gemeinschaft genommen ist. Selbst in der faktischen Einsamkeit orientiert sich die Freude noch immer an der Möglichkeit der Gemeinschaft, an der Hoffnung des Mitteilens oder an der gedanklichen Vorwegnahme der Gemeinsamkeit. In diesen Zusammenhang gehört sehr schön eine bei Herder zitierte Bemerkung Youngs: „Die Freude ... ist ein Tausch, kein Monopolium; sie will von Zweien gesucht sein; eine reiche Frucht, vom Himmel gepflanzt, doch nimmer von Einem gesammelt ... Wenn der helle Strahl der Lust in einer Linie gerade auf uns herabfällt, so ist er schwach an Vergnügen; ein starkes Vergnügen wird durch den Widerstrahl empfangen; zurückgeworfene Freuden entzünden die Brust."[9]

4. Die gemeinschaftsbildende Kraft des Lachens

Ich versuche, diese Zusammenhänge zunächst an einigen vorbereitenden Beispielen zu verdeutlichen, die mit Absicht einer möglichst alltäglichen und äußerlichen Erfahrung entnommen sind. Wenn etwa Menschen in einem Vortrag oder im Theater zusammen sind, dann bilden sie zunächst eine völlig zusammenhanglose Masse, in der jeder einzelne seinen Nachbarn mit spürbarem Mißtrauen betrachtet und schon äußerlich möglichst weit von ihm abrückt. Wenn es dann aber geschieht, daß dem Redner irgendeine gute Bemerkung gelingt oder daß auf der Bühne ein guter Witz fällt, dann ist plötzlich die Verbindung zwischen den bisher vereinzelten Hörern hergestellt. Es ist dem Einzelnen völlig unmöglich, daß er mit seiner Freude für sich allein bleibt und etwa still für sich lacht, sondern sofort setzt dann ein Vorgang der Kontaktgewinnung zwischen den einzelnen Menschen ein: Jeder sieht seinen Nachbarn an, ob auch er verstanden hat. Sie verständigen sich untereinander in ihrem Beifall. Es ist so, als ob sich erst in einer Art von Mitwissergefühl die Freude über den Redner vollenden könne. Menschen, die im sonstigen Leben viel zu stolz sind, um den ersten Schritt der Annäherung zu tun, fühlen sich plötzlich in diesem Laden miteinander verbunden. Es liegt eben in diesem Vergnügen ein Zug, der von sich aus nach der Gemeinsamkeit verlangt, und zwar mit einer Zwangsläufigkeit, daß die Menschen gar nicht widerstreben können, selbst wenn sie wollten. Das gilt zugleich allgemein: wenn es gelingt, einen Menschen zum Lachen zu bringen, dann ist damit seine Isolierung durchbrochen, mochte er sich vorher auch mit noch so großer Griesgrämigkeit dahinter verschanzen, und er verrät sein Verhalten als

9 Herder, Werke, hrsg. v. B. Suphan, Bd. 18, S. 390.

vorsätzlichen Trotz, wenn er nachher doch wieder in dieselbe Isolierung hinein will.

Ein andres Beispiel liegt in der gradezu explosiven Kraft eines guten Witzes. Wer an einem Witz wirklich Spaß gehabt hat, der kann ihn gar nicht für sich behalten, sondern muß ihn weitererzählen. Das ist nicht nur Streben nach Geltung und Sucht nach Erfolg. Er muß ihn selbst dann weitererzählen, wenn er annehmen muß, daß der andre den Witz schon kennt oder daß er ihn albern findet oder daß er sich sonst durch das Weitererzählen des Witzes schädigt. Hierauf beruht ja die unheimliche Ausbreitungsgeschwindigkeit eines schlagenden Witzes. Jeder muß ihn weitererzählen, selbst dann, wenn er die möglicherweise darin enthaltene „Spitze" bei ruhiger Überlegung verwerfen würde. Der Witz breitet sich also auch gegen den Willen der Einzelnen mit einem inneren Zwang aus, dem der Einzelne einfach unterworfen ist. Hierauf beruht es ja, daß die wenigsten Menschen in Gesellschaft einen treffenden, aber boshaften Einfall über einen Mitmenschen zurückhalten können, selbst wenn sie wissen, daß sie ihn damit kränken, und sie ihn gar nicht kränken möchten, es ihnen also später leid tut. Es ist dieselbe unwiderstehliche Gewalt, mit der der Ausbreitungsdrang eines Witzes alle ihm entgegenstehenden Hemmungen und vernünftigen Überlegungen beiseiteschiebt. Und dies beruht letztlich darauf, daß der Witz erst dann richtig genossen werden kann, wenn er in Gemeinschaft genossen wird, daß er erst, wenn mehrere gemeinsam über ihn lachen, zu richtigem Leben erwacht.

Und endlich noch ein letztes dieser einfachen Beispiele: Das ist die Empfindung des Komischen. Der Einzelne als solcher ist gar nicht imstande, etwas als komisch zu empfinden. Man beobachtet es alltäglich, wie das Mißgeschick eines Menschen, von einem Einzelnen beobachtet, in diesem nur die Regungen eines natürlichen Mitgefühls und Bedauerns hervorruft und dieser die damit möglicherweise verbundenen komischen Züge gar nicht wahrnimmt, wie dann aber dieses selbe Mißgeschick eine unwiderstehliche Heiterkeit hervorruft, sobald es von einem Kreis zusammenstimmender Menschen beobachtet wird. Um etwas als komisch zu empfinden, bedarf es erst des Resonanzbodens einer Gemeinschaft mehrerer gemeinsam darüber lachender Menschen. Wo der Einzelne etwas als komisch erfaßt, geschieht es nur in der Vorstellung eines möglichen Zuschauerkreises oder wenigstens in der Erwartung einer baldigen Erzählmöglichkeit. Wenn Kierkegaard einmal fragt: „Woher kommt es, daß wir das Komische am liebsten in Gesellschaft, das Tragische allein lesen wollen?", so ergibt sich ebenfalls von diesen Stimmungsbezügen her die befriedigende Antwort.

Hier ist es so, daß die Gemeinschaftsbeziehung der Freude bei diesen ersten, niederen Formen den Menschen zum Massendasein (im schlechten, grausamen Sinn des Worts) herabzieht und ihn gegen seine natürlichen menschlichen Regungen verhärtet. Diese niederen Formen der Gemeinschaft fallen natürlich wieder auseinander, sobald der vorübergehende Anlaß verschwunden ist, denn sie haben keinen bleibenden Boden, der ihnen wirklichen Bestand verbürgt, aber was hier nur an sehr äußerlichen Beispielen erstmalig verdeutlicht werden sollte, das gilt dann in einer sehr viel tieferen Weise auch von den tieferen Formen der Freude. Jede führt von sich aus fort zu einer entsprechenden Form der Gemeinschaft, die äußerliche und oberflächliche Freude zu einer ebenso äußerlichen und oberflächlichen Gemeinschaft, die tieferen Formen dagegen zu entsprechend tieferen und bleibenderen Formen der Gemeinschaft, von denen jetzt noch weiter zu sprechen sein wird.

5. Das Verhältnis zu den darauf aufbauenden Gefühlen

Wenn man jetzt versucht, die aufbauenden Wirkungen der freudigen Stimmungen genauer zu untersuchen, so ergibt sich als erstes das Verhältnis zu den auf ihrem Boden erwachsenden Gefühlen. Was über das Verhältnis des Stimmungsgrunds zu den auf ihm erwachsenden höheren Leistungen allgemein vorweggenommen wurde, gilt es jetzt an diesen besonderen Verhältnissen zu verfolgen: Es gibt gewisse Gefühle, die nur auf dem tragenden Boden der glücklichen Stimmungen möglich sind, und andre, die auf diesem Boden von vornherein nicht gedeihen können, sondern umgekehrt den Boden trauriger, gedrückter oder verzweifelter Stimmungen voraussetzen. Es gibt hier bestimmte Gesetze eines apriorischen Sich-bedingens und Sich-ausschließens.

Das bedeutet am eindringlichsten Beispiel von Liebe und Haß: Ein Glücklicher kann wohl lieben, aber er kann nicht hassen. Insbesondere Carus hat schon auf den inneren Zusammenhang des Gegensatzpaares von Freude und Trauer mit dem von Liebe und Haß nachdrücklich aufmerksam gemacht: „Der Haß ist mit der Freude ebenso unverträglich, als im Gegensatz eine liebevolle Gesinnung dadurch gerne herbeigeführt zu werden pflegt.“[10] Das bedeutet natürlich nicht, daß die vorhandenen Haßeinstellungen im Menschen gleich durch jede aufkommende Freude ausgelöscht würden, aber sie werden wenigstens in eine tiefere Schicht des Seelenlebens abgedrängt, wo sie nicht aktuell wirksam sind, wo sie nur untergründig bleiben und zu geeigneter Zeit wieder aufsteigen. Die tieferen, wirklich den Menschen ganz durchdringenden Formen der Beglücktheit haben dann allerdings auch eine tiefergreifende Wirkung, insofern sie auch in einem tieferen Grund alle Regungen des Hasses und der Feindschaft auslöschen. Davon wird an einigen Beispielen sogleich die Rede sein.

Aber es ist nicht nur so, daß der allgemeine Stimmungsuntergrund die Gefühle bestimmt, die auf ihm erwachsen, sondern es gibt umgekehrt zugleich eine Rückwirkung: daß ein erwachendes einzelnes Gefühl, beispielsweise die Liebe zu einem bestimmten einzelnen Menschen, zugleich auch den gesamten Stimmungsuntergrund und mit ihm dann alle übrigen Gefühle und menschlichen

---

[10] Carus, a.a.O. S. 270.

Beziehungen umfärbt. Weil ja das menschliche Gemüt stets einheitlich gestimmt sein muß, wenigstens dort, wo es wirklich von einem vollen Erleben durchwaltet ist, so bedingt notwendig ein einzelnes Verhältnis der freundlichen Seite die Verwandlung aller andern menschlichen und sachlichen Bezüge.[11]

Diese Verwandlung aller übrigen Verhältnisse unter dem Eindruck einer großen Liebe ist ein Vorgang, der von den Dichtern immer wieder beobachtet und dargestellt ist. Aus der Fülle dieser Äußerungen können an dieser Stelle nur einige wenige herangezogen werden, die in einer besonders glücklichen und treffenden Weise auf diese Verhältnisse hinweisen.[12] So heißt es einmal bei Dante mit einer für die gegenwärtigen Zusammenhänge höchst eindrucksvollen Schärfe: „Wenn Beatrice von irgendeiner Seite her erschien, so geschah es durch die Hoffnung auf ihren beglückenden Gruß, daß für mich kein Feind mehr übrig blieb. Sogleich erfaßte mich eine Flamme von Nächstenliebe und zwang mich, jedem zu vergeben, der mich beleidigt hatte."[13] Das aus dem Bezug zu einem einzelnen Menschen aufsteigende unendliche Glücksgefühl (intolerabile beatitudine) hat also zugleich die Wirkung, daß es den ganzen Menschen von innen heraus verwandelt. Alle ihm entgegenstehenden Regungen des Hasses und der Feindschaft werden dadurch ausgeschlossen, und zwar nicht nur durch etwas andres, was sich mehr in den Vordergrund des Erlebens schiebt, übertönt, sondern wirklich in ihrer Wurzel aufgehoben durch das hier zu Rede stehende apriorische Gesetz der Unvereinbarkeit entgegenstehender Gefühlsregungen. So heißt es entsprechend sehr treffend einmal bei Goethe: „Man muß nur e i n Wesen recht von Grund aus lieben, da kommen einem die übrigen alle liebenswürdig vor."[14] Ähnlich heißt es bei F.H. Jacobi einmal von einer entsprechenden Verwandlung und inneren Neugeburt: „Es konnte nicht ausbleiben, nachdem er einmal in e i n menschliches Wesen ein unumschränktes Vertrauen gesetzt hatte, daß die ganze Gattung dabei gewinnen mußte ... Jedermann pries die an ihm vorgegangene Veränderung: daß er merklich offener, mitteilender, gleichmütiger und geselliger geworden war."[15] Es ist immer wieder mit Staunen die eigentümliche Wirkung beschrieben, daß das Erlebnis einer einzigen großen menschlichen Nähe keineswegs ausschließlich wirkt, keineswegs den andern menschlichen Bezügen die Kraft entzieht, sondern daß in einer merkwürdigen Umkehrung aller arithmetisch zu erwartenden Verhältnisse die eine menschliche Nähe zugleich eine Verstärkung aller andern menschlichen Beziehungen mit sich bringt.

---

11 Vgl. dazu oben S. 38.

12 Vgl. auch Lersch, a.a.O. S. 111ff.

13 Dante, Vita nova, § 10.

14 Goethe, Wahlverwandtschaften, J.A. Bd. 21, S. 101.

15 F.H. Jacobi, Werke, Bd. 5, S. 66.

6. Klärung eines Einwands

Bevor wir weitergehen, ist noch ein Einwand zu klären, der sich fast zwangsläufig gegen die hier entwickelte Anschauung einstellt: Nicht das Glück und die Freude, so pflegt man zu sagen, führen die Menschen zusammen, sondern ganz im Gegenteil erst das Unglück und die Not. So heißt es etwa bei Baader, der hier nur ausspricht, was auch sonst der allgemein verbreiteten Anschauung entspricht: „Ohne Mitleiden kein Mitfreuen. Nicht nur lernt man in der Not den Freund und Geliebten kennen, sondern Freundschaft und Liebe wurden erst in Widerwärtigkeiten und Not. Im Glück und Wohlergehen bringen es die Menschen nur zur Kameradschaft.“[16] Hier ist also ausdrücklich die tiefere Bedeutung des gemeinsamen Leidens vor der gemeinsamen Freude ausgesprochen, und die Schwierigkeiten des Lebens sind als der eigentliche Untergrund der Freundschaft und Liebe anzusehen. Wie verträgt sich, so muß man sich fragen, dieser doch so einleuchtende Standpunkt mit dem hier vertretenen Ursprung der Gemeinschaft in der Freude und dem Glück?

Diese Anschauung trifft schon etwas Richtiges, aber sie verfehlt dann das eigentlich Entscheidende, weil sie nicht genügend unterscheidet und vorschnell verallgemeinert. Zunächst ist wesentlich, daß hier das Mitleiden nicht auf wirklichen Schmerz und Kummer bezogen wird, die gemeinsam getragen würden, sondern auf die Widerwärtigkeit und Not, d.h. auf die äußeren Schwierigkeiten des Lebens. So genommen, bewegt sich die Untersuchung aber gar nicht mehr in der hier zur Rede stehenden Ebene der Frage nach dem Einfluß der Stimmungen. Die Not ist keine Stimmung, sondern eine Situation, in der der Mensch vor eine ganz bestimmte Aufgabe gestellt ist. Und eine solche Aufgabe führt in der Tat die Menschen zusammen. Wie jede Aufgabe den Menschen nach den geeigneten Mitteln zu ihrer Bewältigung aussehen läßt, so erwächst hier auch die Zusammenarbeit als zweckmäßig angewandtes Mittel zur Behebung der Not. Und in dieser Ebene ist es dann durchaus richtig beobachtet, daß, wenn die Not geschwunden ist, die Schwierigkeit also bewältigt ist, die Gemeinschaft auch wieder auseinanderfällt. Die Frage ist nur, ob dieser auf die Behebung der Schwierigkeit ausgerichtete Zusammenschluß der Menschen schon in der Ebene liegt, in der wir sinnvoll von Gemeinschaft sprechen können. Es ist diejenige Ebene, die man mit Jaspers[17] am besten als die der Daseinsfürsorge bezeichnet und die die Menschen nur in einer alleräußerlichsten Weise verbindet.

Es kann natürlich vorkommen, daß jetzt ein eigentümliches Mehr hinzukommt, nämlich daß aus der gemeinsamen Arbeit wirklich eine Schaffensfreude am gemeinsamen Werk und damit eine zugleich tiefer verbindende Gemeinschaft hervorwächst. Aber damit ist schon der ursprüngliche Ausgangspunkt, die Lage der äußeren Not, verlassen, und wir befinden uns wieder in unserm eigentlichen

---

16 Baader, Schriften, hrsg. v. M. Pulver. Leipzig 1921, S. 267.

17 Vgl. K. Jaspers, Die geistige Situation der Zeit. Berlin 1931, S. 25ff. und anderweitig.

Bereich: der gemeinschaftsbildenden Kraft der Freude, ja wir treffen jetzt diese in einer tieferen Form als bei den bisher absichtlich äußerlich gewählten Beispielen, weil sie ja aus einer wirklich anhaltenden Arbeit hervorgewachsen ist und in ihr einen bleibenden Untergrund hat, der ihr auch über den Augenblick hinaus Bestand gewährleistet.

In dieser Richtung liegt dann auch die gemeinschaftsbildende Bedeutung der Feste und Feiern, in denen eine Zeit gemeinsamer Arbeit zu ihrem hervorgehobenen Abschluß kommt. Man verkennt ihre Bedeutung, wenn man in ihnen nur eine verdiente Belohnung nach getaner Arbeit sieht; denn sie haben darüber hinaus eine weitreichende (und viel zu wenig beachtete) Bedeutung. Sie stiften eine Innigkeit der Verbindung der Menschen untereinander, die durch die gemeinsame Arbeit wohl vorbereitet, aber durch sie allein nie hervorgebracht werden konnte.

7. Die vereinsamende Wirkung des Schmerzes

Anders aber als hier bei der äußeren Not steht die Frage dort, wo wirkliches inneres Leid und die damit verbundenen Stimmungen des Schmerzes, der Traurigkeit und der Verzweiflung den Menschen überfallen. Von diesen gilt dann mit aller Strenge, daß sie niemals Gemeinschaft zu stiften imstande sind, sondern den Menschen auf sich selber zurückwerfen. Sie sind durch das gemeinsame Kennzeichen der vereinsamenden Wirkung zusammengefaßt. So sagt Mörike: „Das Unglück macht den Menschen einsam und hypochondrisch, er zieht den Zaun dann gern so knapp wie möglich um sein Häuschen".[18] Und in ähnlichem Sinn betont Jean Paul: „Die Wellen, die der Schmerz in uns auftreibt, stehen hoch zwischen uns und der Welt und machen unser Schiff einsam mitten im Hafen voll Schiffe".[19]

Im einzelnen nimmt diese Vereinsamung dann natürlich noch wieder typisch verschiedene Formen an, und es muß immer wieder betont werden, wie sehr sich das hier in einem rohen Überblick Zusammengenommene bei der genauen Betrachtung der verschiedenen einzelnen Stimmungstönungen dann wieder unterscheidet. Auf der einen Seite gibt es einen kleinlichen Kummer, der sich in der Verdrießlichkeit auswirkt und der immer etwas Verächtliches behält. Ähnlich verhält es sich mit den seelischen Rückwirkungen eines körperlichen Schmerzes, von dem es in einer medizinischen Beobachtung heißt: „Allem Leid und aller Pein genau so wie jeder anderen Not, liegt etwas Gleichmachendes zugrunde. Jeder leidende Mensch wird zwangsläufig egoistisch. Das Leiden reißt ihn aus seiner Umgebung heraus und gibt ihm eine Sonderstellung. Der Trieb nach Selbsterhaltung drängt ihn zu einer übermäßigen Beschäftigung mit sich

---

18 Mörike, a.a.O. Bd. 1, S. 233.

19 Jean Paul, Titan, 101. Zykel, a.a.O. 9. Bd., S. 200.

selbst. So wird jeder Kranke primitiver und bringt oft elementare Eigenschaften ungehemmter zum Ausdruck."[20] Auf der andern Seite gibt es aber auch einen edlen Schmerz, der in der Einsamkeit, die er schafft, dem Menschen eine letzte Größe und, wie Nietzsche es gelegentlich bemerkt, das aristokratische Gefühl eines Abstands verleiht.[21]

Und es ist nicht nur so, daß der vom großen Schmerz Befallene sich von sich aus in sich selbst verschließt und gegen die Zudringlichkeit seiner Mitmenschen abweisend wird, sondern es liegt zugleich in jedem großen Schmerz etwas, was auch die andern zurückweist. Um den, der von einem wirklich schweren Leid befallen ist, bildet sich wie von selbst eine Hülle des Abstands, eine Scheu, ihm zu nahen, die selbst die Willigkeit zum unmittelbaren Helfen-wollen zögern macht und zurückhält. Es bildet sich um ihn etwas Abstand-gebietendes, das man am ehesten als Ehrfurcht vor dem Schmerz bezeichnen könnte, eine unwillkürliche Gefühlsregung, durch die auch die Mitmenschen den vom Leid Befallenen als aus ihren Reihen herausgehoben und als „gezeichnet" von ihnen durch eine Art unsichtbarer Mauer getrennt fühlen. Es liegt etwas Heiliges in diesem Zustand, das jede unmittelbare Nähe unmöglich macht.

Nun kann es gewiß sein, daß auch in diesen Ausnahmezuständen des wirklich inneren Unglücks eine Freundschaft sich erhält und festigt, daß sie sich bewährt und vielleicht erst jetzt in ihrem wahren Wert enthüllt. Dieser Gedanke sprach offensichtlich auch bei der von Baader vorgetragenen Anschauung mit, aber hier gibt der Begriff des Bewährens, der sich von selbst zur Kennzeichnung dieses Verhältnisses aufdrängt, die genau treffende Bezeichnung: Die Freundschaft bildet sich nicht in diesen Lebenslagen, sondern die schon bestehende, d.h. aus andern Lebenslagen gebildete Freundschaft erhält sich auch unter den neu entstandenen Schwierigkeiten. Es bedarf wohl keines besonderen Hinweises, daß diese in den inneren Schwierigkeiten des Leids und der Traurigkeit sich bewährende seelische Nähe etwas völlig anderes ist als die nach bekanntem Sprichwort so seltene Freundschaft in der Not. Während es sich bei der letzteren um Fragen der bloß äußeren Nützlichkeit handelt, geht es hier um etwas sehr viel Tieferes, nämlich um die Überbrückung der sich aus dem inneren seelischen Leben selbst hervordrängenden Fremdheit.

Insgesamt bestätigt sich also hier von einer neuen Seite, was man allgemein als den „kritischen Zug" der gedrückten Stimmungen bezeichnen könnte: Sie sind nicht selbst schöpferisch, sie bringen von sich aus keine neuen Verhältnisse hervor, sondern indem sie an allen bestehenden Verhältnissen rütteln und sie fragwürdig zu machen suchen, scheiden sie das Echte von dem Unechten und haben insofern wieder eine nicht minder wichtige Lebensbedeutung als die aufbauenden gehobenen Stimmungen.

---

[20] F. Sauerbruch und H. Wenke, Wesen und Bedeutung des Schmerzes, a.a.O. S. 17.

[21] Nietzsche, z.B. Bd. 7, S. 258.

VII. DAS VERHÄLTNIS ZUR REALITÄT

1. Die Realität als Widerstand

Aus den bisher entwickelten Einsichten in die Bedeutung der Stimmungen fällt zugleich ein neues Licht auf die Frage nach der Gegebenheit der Realität. Diese Frage hat in der letzten Entwicklung der Philosophie eine weitgehende Klärung erfahren, und zwar durch Gedankengänge, wie sie im Anschluß an ältere Erfahrungen bei Reid und Maine de Biran zuerst von Dilthey entwickelt und dann durch Scheler und Nicolai Hartmann weiter ausgebaut sind.[1] Es handelt sich in diesen Überlegungen darum, daß die Gewißheit einer Realität außer dem Menschen grundsätzlich durch keinerlei theoretische Operationen zu gewinnen ist, sondern vor allen Untersuchungen des theoretischen Verstandes in einer ursprünglichen Erfahrung des elementaren vitalen Lebens gegeben ist: Der Trieb nach Entfaltung und Ausbreitung des Lebens stößt auf etwas außer ihm, an dem das Leben seine Grenze findet, auf einen Widerstand, der es hemmt und einschränkt. Und auf dieser ursprünglichen Erfahrung des Widerstands beruht dann alle spätere Gewißheit einer Realität außer uns. Erst durch die Erfahrung dieses Widerstands sondern sich aus der zunächst noch gegebenen ungeteilten Einheit des Menschen mit seiner Welt die entgegengesetzten Pole, das Selbst und die gegenständliche Welt.

Die Realität tritt also dem Menschen von vornherein nicht als etwas im neutralen Sinn nur Vorhandenes entgegen, sondern als etwas, was ihn behindert und einschränkt, als die „harte" Wirklichkeit, die dem Willen einen Widerstand entgegensetzt und das Leben in seine „Enge" hineinzwingt. Realität erscheint hier also von vornherein unter dem Gesichtspunkt des Lebensfeindlichen.

In diesen (hier notwendigerweise nur eben angedeuteten) Überlegungen ist zweifelsfrei etwas Entscheidendes getroffen, und es soll nicht versucht werden, diese Entdeckungen irgendwie zu bezweifeln oder zu verkleinern. Die Frage, worauf sich unsre Gewißheit von der Realität gründet, ist erst hierdurch einer fruchtbaren philosophischen Behandlung zugänglich gemacht worden. Aber hieraus ergibt sich zugleich die weitere Frage, die schon durch den ganzen Gang der bisherigen Untersuchungen nahegelegt ist, ob hiermit nämlich die Frage nach dem Wesen der Realität schon vollständig genug angesetzt oder ob sie nicht durch einen ganz bestimmten einseitigen Ausgangspunkt von vornherein in

[1] W. Dilthey, Beiträge zur Lösung der Frage vom Ursprung unseres Glaubens an die Realität der Außenwelt und seinem Recht, Gesammelte Schriften, Bd. 5, S. 90ff. – M. Scheler, Arbeit und Erkenntnis, in: Die Wissensformen und die Gesellschaft. Leipzig 1926, S. 455ff. und: Idealismus und Realismus, Philosophischer Anzeiger, 2. Jahrg. 1927, S. 255ff. – N. Hartmann, Zum Problem der Realitätsgegebenheit. Berlin 1931, und: Zur Grundlegung der Ontologie, 3. Teil, die Gegebenheit des realen Seins. Berlin 1935.

einer verhängnisvollen Weise eingeengt ist. Es handelt sich also, zunächst grob vorweggenommen, darum, ob die Gegebenheit der Realität in dieser einen Seite des Widerständigen und Feindlichen aufgeht oder ob nicht noch andre und auch wesentliche Seiten bei diesem Ausgangspunkt verdeckt werden, ob also die Weise des Widerstands überhaupt die ursprüngliche Form ist, in der sich Realität dem Menschen darbietet.

2. Die Doppelseitigkeit des Förderns und Hemmens

Erste Bedenken in dieser Richtung erweckt schon ein gewisser Widerspruch bei Dilthey, auf den doch in der gegenwärtigen Philosophie diese Lehre zurückgeht. Dort, wo er ausdrücklich der „Frage vom Ursprung unseres Glaubens an die Realität der Außenwelt“[2] nachgeht, entscheidet er in dem eben angegebenen Sinn. Aber an andern Stellen, wo er ganz unbefangen das Verhalten des Menschen zu seiner Welt in den „Lebensbezügen“ zu beschreiben versucht, an einigen Stellen sogar in der angeführten Abhandlung selbst, da erscheint die Wirklichkeit nicht nur von dieser einen Seite des Widerstands, sondern in einer eigentümlichen Doppelseitigkeit von „Druck und Förderung“, die das Leben von außen her erfährt: „Die einen (Dinge oder Menschen) beglücken mich, erweitern mein Dasein, vermehren meine Kraft, die anderen üben einen Druck auf mich aus und schränken mich ein.“[3] Neben die von der bisherigen Blickrichtung her bekannte Seite, wo die Wirklichkeit als ein „Druck“ den Menschen einschränkt, tritt hier also als selbstverständlich eine zweite Seite, nach der die Wirklichkeit als etwas Beglückendes, mein Dasein Erweiterndes, meine Kraft Vermehrendes erscheint, als etwas, was im positiven Sinn mein Dasein trägt und hält. Die Wirklichkeit erscheint hier also in einer ursprünglichen Doppelseitigkeit als etwas, was sowohl fördert als auch hemmt.

Das gilt bei Dilthey, wie schon in dem angeführten Satz berührt, nicht nur von Dingen, sondern auch von Menschen. Das bedeutet, daß darin der Begriff der Realität über den engen Sinn einer körperlichen Wirklichkeit hinaus erweitert ist und jetzt auch menschliche, ja darüber hinaus auch geistige und geschichtliche Realität umfaßt. Die menschliche Wirklichkeit erscheint sogar vom lebensphilosophischen Ausgangspunkt gesehen als die ursprüngliche Form der Realität, der gegenüber das tote Sein nur etwas Abgeleitetes ist.[4] Darum ist es nur ein neuer Ausdruck (und damit zugleich eine wertvolle Bestätigung) für den hier gesehenen Zusammenhang, wenn Carl Schmitt das Wesen des Politischen von der Doppelseitigkeit des Feind- und Freund-Verhältnisses her zu bestimmen sucht. Selbst im Politischen also, in dem ja die „Härte“ der Wirklich-

[2] Dilthey, a.a.O.
[3] Dilthey, Bd. 8, S. 78f.
[4] Dilthey, Bd. 5, S. 110ff.

keit am schärfsten erfahren wird, tritt neben das Verhältnis zum Feind der Bezug zu einem Freund, also neben eine Form der Wirklichkeit, in der diese als hemmend und widerstrebend erfahren wird, eine andre Form der Wirklichkeit, durch die sich das eigne Leben gestützt und gefördert findet. Auch hier wird also die Wirklichkeit in derselben bezeichnenden Doppelseitigkeit erfahren.[5]

Daraus aber ergibt sich die Frage: Wenn doch die Wirklichkeit ursprünglich in dieser Doppelseitigkeit als hemmend und fördernd erfahren wird, woher kommt es dann, daß bei der Frage nach der Gewißheit dieser Realität nur die eine Seite dieses doppelseitigen Verhältnisses gesehen wird, allein das Hemmende und Widerstand Leistende an der Wirklichkeit? Die Antwort auf diese Frage liegt darin begründet, daß die einseitige Festlegung nicht im Wesen der Realität als solcher gelegen ist, sondern sich erst aus der besonderen Situation des Fragens ergibt, nämlich aus der besonderen Lage, in der der Fragende überhaupt erst vor die Aufgabe gestellt wird, sich dieser Realität ausdrücklich zu vergewissern. Und die falsche Verallgemeinerung ergibt sich dann daraus, daß man hinterher in der Aussage über das Wesen der Realität die ursprüngliche Situationsgebundenheit dieser Frage aus dem Auge verloren hat.

Die Frage nach den Gründen unsres Glaubens an die Realität der Außenwelt ergibt sich nämlich gar nicht auf der Ebene der rein theoretischen und existentiell uninteressierten Überlegung, sondern man sucht sich der Realität erst dann zu vergewissern, wenn diese ungewiß geworden ist, wenn an dieser Realität ein Zweifel aufgetaucht ist. Und dieser Zweifel ist wiederum keine Angelegenheit eines müßigen Wissen-Wollens, sondern gründet in der Verzweiflung, in der dem Menschen die Sicherheit seines gewohnten Lebens bedroht ist. Er fühlt sich bedrängt und geängstigt durch die Vorstellung dieser radikalen Verlassenheit, in der er keinen Widerhalt in der Welt außer sich finden könnte, in der er nichts Festes außer sich greifen könnte, auf das er sich verlassen kann. In dieser Situation greift er wie ein Ertrinkender nach einem Widerstand, der ihm standhält, nach einem Halt, der ihn trägt, wenn er selbst unsicher wird. In dieser Situation des Zweifelns und Verzweifelns ist dann allerdings die Wirklichkeit auf das eine Moment der nackten Widerständigkeit abgeblendet. Allein in dieser Widerständigkeit findet der Mensch einen unbezweifelbaren Grund für die Existenz einer Wirklichkeit außer ihm.

---

5 C. Schmitt, Der Begriff des Politischen, 1. Aufl. München 1932. Es ist bezeichnend, daß in einem ganz ähnlichen Sinn, wie in der philosophischen Bestimmung der Realität das aufdringlichere Phänomen der Widerständigkeit in den Vordergrund trat und den Blick für die fördernden und tragenden Seiten der Wirklichkeit verdeckte, so auch bei der Bestimmung des Politischen durch das Feind-Freund-Verhältnis allein der Bezug der Feindschaft näher untersucht wurde, während der Bezug der Freundschaft wohl mitgenannt, aber nicht genauer verfolgt wurde. Hier wie dort liegen die schwierigeren Fragen bei der Deutung der „freundlichen" Seite der Wirklichkeit.

3. Die vollere Bestimmung der Realität

Dies Verfahren ist also berechtigt, wo man nach Gründen für die Gewißheit dieser Realität, also nach Gründen für die Überwindung des Zweifels sucht und diese dann der Widerstandserfahrung entnehmen kann. Aber es führt zu falschen Folgerungen, wenn man die besonderen Gründe, mit deren Hilfe man sich im Zweifelsfall der Realität vergewissert, dann mit dem allgemeinen Wesen der Realität gleichsetzt und meint, damit schon den vollen Charakter der Wirklichkeit selbst getroffen zu haben. Hier wird jetzt die bisher entwickelte Einsicht in die Bedeutung der Stimmungen fruchtbar. Die andre Seite nämlich, in der die Wirklichkeit fördernd und helfend ist, in der sie im positiven Sinn den Menschen trägt und hält, diese Seite ist notwendig in der besonderen Stimmungslage des zweifelnden und verzweifelnden Menschen verdeckt und kann erst aus den entgegengesetzten Stimmungslagen eines gläubigen Vertrauens und einer glücklichen Lebenssicherheit gewonnen werden.

Wenn man also das volle Wesen der Realität gewinnen will, dann darf man nicht nur von dieser einen Situation des Zweifelns ausgehen, sondern muß zugleich den vollen Erfahrungsgehalt der andern, der gehobenen Stimmungen mit hinzunehmen, um so die Wirklichkeit nicht nur als hemmend und widerständig, sondern zugleich als helfend und fördernd zu empfinden, als etwas, auf das sich der Mensch stützen und verlassen kann. Hier treten jetzt die verschiedenen gehobenen Stimmungen in ihr Recht, die diesen andern Charakter der Wirklichkeit sichtbar machen. In diesem Sinn hieß es dann treffend an der schon angeführten Stelle im „Faust“: „Du Erde warst auch diese Nacht beständig.“ Auch dies handelt von der Gegebenheitsweise der Realität, und sogar die Widerständigkeit der Wirklichkeit tritt hier ausdrücklich in Erscheinung, aber doch in einem sehr andern Sinn: nicht, sofern sie das Leben einengt, sondern sofern der Mensch sich darauf als etwas Sicheres verlassen kann. Als „beständig“ tritt hier die Erde als der zuverlässige feste Grund in Erscheinung, der das menschliche Leben zu tragen imstande ist, und es ist beglückend, ihn nach den Zweifeln der Nacht als verläßlich wiederzufinden. Daß aber überhaupt das Moment der Festigkeit hier erfahren wird, liegt darin begründet, daß auch hier noch eine leise Form des Zweifels oder wenigstens der staunenden Verwunderung übrig geblieben ist. Es ist ein Verhältnis zur Realität, wie wenn ein Kletterer die Griffe prüft, ob sie ihn halten können. Wo sich der Mensch dann ganz in der gewohnten Sicherheit des Lebens befindet, da schwindet auch dieses schon veränderte Moment der Widerstandsfähigkeit aus dem Bereich der Wahrnehmung, und es verändert sich noch weiter der Charakter der Realität.

Genau dieselben Verhältnisse gelten dann auch für die Realität der Mitmenschen, und diese haben einen um so größeren Wert, als überhaupt die Realität eines andern Menschen ursprünglicher ist als die eines leblosen Gegenstands.

„Die Mutter ... ist ihm die erste volle Realität",[6] sagt Dilthey in der angeführten Abhandlung von den Erfahrungen des kleinen Kindes. Er bestimmt allgemeiner die Weise, in der die Realität eines andern Menschen lebendig wird, als „in den primären Verhältnissen von Vater und Kind, Mann und Weib, Herr und Untertan".[7] Sie alle wandeln nur ab, was im Verhältnis von Mutter und Kind am reinsten und unmittelbarsten zum Ausdruck kommt: Wohl ist auch hierin das Moment der Widerständigkeit nicht zu leugnen, aber es ist nicht die einzige und nicht einmal die ursprünglichste Form, in der die Realität der Mutter für das Kind gegeben ist. Ursprünglicher ist die Erfahrung der fördernden und helfenden Kraft, die das eigne Dasein trägt und stützt und von der her es eigentlich überhaupt erst lebt. Das gilt über diesen besonderen Bezug hinaus für die Realität andrer Menschen allgemein und weiter zugleich für jede Form der Realität überhaupt, der uns umgebenden sichtbaren körperlichen wie der geistigen und geschichtlichen Welt.

4. Der Zugang zur tragenden Realität

Die Erfahrung des Fördernden und Tragenden tritt also im Verhältnis zur Realität als die ursprünglichere neben die bisher vorwiegend behandelte Erfahrung des Hemmenden und Widerständigen. Ursprünglicher als die Erfahrung des „Widerstands", der das eigne Dasein beengt und bedrängt, ist die des „Widerhalts", der das eigne Dasein stützt und trägt und dessen Beständigkeit allererst die Sicherheit des eignen Daseins ermöglicht.

Es ergibt sich somit, daß die scheinbar so formale und von allen inhaltlichen Erfahrungen abgelöste Bestimmung des Real-seins, des reinen Da-seins selber noch dem Wechsel der Stimmungen unterworfen ist. Jede Stimmung hat ihre eigne Form der Realität. Sie wandelt sich, als die erdrückende Übermacht, die in der Unheimlichkeit des Daseins erscheint, als die theoretische Wirklichkeit, die sich dem Menschen in der gelassenen Betrachtung darbietet, als der leicht zu formende Stoff, über den der Mensch in der künstlerischen Gestaltung mit Überlegenheit verfügt.

Den äußersten Grenzfall stellt der Zustand des Rausches dar, dessen „Transfigurationskraft" den Menschen, wie Nietzsche es feststellt,[8] über alle Realität hinaushebt. Auch diese Verwandlung der Realität bedeutet nicht, daß in ihr die Wirklichkeit aufgehoben würde. Der Mensch würde hier gar nicht auf den Gedanken kommen, sich in einer bloß irrealen Scheinwelt zu bewegen. Aufgehoben ist vielmehr nur das Moment der Gegenständlichkeit, die Spaltung, in der dem Ich eine äußere Wirklichkeit als fremd gegenübersteht. Eine solche bildet sich allerdings nur in den Erfahrungen der Hemmung und des Widerstands, ja

6 Dilthey, Bd. 5, S. 125.
7 Dilthey, Bd. 5, S. 111.
8 Vgl. oben S. 64.

tiefer des Schmerzes, den das eigne Leben an dieser unüberwindbaren Wirklichkeit empfindet. Aber es würde ein Fehler sein, wollte man diese für die Ausbildung der Gegenständlichkeit der Wirklichkeit notwendige Erfahrung für die einzige Erfahrung halten, in der überhaupt das Wirklich-sein der Wirklichkeit erfahren wird.

Das gilt entsprechend auch von allen andern Arten der Gehobenheit. Besonders aufschlußreich sind in diesem Zusammenhang die Beobachtungen, die Binswanger in seiner Arbeit über die Ideenflucht über die Realitätserfahrung des Optimisten hervorgehoben hat. Er betont nämlich in einer entsprechenden Weise, daß für ihn die Wirklichkeit nicht die Härte und Widerständigkeit aufweist, die für das Bewußtsein des Pessimisten bezeichnend sind, sondern im Gegenteil als weich und bildsam erscheint. Er bezeichnet diesen andersartigen Charakter der Realität des Optimisten mit dem Begriff der „Volatilität". „Wir täuschen uns", sagt Binswanger, „wenn wir glauben, die Behauptung ‚eng ist die Welt' und ‚hart im Raume stoßen sich die Sachen' habe Anspruch auf allgemeine Gültigkeit. Die Welt des Optimisten ist nicht eng sondern weit; deswegen stoßen sich die Sachen hier nicht hart, sondern sie berühren sich weich und glatt; auch stößt ‚man' sich hier nicht an ihnen als an etwas Hartem, vielmehr weichen sie vor einem zurück und ‚geben sie Raum', so daß man ‚fast unberührt' und jedenfalls unverletzt durch sie hindurchgeht. Diese Verwandlungsfähigkeit, Wandelbarkeit, Zerfließbarkeit und Flüchtigkeit der Welt des Optimisten, mit einem Wort ihre Volatilität, ist der Wesensgrund davon, daß sie ‚nicht auf ihm lastet', ihn ‚nicht zu Boden drückt".[9] Wie früher bei den Beobachtungen des Rauschzustandes, so wird auch hier an extremen oder an pathologischen Fällen ein Zug deutlich, der zugleich weit in das normale Leben hineinreicht. Ähnliche Erfahrungen sind in einer nicht minder echten Form in jedem vertrauten Umgang mit den Dingen oder den Menschen enthalten.

In diesen ruhigeren Zuständen tritt aber neben die für die erregteren Formen bezeichnende Weichheit und Nachgiebigkeit der Wirklichkeit ein andrer Zug, der von Binswanger nicht besonders hervorgehoben war, nämlich die tragende Kraft der Wirklichkeit, d.h. ihre Fähigkeit, den verläßlichen Boden zu bilden, auf dem sich das menschliche Leben in natürlicher Sicherheit abspielen kann. Das menschliche Leben in seinem alltäglich-selbstverständlichen Ablauf wäre ja überhaupt nicht möglich, wenn es nicht in jedem Augenblick und in jeder einzelnen Handlung von einer von ihm unabhängig bestehenden und zuverlässigen Realität Gebrauch machen könnte. Grade dieses Vertrauen auf die Zuverlässigkeit und tragende Kraft der Wirklichkeit kann nicht aus der bloßen Erfahrung der Widerständigkeit gewonnen werden, sondern enthält in sich einen durchaus eignen, selbständigen Charakter der Wirklichkeit.

Aber dieser tragende Charakter der Wirklichkeit kommt dem Menschen sehr viel seltener zum Bewußtsein. Im Zustand einer „süßen Gewohnheit des

---

[9] Binswanger, Über Ideenflucht, a.a.O. S. 59.

Daseins" macht er davon mit einer gewissen Selbstverständlichkeit Gebrauch, ohne viel danach zu fragen. Er spürt ihn nur in den seltenen Augenblicken, wo er im Aufsteigen einer glücklichen Stimmung diesen tragenden Wirklichkeitscharakter als etwas überraschend Neues erfährt. Das ist der Grund, weshalb auch philosophisch diese Seite der Realität sehr viel weniger gesehen wird.

So ist diese tragende Seite der Wirklichkeit nicht jederzeit zugänglich. Sie setzt eine gläubige Haltung voraus, die ihrerseits nur auf dem Boden der glücklichen Stimmung erwächst. Wo der Zweifel auftritt, da geht sie notwendig verloren. Darum kann sie auch niemand erreichen, der sich aus der Situation des Zweifelns heraus nach ihr sehnt.[10]

5. Glaube und Stimmung

Das gilt zugleich in einem sehr viel allgemeineren Sinn: Das Problem des Glaubens überhaupt hängt unmittelbar mit den hier zur Rede stehenden Fragen nach der Realitätsgegebenheit zusammen. Jeder Glaube, der dem menschlichen Leben seinen Sinn und seine Kraft gibt, ist letztlich der Glaube an die Zuverlässigkeit und Unerschütterlichkeit tragender Lebensbezüge. Sei es im religiösen Sinn der Glaube an ein göttliches Wesen oder in einem allgemeineren Sinn der Glaube an die Treue eines andern Menschen oder die siegende Kraft einer Idee, ja selbst der Glaube an die eigne Kraft und Leistung: immer handelt es sich darum, daß man sich auf etwas als beständig verlassen kann, was man nicht selbst in der Hand hat. Immer handelt es sich also um den „Widerhalt", den die vom Menschen ausgehenden Lebensbezüge in einer über sein eignes Dasein hinausreichenden Realität finden. Nur unterscheiden sich diese „geistigen Realitäten", wie sie der Kürze halber für den Augenblick bezeichnet seien, von den bisher behandelten massiveren Formen der sichtbaren Realität dadurch, daß sie überhaupt nicht die Seite der Widerständigkeit haben, die auch in verzweifelten Lagen standhält, und darum sehr viel leichter verloren gehen, wenn der tragende Boden der glücklich-gläubigen Stimmung vorübergegangen ist.

So ergibt sich hier in gesteigerter Form die Bedeutsamkeit der glücklichen Stimmungen für das Ganze des Lebens. Sie sind der Sitz des eigentlich Schöpferischen im Menschen; denn jede schöpferische Leistung erwächst nur auf der gläubigen Haltung, jeder Glaube aber gründet in diesen glücklichen und beruhigten Stimmungen.[11] Nur der Glückliche vermag im ursprünglichen Sinn zu glauben, während der Verzweifelte sich vergeblich danach sehnt und doch niemals den Widerhalt in einer ihn tragenden Wirklichkeit findet. Man kann in einem abgeleiteten Sinn gewiß dann auch im Unglück glauben; aber nur, sofern ein

---

[10] Über die stimmungsmäßigen Voraussetzungen für die tragenden Realitätsbezüge vgl. Neue Geborgenheit, a.a.O. S. 19ff.

[11] Über das Verhältnis von Glauben und glücklicher Stimmung vgl. Die Lebensphilosophie F.H. Jacobis, a.a.O.

schon bestehender, d.h. in früheren glücklicheren Lebenstagen entstandener Glaube sich auch in den Zeiten der Not und der Sorge bewährt. Er kann sich vielleicht erst jetzt, wenn er den Widerständen gegenüber aufrecht erhalten wird, in seinem wahren Wert bewähren, aber wieder ist es hier so, daß auf der Seite des negativen Stimmungspols nicht die schöpferische Leistung liegt, sondern nur die Erprobung des schon bestehenden und damit die Gewinnung einer sittlich zu wertenden Festigkeit im Menschen. So erweist sich das früher bei den zwischenmenschlichen Bezügen entwickelte Verhältnis einer sinnvollen Ergänzung zwischen den Leistungen der beiden Stimmungspole jetzt auch in seiner Gültigkeit für die Gesamtheit der menschlichen Lebensbezüge.

6. Die Auswirkung auf die Erkenntnis

Die Abhängigkeit von der Stimmungslage, die sich so schon für das einfachste Verhältnis zur Realität ergeben hatte, muß sich natürlich in gesteigertem Maß in allen inhaltlichen Erkenntnissen der den Menschen umgebenden Welt auswirken. Es war schon früher im Anschluß an Heidegger entwickelt worden, daß sich die ursprüngliche Auslegung der Welt in der Stimmung vollzieht. Der damals nur kurz gestreifte Gedanke muß jetzt auf dem Boden der inzwischen neu gewonnenen Ergebnisse aufgenommen und unter Berücksichtigung der Polarität der gehobenen und gedrückten Stimmungen weiter durchgeführt werden. Es ergibt sich dabei, daß sich aus den verschiedenen Stimmungslagen heraus jeweils verschiedene Möglichkeiten der Erkenntnis ergeben, die nicht ohne weiteres miteinander im Einklang stehen. Im Rahmen der gegenwärtigen Überlegungen ist hier vor allem die aufschließende Kraft der glücklicheren Stimmungslagen zu verfolgen. Dabei ergeben sich Zusammenhänge, die noch einmal einen neuen Beitrag zur Auseinandersetzung mit der von Heidegger auf dem existenzphilosophischen Boden entwickelten Auffassung zu geben versprechen.

Die Bedeutsamkeit der von Heidegger entwickelten Auffassung der Erkenntnis liegt bekanntlich darin, daß in ihr der allgemeine lebensphilosophische Gedanke einer Rückbeziehung der Erkenntnis auf das Leben in einer philosophisch strengen und überzeugenden Weise durchgeführt wird. Das Erkennen ist selber kein ursprünglicher Bezug zu den Dingen, sondern gründet in dem ursprünglicheren praktischen Verhalten des Menschen in seiner Welt: „Erkennen ist ein im In-der-Welt-sein fundierter Modus des Daseins.“[12] Ursprünglicher als das theoretische Erkennen ist also der praktische Umgang mit den Dingen und die Art und Weise, wie in diesem Umgang die Dinge gegeben sind. Heidegger bezeichnet diese ursprüngliche Gegebenheitsweise der Dinge als ihr „Zuhandensein“. Das Werkzeug oder das Gebrauchsding überhaupt liegt griffbereit für seine Verwendung da, und ich verstehe es nicht im theoretischen Hinsehen, son-

[12] Heidegger, Sein und Zeit, S. 62f.

dern im unmittelbar zugreifenden Gebrauch. Erst auf dem Boden dieses praktischen Verstehens und Könnens im Umgang mit den Dingen erhebt sich dann die theoretische Erkenntnis. Erst mit der Aufhebung dieses ursprünglichen praktischen Bezugs tritt dann an die Stelle des anfänglichen „Zuhanden-seins“ der Dinge das bloße „Vorhanden-sein“.

Aber die Einseitigkeit des existenzphilosophischen Ansatzes, von der wir gleich zu Beginn ausgingen, der ausschließliche Ausgang von der durch die gedrückten Stimmungen gekennzeichneten Lebensseite zwingt auch hier die genauere Durchführung dieses Gedankens in eine verhängnisvoll einseitige Richtung. Das kommt am deutlichsten in der Art und Weise zum Ausdruck, wie er das Verhältnis des „Vorhandenen“ zum „Zuhandenen“ und das heißt zugleich das Verhältnis der theoretischen Erkenntnis zum praktischen Lebensverständnis bestimmt. Für ihn ist dies Verhältnis nicht so zu verstehen, daß die Lösung von den unmittelbaren Bedürfnissen des Lebens eine schöpferische Leistung bedeutet, die dem Leben neue Möglichkeiten eröffnet, sondern das Verhältnis zum „nur noch Vorhandenen“ wird als ein „defizienter Modus“ des ursprünglich kräftigen Verhältnisses zum Zuhandenen verstanden. Der Übergang von der Gegebenheit des Zuhandenen zu der des Vorhandenen ergibt sich, wenn etwas unhandlich zum Gebrauch ist oder fehlt oder hindernd im Wege liegt, immer also in einer Störung des ursprünglichen praktischen Umgangs: „Das ratlose Davorstehen entdeckt als defizienter Modus eines Besorgens das Nur-noch-vorhandensein eines Zuhandenen.“[13]

Hiermit ist die „Theorie“ nicht nur auf die „Praxis“ zurückbezogen, sondern sie ist zugleich in einer Weise festgelegt, die in grundsätzlich-ontologischer Hinsicht die „Theorie“ ganz entwertet. Sie bringt keine eigene Erkenntnisleistung hinzu, sondern erscheint als eine verkümmerte und verstümmelte Abart dessen, was voller und umfassender schon im Verständnis des praktischen Lebens enthalten ist. Diese Verkennung der eignen Mächtigkeit der „Theorie“ ist der notwendige Ausdruck der allgemeinen Einseitigkeit der existenzphilosophischen Anthropologie. Es ist bezeichnend, daß Heidegger alle seine Beispiele dem handwerklich-technischen Bereich (und noch dazu in der bedeutungsentleerten Form des modern-zivilisatorischen Daseins) entnimmt, wo die Dinge ausschließlich unter dem einen Gesichtspunkt des Nutzens oder Schadens gesehen werden, den sie für den Menschen bedeuten können. Sie sind abgeblendet auf das, was sie für den Menschen sind, und zwar für den Menschen auch nur noch wieder in der verengten Weise des unmittelbar Zu- oder Abträglichen.

Demgegenüber setzt hier die Frage ein, ob nicht zugleich auch eine andre Haltung möglich ist, die sich von dieser Abblendung auf die reine Nützlichkeit in einem schöpferischen Sinn befreit und die Dinge von ihrer eignen Mitte her zu sehen imstande ist. Diese Frage hängt übrigens eng mit der bekannten Beziehung zwischen moderner Naturwissenschaft und Technik zusammen. Auch

---

13 Heidegger, Sein und Zeit, S. 73.

indem die moderne Naturwissenschaft nach den „Gesetzen" fragt, denen die Natur „gehorcht", zeigt sie ihren Ursprung in einer ganz bestimmten und nicht notwendigen Haltung zur Natur, nämlich im menschlichen Herrschaftswillen. Einzig aus diesem Willen zur Herrschaft über die Natur ist dann auch die Beschränkung auf das in Zahl und Maß Faßbare zu verstehen, die für die neuere Naturwissenschaft bezeichnend ist. Aber auch hier kann die Natur nie von ihrer eignen Mitte her und in ihrem eignen Wesen in den Blick kommen, sondern nur unter dem Gesichtspunkt ihrer Verwertbarkeit für die Bedürfnisse des Menschen. Das geht letztlich also wiederum auf die von Heidegger mit dem Begriff der „Sorge" gekennzeichnete Grundhaltung zurück. Es fragt sich aber, ob nicht aus einer anderen Haltung hingebender Versenkung andere und tiefer eindringende Erkenntnismöglichkeiten entspringen, die sich nicht als „defizienter Modus" des ursprünglichen praktischen Lebensbezugs begreifen lassen, sondern etwas schöpferisch Neues hinzubringen.

7. Die aufschließende Kraft der glücklichen Stimmung

Der Ansatzpunkt für diese neue Fragestellung bietet sich zwanglos in der Betrachtung der glücklichen Stimmungslagen. Die praktische Verhaltensweise Heideggers war durch den Untergrund der „Sorge" bestimmt, und dieser Untergrund muß auch bei allen seinen weiteren Schritten im Auge behalten werden. Die theoretische Haltung läßt sich von hier aus nur negativ erfassen: als ein Abgelöst-sein vom unmittelbaren Druck der Sorge, sie hat keinen eignen positiven Kern. Ein solcher aber würde sich ergeben, wenn wir nach dem aufschließenden Wert der glücklichen Stimmungen fragen und diesen für die Erkenntnis fruchtbar zu machen suchen.

Und in der Tat haben die glücklichen Stimmungen einen ganz ausgezeichneten aufschließenden Wert. Von einem solchen war schon im bisherigen verschiedentlich in den Zeugnissen der heiteren Laune die Rede, von einem solchen soll sodann im zweiten Hauptteil bei der Behandlung besonders hervorgehobener Grenzlagen noch ausführlicher gesprochen werden. Hier soll nur an wenigen erläuternden Beispielen auf die grundsätzliche Wichtigkeit der gehobenen Stimmungen für die Erkenntnis hingewiesen werden. Dabei geht ihre Bedeutung nach einer doppelten Richtung. In der einen handelt es sich um eine Erleichterung des Auffassens, wie sie uns schon bei Nietzsche als Wirkung des Rausches begegnet war, „die Divination, die Kraft des Verstehens auf die leiseste Hilfe hin".[14] Vor allem diese Seite scheint auch Binswanger in seinem schon mehrfach herangezogenen Buch über die Ideenflucht im Auge zu haben, wenn er von den Vorzügen des Optimisten sagt: „Die Welt des Stimmungsoptimismus läßt tat-

[14] Vgl. oben S. 64, vgl. auch im folgenden S. 146f.

sächlich auch theoretisch oft mehr sehen, einen größeren Reichtum von gedanklichen Beziehungen entdecken, als es bei völlig ruhigem Verweilen bei dem Gedachten, wo man nur langsam, Schritt für Schritt, vorwärts kommt, der Fall sein kann."[15] Wichtig ist dabei auch die Art, wie Binswanger die beiden Stimmungsmöglichkeiten in ihrem relativen Recht gegeneinander abgrenzt und funktional in Beziehung setzt: Die gehobenen Stimmungen erleichtern die Auffassung und erschließen neue Gehalte, während es dann die Aufgabe der gedrückteren Stimmungen ist, das dort Gewonnene kritisch zu überprüfen. „Insofern kann es einen guten Sinn haben", fährt Binswanger fort, „den Aufenthalt in dieser (d.h. der optimistischen) Welt absichtlich zu verlängern, um genügend ‚Material' zur sekundären, kritisch denkenden Verarbeitung herbeizuschaffen."[15] Das Ideal ist dann, die Vorzüge beider Seiten im selben Menschen durch abwechselnden Gebrauch der Stimmungen zu vereinen. In diesem Sinn betont Binswanger: „Der ‚vollsinnige' Mensch gehört beiden Welten an, besser ausgedrückt, er vermag sich theoretisch-denkend sowohl als praktisch-handelnd in beiden zu bewegen."[15]

Die Erkenntnismöglichkeiten der glücklichen Stimmungen reichen aber noch weiter: Sie erleichtern nicht nur die Auffassung, sondern ermöglichen auch qualitativ neuartige, ihnen spezifisch zugehörige Erkenntnisse, die nicht mehr durch das (selber an einen bestimmten Stimmungsboden gebundene) „kritische Denken" verifiziert werden können, sondern grundsätzlich nur in ihnen erreichbar sind. Erst damit erweisen sich die glücklichen Stimmungen als ein auch inhaltlich neue Erkenntnisse erschließendes Organ. Ich versuche, dies vorbereitend zunächst noch unabhängig von der modernen Problematik an einigen Beispielen zu verdeutlichen, die den Schriften F.H. Jacobis entnommen sind.

Bei Jacobi heißt es einmal von der heiteren Gemütsstimmung: „Alles legt sich wie von selbst auseinander und wieder zurecht."[16] Und an anderer Stelle: „Dies alles konnte ich jetzt wunderbar auffassen; meine Blicke waren milde, segnend."[17] Darin ist einmal enthalten, daß die heitere Stimmung dem Menschen eine gesteigerte Fähigkeit des leichten Verstehens gibt. Es sind Stimmungen, wo dem Menschen alles „glückt", wobei unter „glücken" das besonders Hinzukommende verstanden wird, das über das durch „Verdienst" Erreichbare hinausgeht und in dem allein erst das Vollkommene sich zum Ganzen rundet. Darin ist aber zugleich auf ein weiteres hingewiesen, was noch tiefer führt: Solange der Mensch selber bedürftig war, war er noch gar nicht in der Lage, die Dinge von ihrem eignen Wesen her sehen zu können. Dazu war sein Blick viel zu sehr durch die unmittelbaren Bedürfnisse gebunden. Aber das ändert sich im Zustand der inneren Befriedigung. In dem Augenblick, wo der Mensch in sich selber gesichert ist, fühlt er sich auch imstande, die Dinge gelassen an sich herankommen zu lassen und sie von ihrer eignen Mitte her zu sehen. Erst indem der Mensch in sich sel-

[15] Binswanger, a.a.O. S. 65.
[16] F.H. Jacobi, Bd. 1, S. 127.
[17] F.H. Jacobi, Bd. 1, S. 11.

ber beruhigt und heiter ist, kann er auch die Dinge außer ihm als in sich selber ruhend hinnehmen. Erst die Sicherheit in seinem eignen Wesen gibt ihm auch die Möglichkeit, andern Dingen und Menschen ihr eignes Wesen zuzubilligen.

In diesem Zustand sind seine Blicke dann „milde, segnend", d.h. so, daß sie ihren Gegenstand von der Kette der praktischen Bedürfnisse lösen und ihm dadurch erst die Möglichkeit geben, sich in der vollen Ganzheit seines Wesens zu offenbaren. Es sei erlaubt, diesen Zusammenhang zwischen dem inneren Zustand der Seele und der in ihm ermöglichten Erkenntnismöglichkeit noch einmal mit einem Wort Jacobis zu verdeutlichen: „Ich weiß nicht, ob ein Zustand an Süßigkeit einer solchen Erholung der Seele zu vergleichen ist. Gelagert in der Mitte ihres Daseins, ganz Besinnung in dieser himmlischen Ruhe, bei sich, bei allen ihren Kräften, fühlt sie sich mächtig und frei ... jede Tugend scheint ihr so natürlich und leicht, jede Gabe des Lasters so verächtlich ... Hier, um diese Höhe wölbt sich der Gesichtskreis des Wahren. Jedes Ding steht in seiner eigenen Gestalt vor dem Menschen da – vor ihm da, was es ist, gut oder böse, Wesen oder Dunst, wert oder unwert seiner Seufzer und Tränen."[18] In diesem Sinn kann er grundsätzlich sprechen: „In Freude erscheint die Wahrheit."[19] Ganz entsprechend wird auch bei Hölderlin einmal die in der Freude ermöglichte tiefere Wesenserkenntnis der aus der Notdurft entstandenen, notwendig äußerlich bleibenden Erkenntnis gegenübergestellt: „Aus Freude mußt du das Reine überhaupt, die Menschen und andre Wesen verstehen, alles Wesentliche und Bezeichnende auffassen, und alle Verhältnisse nacheinander erkennen ... aus Freude, ehe die Not eintritt; der Verstand, der bloß aus Not kommt, ist immer einseitig schief."[20]

Ganz ähnliche Gedanken sind auch von Heidegger in einer 1943 zu Hölderlins hundertstem Todestag gehaltenen Rede vorgetragen worden. In der Deutung von Hölderlins großem Gedicht „Heimkunft/An die Verwandten" spricht er von dem Wort, „das die ganze Dichtung ‚Heimkunft' überleuchtet, ... dem Wort ‚das Freudige'". Dieses Freudige wird von ihm zugleich in eine enge Beziehung zu dem „Heiteren" gebracht. „Das Freudige hat sein Wesen im Heiteren, das aufheitert." Und von diesem dann heißt es in einem entscheidenden Satz: „Indem die Aufheiterung alles lichtet, gewährt das Heitere jeglichem Ding den Wesensraum, in den es seiner Art nach gehört, um dort, im Glanz des Heiteren, wie ein stilles Licht, genügsam mit dem eigenen Wesen, zu stehen".[21] Dies stimmt genau mit dem überein, was auch in der vorliegenden Untersuchung behauptet war, daß nämlich erst der „in sich selber beruhigte und heitere Mensch" die Dinge „von

---

18 F.H. Jacobi, Bd. 5, S. 136f. und wegen einer stärkeren Kürzung zugleich die ursprüngliche Fassung: Deutsches Museum, Bd. 1, S. 327f.

19 F.H. Jacobi, Bd. 1, S. 230.

20 Hölderlin, Bd. 3, S. 244.

21 M. Heidegger, Erläuterungen zu Hölderlins Dichtung. Frankfurt a.M. 1944, jetzt in dem unter demselben Titel erschienenen Sammelband. Frankfurt a.M. 1950, S. 15 und 16.

ihrem eigenen Wesen her" zu sehen vermöge.[22] Wenn die Sätze Heideggers nicht eigentlich anthropologisch gemeint sind, sondern in einem allgemeineren Sinn zwischen der sogenannten Außenwelt und der sogenannten Innenwelt in einer eigentümlichen Schwebe bleiben, so ist dies nur der notwendige Ausdruck des Wesens der Stimmungen selber, die einer solchen Scheidung noch vorausliegen. Aber auch wenn die Sätze nicht im Hinblick auf die Erkenntnis gesprochen sind, so ergeben sich doch daraus notwendig Folgerungen für die hier behandelten Fragen einer zum Wesen der Dinge vordringenden Erkenntnis. Diese führen allerdings zu ganz andern Ergebnissen als die von Heidegger in „Sein und Zeit" ausführlicher entwickelte und im gegenwärtigen Zusammenhang von uns diskutierte Auffassung, doch ist Heidegger selber auf diese neue Möglichkeiten bisher leider nicht weiter eingegangen.

8. Abwehr eines Einwands

Gegen die aufschließende Kraft der glücklichen Stimmung, die die Dinge in ihrer eigentlichen Vollkommenheit zu sehen erlaubt, liegt der Einwand nahe, daß die hier erscheinende Vollendung nur auf Täuschung beruhe, daß sie ein Trugbild sei, das dem Menschen vorgegaukelt werde, sobald sein kritisches Bewußtsein durch die gehobene Stimmungslage überwältigt sei. Das Beispiel der nachweisbaren Sinnes- und Auffassungstäuschungen im Zustand des Rausches scheint diesen Einwand zu bekräftigen.

Aber der Einwand ist unbegründet. Die Verhältnisse liegen hier ebenso wie bei den entgegengesetzten Stimmungslagen, wo sie philosophisch schon weiter durchgearbeitet sind. Auch hier ist es so, daß die Stimmung der Angst im Menschen die Vorbedingung dafür schafft, einen bestimmten Charakter der Wirklichkeit, nämlich das Unheimliche zu entdecken. Auch hier liegt der Einwand nahe – und ist in der Tat auch erhoben worden –, daß das Unheimliche kein echter Wesenszug der Wirklichkeit sei, sondern nur ein Trugbild, das die Angst dem Menschen vorgaukle. Aber dieser Einwand ist verkehrt: Wohl kann die Angst dem Menschen ein Trugbild vorgaukeln und tut dies im täglichen Leben beständig, aber daraus folgt nicht, daß notwendig das in der Angst Erscheinende ein Trugbild ist. Man kann aus der Analyse der Stimmungen zunächst nur das eine feststellen: daß die Angst auf der Seite des auffassenden Menschen die notwendige Bedingung der Möglichkeit für die Erfassung des Unheimlichen ist, d.h. daß es keinen andern Zugang dazu geben kann als den über die Angst.[23] Wie weit nun dem einzelnen in der Angst Erblickten der Charakter der Unheimlichkeit zu Recht zukommt, das wird sich aus der Stimmung selber heraus gar nicht

[22] Vgl. oben S. 95f. Die wechselseitige Unabhängigkeit der beiden Stellen ist dadurch gesichert, daß diese Sätze unverändert aus der 1. Aufl. von 1941 übernommen sind.

[23] Heidegger, Sein und Zeit, S. 188f., Was ist Metaphysik? S. 16f.

enscheiden lassen, sondern das ergibt sich erst aus der nachträglichen kritischen Besinnung.

Genau so ist es auch mit der Vollkommenheit der Dinge und des Menschen selbst, die sich in der glücklichen Stimmung aufschließt. Unabhängig von der Frage, ob eine solche Erkenntnis im einzelnen Fall zu Recht besteht oder nicht, läßt sich zunächst doch das eine feststellen: daß die glückliche oder wenigstens beruhigte Stimmung im Menschen der einzige Weg ist, auf dem überhaupt die innere Vollkommenheit und das in sich selbst ruhende eigne Wesen der Dinge oder Menschen aufgeschlossen werden kann, und daß hierzu eine bloß negativ – durch das Fehlen der „Sorge" – bestimmte theoretische Haltung nicht ausreicht. Ob nun im einzelnen Fall eine solche Erfahrung trügerisch ist oder standhält, das ist wiederum aus der Ebene dieser Stimmungen selbst gar nicht zu entscheiden, sondern das ergibt sich erst in der nachträglichen kritischen Besinnung. Dabei mag es dann gern sein, daß der Zustand einer stillen Heiterkeit von dem des stürmischen Rausches hinsichtlich seiner Erkenntnismöglichkeiten noch wesentlich zu unterscheiden ist. Das sind feinere Unterscheidungen, die die Erkenntnismöglichkeiten der glücklichen Stimmungen weiter aufgliedern, ohne grundsätzlich den bisher gezeichneten Rahmen zu sprengen.

Jede einzelne Stimmung liefert so ihren eignen und unersetzbaren Anteil zur Erkenntnis der vollen Wirklichkeit. Darum verengt der Mensch die Möglichkeit seiner Erkenntnis, wenn er sich dem Einfluß der Stimmungen soweit wie möglich zu entziehen und sich auf eine möglichst neutrale Stimmung zurückzuziehen versucht. Er gewinnt umgekehrt die vielseitigste und engste Berührung mit der Wirklichkeit und damit die größte Fülle und Tiefe an echtem Erfahrungsgehalt nur dann, wenn er sich nach allen Seiten hin der aufschließenden Kraft der verschiedensten Stimmungen zugänglich hält. Grundsätzlich sind alle diese Erfahrungen in gleicher Weise ernst zu nehmen, und erst die nachträgliche Besinnung kann dann im einzelnen Fall über die Tragfähigkeit der so gewonnenen Ergebnisse entscheiden.

VIII. DIE HERRSCHAFT ÜBER DIE STIMMUNGEN

1. Bedenken gegen die hohe Wertung der Stimmungen

Nachdem jetzt die bedeutsame Leistung der Stimmungen im Gesamtaufbau des menschlichen Lebens von verschiedenen Seiten her deutlich geworden ist, erscheint es an der Zeit, auf die Einwände zurückzugehen, die sich aus dem natürlichen Empfinden heraus gleich zu Anfang gegen eine so starke Bewertung der Stimmungen erhoben hatten und die damals zunächst beiseitegestellt werden mußten, um zuvor etwas tiefer in das Wesen der Stimmungen selbst einzudringen. Diese Einwände warnten davor, die Stimmungen als den tragenden Grund des menschlichen Lebens zu betrachten, weil sie als wesensmäßig fließend und schwankend nicht diejenige Festigkeit haben, die für eine solche Grundlegung erforderlich ist. Der Mensch darf sich nicht dem Spiel der Stimmungen ausliefern, denn auf einen Menschen, der sich vom Kommen und Gehen der Stimmungen treiben läßt, ist kein Verlaß. Die nahe Verwandtschaft der Stimmung zur bloßen Laune mit all ihrer Sprunghaftigkeit und Unberechenbarkeit drängt sich als warnender Einwand auf.

Der eigentliche Sinn dieser Einwände geht also dahin, daß die Stimmungen dem Menschen in einem tieferen Sinn doch nur „äußerlich" sind, daß er die Möglichkeit und die Aufgabe hat, ihnen gegenüber Stellung zu nehmen, sich in seinem inneren Kern dem Einfluß der Stimmungen gegenüber zu behaupten. Während die bloßen Stimmungen den Menschen bald in diese, bald in jene Richtung zu werfen versuchen, entsteht hier die Notwendigkeit eines festen Halts, der sich gegenüber dem Wechsel der Stimmungen behauptet und dadurch erst eine Treue zum eignen Wesen ermöglicht. Eine solche Festigkeit des Willens gegenüber dem Wechsel der Stimmungseinflüsse bezeichnen wir als Charakter, und erst hiermit berühren wir im Umkreis der gegenwärtigen Untersuchungen zum erstenmal die eigentlich sittliche Ebene. An dieser Stelle entspringt die Frage, wie sich die Festigkeit eines solchen Charakters mit dem hier über die grundlegende Leistung der Stimmungen Entwickelten verträgt. Hier entspringt dann zugleich die allgemeinere Frage nach der Möglichkeit einer Herrschaft des Menschen über seine Stimmungen.

2. Die Möglichkeit einer Regulierung der Stimmung

Eine Herrschaft in dem Sinn, daß der Mensch seine Stimmungen von sich aus willkürlich hervorbringen könnte, ist nach dem bisher Entwickelten selbstverständlich ausgeschlossen, denn die Stimmungen als die der Trennung von Selbst und Welt noch vorausliegende Einheit sind ursprünglicher als der bewußte zielsetzende Wille. Eine Herrschaft über die Stimmungen kann es daher nur in dem Sinn geben, daß der Mensch eine Freiheit gewinnt, in der er zu den über ihn kommenden Stimmungen Stellung nehmen und so ihnen gegenüber eine Selbständigkeit behaupten kann. Es handelt sich um eine solche Unabhängigkeit gegenüber dem sich aufdrängenden Einfluß der Stimmungen, die der Mensch ihnen erst nachträglich in eigner Stellungnahme abgewinnt. Dabei kann an dieser Stelle von dem Umstand abgesehen werden, daß schon von Natur aus der eine Mensch dem Einfluß der Stimmungen stärker unterworfen ist als der andere und daß es in diesem Sinn Unterschiede der Erregbarkeit durch Stimmungen gibt. Solche Gradunterschiede berühren nicht die grundsätzliche Frage, wie weit sich der Mensch vom Spiel der Stimmungen treiben lassen muß oder wie weit er die Möglichkeit gewinnt, sich von sich aus diesem Wechsel entgegenzustemmen.

Der entscheidende Einsatz ist bei Heidegger klar ausgesprochen: Wohl ist es der Fall, daß der Mensch „mit Wissen und Willen der Stimmung Herr werden kann, soll und muß", aber dies geschieht nicht so, daß irgendwo in seinem Innern ein Raum wäre, der dem Einfluß der Stimmungen entzogen wäre, sondern nur dadurch, daß er mit den ihm gegebenen Stimmungen in geeigneter Weise hauszuhalten lernt. „Herr werden wir der Stimmung nie stimmungsfrei, sondern je aus einer Gegenstimmung."[1] Der Einsatz des bewußten Wollens liegt in der Möglichkeit des Ja- oder Neinsagens, also darin, daß der Mensch zu den verschiedenen Stimmungsmöglichkeiten, die das Leben in ihm aufsteigen läßt, in verschiedener Weise Stellung nimmt, daß er die einen unterstützt und befördert, die andern dagegen nach Möglichkeit zu unterdrücken und auszuschalten versucht. Der Traurige sucht sich zu zerstreuen, d.h. er öffnet sich den verschiedenartigen äußeren Einflüssen, von denen er das Aufsteigen einer anderen Stimmunglage erhofft. Der Verzweifelte greift nach irgendeiner Beschäftigung, in der er sich sammeln kann und von der dann ein neues Gefühl der Befriedigung ausgeht, das ihn seinen ursprünglichen Zustand vergessen läßt. Es ergibt sich hiermit eine Art von „Hygiene" der Seele, in der der Mensch alles von sich fernzuhalten versucht, was ihn in eine unangenehme und vor allem in eine unfruchtbare Stimmung zu versetzen droht, und umgekehrt alles zu unterstützen und herbeizuführen sucht, was seine Stimmungslage und damit seine Leistungsfähigkeit steigern könnte. In diesem Sinn hat schon im Ausklang der Romantik Feuchters-

[1] Heidegger, Sein und Zeit, S. 136.

leben seine „Diätetik der Seele“[2] geschrieben. Es sei weiter nur an die Art erinnert, wie etwa der späte Nietzsche um die günstigen klimatischen und überhaupt körperlichen Vorbedingungen seines Schaffens besorgt ist, welche Rolle überhaupt bei künstlerischen Naturen die Sorge um die schöpferische Stimmung einnimmt. Allgemein beruht hier die Beeinflussung der Stimmung im wesentlichen auf einem gewissen weisen Haushalten mit den in der Seele gegebenen Stimmungsmöglichkeiten.

Schon ein größeres Maß an tätigem Eingreifen in das Spiel der Stimmungen zeigt sich in der Möglichkeit, durch die Zähigkeit in der Arbeit den störenden Einfluß unlustiger Stimmungen auszuschalten. Nicht immer kommen die zum Schaffen günstigen Stimmungen von selbst, und die natürliche Faulheit drängt den Menschen, den Beginn noch hinauszuschieben, aber man kann sich aus dem Entschluß des Willens heraus auch an eine Arbeit machen, zu der man nicht aufgelegt ist, und kann mit aller Zähigkeit an dieser Arbeit festhalten, obgleich sie zunächst ohne die nötige stimmungsmäßige Grundlage und darum schlecht geschieht. Und wenn man dann lange genug dabei aushält, dann kann es geschehen, daß der Widerstand nachläßt, daß die hemmende Stimmung allmählich verschwindet und aus dem Erfolg der fortgehenden Arbeit eine fruchtbare Stimmung aufsteigt. So schafft sich dann die Arbeit selbst mit der aufkommenden Arbeitsfreude die Stimmungsgrundlage, die für ihr Gedeihen günstig ist. Die Bedeutsamkeit einer solchen Verwandlung liegt darin, daß sie nicht aus dem natürlichen Zug des Lebens selber hervorgeht, sondern diesem erst durch die Zähigkeit des Willens abgetrotzt werden muß.

In beiden Fällen handelt es sich darum, daß sich die erwünschte Stimmung erst auf einem Umweg ergibt, gewissermaßen hinten herum, indem der Mensch, was dem direkten Zugriff unerreichbar ist, durch geeignete Vorkehrungen doch noch von sich aus herbeizuführen versucht. Aber so wichtig eine solche „Hygiene“ der Stimmungen im Haushalt des Lebens auch sein mag, so birgt sie zugleich in sich eine schwere Gefahr: Sie steht immer an der Grenze zur Verweichlichung und kann zu einer solchen Behutsamkeit des Umgehens mit sich selbst führen, daß die Menschen dadurch unfähig werden, die durch das Leben in jedem Augenblick an sie gestellten Aufgaben zu erfüllen, daß sie sich einfach um ihres inneren Gleichgewichts willen Situationen entziehen, denen sich zu stellen die unmittelbare Anforderung des Lebens bedeutet. Sie werden sich etwa dem Anspruch auf Hilfe und menschliche Nähe entziehen, weil sie den Anblick des Elends nicht ertragen können. Und weil dies ein Ausbiegen vor den eigensten Anforderungen des Lebens ist, darum muß es die Möglichkeit einer noch anderen Herrschaft über die Stimmungen geben, die über das bisher Entwickelte wesentlich hinausgeht.

[2] E. v. Feuchtersleben, Zur Diätetik der Seele, 2. Aufl. Wien 1841.

3. Grundsätzliche Grenzen

Es ist wichtig, zuerst die Tatsachen festzuhalten, in denen sich ein solches Ungenüge in dem bisher entwickelten Verhältnis zu den Stimmungen offenbart. Sie bestehen ganz einfach darin, daß in jedem Augenblick Anforderungen an den Menschen herantreten, die ihre Erfüllung mit einer Dringlichkeit verlangen, daß sie nicht danach fragen, ob sich der Mensch auch in einer dafür geeigneten Stimmung befindet. Grob gesagt: wenn ein Kind ins Wasser gefallen ist, dann kommt es nicht darauf an, ob man auch grade Lust hat zu baden, sondern dann erfordert das die augenblickliche Rettung auch unabhängig vom gegenwärtigen Stimmungszustand. Und es liegt in der „Geworfenheit" des menschlichen Daseins, daß immerfort Situationen an den Menschen herantreten, die nicht danach fragen, ob sie auch in seine ganze Stimmungsverfassung hineinpassen, sondern die ihre Erledigung verlangen, unabhängig von der gegenwärtigen Stimmungslage und nötigenfalls auch gegen sie.

Der hier berührte Tatbestand macht eine wesentliche Grenze der bisherigen Betrachtung deutlich: Bisher war gesagt worden, daß die Stimmungen den bestimmenden Untergrund des menschlichen Lebens darstellen, die allem, was ihm begegnet, ihre bestimmte Farbe aufprägen, daß grundsätzlich schon immer durch die Stimmung entschieden ist, was dem Menschen begegnen kann und was nicht. Jetzt aber handelt es sich darum, daß neue Ereignisse mit solcher Macht in den Menschen eindringen, daß dadurch die bisherige Stimmung überhaupt vernichtet wird.

Diese Fragen machen es nötig, dem zeitlichen Verlauf der Stimmungen etwas näher nachzugehen. Bisher war zwar wiederholt davon die Rede, daß die Stimmungen im Menschen wechseln, aber nach der Art dieses Wechselns war nicht näher gefragt, und wenn auch gelegentlich darauf eingegangen wurde, wie glückliche Stimmungen im Menschen aufsteigen, so war doch dabei entweder an den Vorgang des Erwachens gedacht, wo sich die Stimmung erst frisch aus dem Zustand des Schlafs herauslöst, oder doch an solche Fälle, wo kein ausgeprägter vorhergehender Stimmungszustand bewußt war. Jetzt aber müssen wir grundsätzlich fragen, wie sich überhaupt der Übergang von einer Stimmung zur andern vollzieht.

4. Der Wechsel der Stimmungen

Im Wechsel der Stimmungen sind zunächst zwei verschiedene Möglichkeiten zu unterscheiden, je nachdem dieser Wechsel sich „organisch" von innen her vollzieht oder „unorganisch" von außen her einbricht. Im ersten Fall ist der Wandel der Stimmung ein natürlicher Vorgang, der unabhängig von jedem äußeren Einfluß aus dem Innern des sich wandelnden Lebens hervorgeht; denn keine Stimmung kann als ein unveränderter Zustand über längere Zeit hinweg bestehen bleiben; indem das Leben weiterfließt, ändert sich notwendig auch die Stimmung. Die Frische des Morgens wandelt sich zur Müdigkeit des Abends. Die angespannte Aufmerksamkeit in der Durchführung einer Arbeit schlägt um in einen Zustand der Befriedigung und Gelöstheit, wenn das Werk vollendet ist. Die interessierte Aufgeschlossenheit für neue Lebenserscheinungen macht dann wieder einer gelangweilten Gleichgültigkeit Platz. Und wie sich eine große Freude und ein großer Schmerz erst langsam zu ihrer vollen Stärke entwickeln, so klingen sie dann auch notwendig wieder ab, und es zeigt sich die heilende, aber auch alles gleich machende Wirkung der Zeit.

Aber der stetige Übergang aus einer Stimmungslage in die andre ist an enge Grenzen gebunden. Er ist überhaupt gar nicht zwischen beliebigen Stimmungen möglich, sondern vollzieht sich nur in dem übergreifenden Ganzen eines einheitlichen Erlebnisablaufs, in dem die einzelnen Teilstimmungen sinnvoll aufeinander bezogen sind. In den meisten Fällen geschieht der Übergang anders und beruht darauf, daß die Stimmungen überhaupt nur eine begrenzte Lebensdauer haben. Dann nehmen sie ab und werden allmählich immer unbestimmter. Wenn menschliches Leben auch in jedem Augenblick gestimmt ist, so gibt es doch Unterschiede in der „Dichtigkeit" einer solchen Stimmung. Die starke Stimmung verdünnt sich gewissermaßen und macht einem verhältnismäßig unbestimmten Zustand Platz, der nicht mehr dieselbe ursprüngliche Kraft hat, jeden neu herantretenden Eindruck von sich aus umzufärben. Und jetzt, wenn die alte Stimmung ihre Widerstandskraft verloren hat, wird es möglich, daß neue Erlebnisse die schon zerbrechlich gewordene Einheit der alten Stimmung sprengen und damit einer neuen Stimmung Platz machen. Diese Übergänge sind schwer zu beobachten, weil grade diese unbestimmten Zustände sich der Aufmerksamkeit entziehen, aber grundsätzlich wird man den Wechsel der Stimmung in den meisten Fällen auf die abnehmende Formkraft der alten Stimmung zurückführen müssen.

Indessen gibt es noch eine andre Möglichkeit des Stimmungswechsels. Es gibt nicht nur die Ausbreitungsmöglichkeit für neue Stimmungen, nachdem die alten ihre ursprüngliche Kraft eingebüßt haben, sondern es kann auch sein, daß neue Ereignisse mit einer solchen Gewalt in das Leben einbrechen, daß sie den ganzen an sich noch völlig kräftigen Stimmungshorizont einreißen und sich selber mit einer elementaren Gewalt Raum schaffen. Dahin gehört das Beispiel vom Kind, das ins Wasser gefallen ist. Dahin gehören aber auch tausenderlei andre Beispiele, die uns jeden Tag und immer wieder begegnen. Wenn nach langem Bemühen eine Arbeit endlich gelingen will und wir das deutliche Gefühl haben, grade in diesem Augenblick den entscheidenden Gedanken formulieren zu können, dann kommt plötzlich irgendein Freund mit irgendeiner dringenden Sorge, die sofortige Hilfe verlangt, und wie mit einem Messer ist die bisherige Gefühlslage abgeschnitten, und wir müssen uns aus ganz andern Notwendigkeiten heraus um ganz etwas andres sammeln. Und so ist es allgemein: Das Leben ist kein stetiger Entwicklungsablauf, in dem sich die einzelnen Zustände von innen heraus nach einer inneren Gesetzmäßigkeit stetig entwickeln, sondern die Entwicklung wird immer wieder dadurch unterbrochen, daß von außen her Neues hereinbricht: neue Situationen, neue Aufgaben, neue Menschen, die fordern, daß wir völlig von vorn anfangen. Wann diese kommen, das ist von der inneren Entwicklung des Lebens her gesehen zufällig; sie fragen nicht, ob wir von uns aus dafür bereit sind, sondern treten uns mit einer Forderung gegenüber.

Diese Einsichten sind wesentlich für das Verständnis des menschlichen Lebenszusammenhangs. Wenn man den „Erlebnisstrom" in seinem konkreten Verlauf genauer betrachtet, so stellt er sich nicht als eine „organische" Entfaltung dar, in der sich immer das eine Glied stetig und notwendig aus dem andern entwickelt, sondern die zeitweilige Stetigkeit des Stimmungswandels wird immer wieder durch Einbrüche gestört, die von der Außenwelt her in das Leben eindringen. Es gibt ausgesprochene Unstetigkeitsstellen, und die Aufgabe des Lebens besteht immer wieder darin, die von außen her bedingten, immer neuen Ansätze in die Ganzheit des Lebenszusammenhangs einzuschmelzen.

5. Stimmung und sittlicher Anspruch

Diese Einbrüche von außen her hängen eng mit der Frage nach der Herrschaft über die Stimmungen zusammen; denn es handelt sich hier nicht nur darum, daß sich die einzelnen Stücke des jeweils bestimmt gestimmten Lebensstroms nicht zu einem stetigen Zusammenhang aneinanderfügen, sondern es handelt sich darum, daß mit den von außen her hereinbrechenden Situationen zugleich bestimmte Ansprüche an den Menschen herantreten. Diese Ansprüche können untereinander noch wieder von sehr verschiedener Dringlichkeit sein. Es mag berechtigt und sogar erforderlich sein, viele von ihnen als bloße Störungen beiseitezuschieben und in vielen Fällen sogar die Ablenkbarkeit durch solche Störungen als Schwäche aufzufassen. Von alledem soll an dieser Stelle nicht genauer die Rede sein, sondern nur davon, daß unter diesen Ansprüchen solche sind, die mit der Unbedingtheit der sittlichen Forderung an den Menschen herantreten. Hier bricht etwas in das Leben ein, das sich von der bisher allein betrachteten Ebene des rein immanent verstandenen stetigen und sinnvollen Lebenszusammenhangs nicht begreifen läßt. Auch die letzten Überlegungen mußten sich darauf beschränken, zu verfolgen, wie von der Ebene des je stimmungshaft zu einer Einheit zusammengeschlossenen Lebens dieser Einbruch geschieht, aber sie dürfen nicht darüber hinwegtäuschen, daß damit nichts erklärt ist, daß damit vielmehr nur die grundsätzliche Grenze der ganzen von der Stimmung ausgehenden Betrachtung erreicht ist, an der jetzt auch das Recht der sich gegen den Ausgang von der Stimmungen aufdrängenden Bedenken deutlich werden muß: Es treten in dem Leben Anforderungen auf, die sich mit einer zwingenden Gewalt über jede Rücksicht auf die Stimmungen hinwegsetzen und die damit die behauptete grundlegende Stellung der Stimmungen für das gesamte seelische Leben zu erschüttern drohen.

Die Verhältnisse liegen in diesem besonderen Fall nicht anders als allgemein bei dem Verhältnis von sittlicher Forderung und natürlicher Beschaffenheit des Menschen. Wie wir die sittliche Forderung – also beispielsweise der Wahrhaftigkeit oder der Hilfsbereitschaft – mit genau derselben Selbstverständlichkeit an jeden einzelnen Menschen richten, obgleich wir doch genau wissen, daß ihre Erfüllung den verschiedenen Menschen, entsprechend den Unterschieden ihrer natürlichen Veranlagung, sehr verschieden schwerfällt, so gilt dies auch von den Verschiedenheiten der stimmungsmäßigen Bereitschaft. Wenn es etwa dem einen, der in Gram versunken ist, schwerer fällt, sich dem Anspruch eines menschlichen Verstehens zu öffnen, als einem andern, des im Zustand glücklicher Zufriedenheit und Aufgeschlossenheit alle Bereitschaft dafür schon mitbringt, oder wenn es einem, der sich grade in fröhlicher Gesellschaft befindet, schwerer fällt, sich zu einer plötzlichen Arbeit abrufen zu lassen, als dem, der grade an Langeweile litt, so sind das alles letztlich zufällige Umstände, die der Unbedingtheit einer solchen ergehenden Anforderung gegenüber belanglos werden. Nur wäre es verkehrt, hieraus einen Einwand gegen die Bedeutung der Stimmungen ableiten zu wollen. Die alles umfärbende Kraft gilt nur immer in einem solchen einheitlich gestimmten Stück des Lebenszusammenhangs, sie gilt nicht über die sie trennenden Bruchstellen hinweg. Und wir müssen die Tatsachen solcher Bruchstellen als Teil des natürlichen Lebensverlaufs anerkennen.

Übrigens ist das Verhalten des natürlichen Menschen in solchen Lagen auch ganz einfach: Er sieht kein Problem, sondern weiß sich sehr bald in die neue Lage hineinzufinden, wenn sie ihn zunächst auch noch so gewaltsam aus einer bestimmten Gefühlslage herausreißt. Nur aus dem Zustand einer schon krankhaften Selbstreflektiertheit entspringt die Beachtung und damit auch die Pflege der eigenen Stimmung. Das führt hinüber zu einem andern Zusammenhang, der an dieser Stelle wenigstens kurz gestreift werden muß: Im natürlichen Zustand leiten die Stimmungen den Menschen, aber sie bleiben in dieser ihrer leitenden Funktion in der Regel unbemerkt. Es ist immer schon ein Zustand der beginnenden Verkehrung, wenn der Mensch anfängt, seine eignen Stimmungen zu kultivieren. So etwas mag sehr bedingt in gewissen Fällen des künstlerischen Schaffens seine Berechtigung haben. In der Regel dagegen ist die Beachtung der eignen Stimmungslage eine subjektivistische Verkehrung des natürlichen Zustands, die dem sonst unmittelbar an seinen Gegenstand hingegebenen Erleben seine ursprüngliche, nur von der Sache her gespeiste Kraft nimmt. Das schränkt noch einmal das an der früheren Stelle über die Regulierung der Stimmungen Gesagte ein. Wenn wir aus einer Gegenstimmung heraus einer Stimmung Herr werden, so entspringt diese Gegenstimmung in der Regel ganz von selbst der neuen Beschäftigung, der wir uns trotz der widerstrebenden Stimmung hingeben, nicht der bewußten Pflege der Stimmung. Die ausdrückliche „Hygiene der Stimmung“ ist immer schon der Ausdruck einer geschwächten Lebenskraft und mit der bedenklichen Gefahr einer rein ichhaften Entleerung vom gegenständlichen Gehalt des Lebens verbunden.

6. Stimmung und Charakter

Aber noch immer ist mit diesen vorbereitenden Überlegungen der eigentliche Grundgedanke der Einwände gegen die Bedeutung der Stimmungen nicht getroffen. Dieser richtet sich ja auch gar nicht so sehr dagegen, daß der Mensch zu sehr in der Festigkeit einer gegebenen Stimmung beharrt, sondern im ganzen Gegenteil dagegen, daß der Wechsel der Stimmungen den Menschen willenlos mit sich fortzieht und jede Beständigkeit in ihm unterhöhlt. Unter der Herrschaft über die Stimmungen versteht man in erster Linie die Fähigkeit, in den verschiedenen Lebenslagen ein gleiches Wesen und ein gleichbleibendes Verhalten zu bewahren. Wer sich vom Spiel der Stimmungen treiben läßt, erscheint als launenhaft und unzuverlässig, wer dagegen im Wechsel der Stimmungen sich selber gleichbleibt, erscheint als gefestigter Charakter. Und hier entspringt dann im eigentlichen Sinn die schon eben gestreifte Frage nach dem Verhältnis von Stimmung und Charakter.

Es ist deutlich, daß es sich in dem Verhältnis von Stimmung und Charakter um einen das ganze menschliche Leben durchziehenden Gegensatz handelt. Die Stimmung meint ein Veränderliches, der Charakter ein Festes im menschlichen Leben; die Stimmung ist etwas, in dem wir uns als bestimmt vorfinden (ganz gleich, woher diese Bestimmtheit kommt), der Charakter dagegen etwas, zu dem wir uns in Freiheit selbst bestimmt haben, ein fester, selbstgeschaffener Halt, in dem wir im wechselnden Spiel des Lebens und der Lebensumstände die Treue zum eigenen Wesen bewahren.

Hier wiederholt sich in gesteigerter Deutlichkeit vom Inneren des Menschen her, was eben schon über den situationsmäßig von außen herangetragenen sittlichen Anspruch gesagt wurde: Auch der Charakter ist von der Ebene des jeweils bestimmt durchstimmten natürlichen Lebens her gesehen etwas „Unnatürliches“, etwas „Künstliches“, das aus einer andern Dimension in das natürliche Leben hereinragt. Diese Ebene des in sittlichen Entscheidungen aufgebauten festen Charakters gehört nicht mehr in den Umkreis der vorliegenden Untersuchungen. Nur die eine Richtung muß abschließend noch kurz angedeutet werden, in der die Ausbildung eines gefestigten Charakters mit dem hier entwickelten Verhältnis zwischen den gehobenen und den gedrückten Stimmungslagen zusammenhängt. Auf dem Boden der glücklichen Stimmungen entfaltet sich der Mensch nach den verschiedenen Seiten hin. Es war ausführlich dargestellt worden, wie er überhaupt nur so zu einer vollen Entfaltung der in ihm liegenden Möglichkeiten kommt. Nur eines entwickelt sich auf dem Boden der glücklichen Stimmungslagen nicht: ein fester Charakter und die in ihm begründete Festigkeit des ganzen Wesens. In den glücklichen Lagen bedarf es gewissermaßen noch nicht des Charakters, weil der Mensch schon durch die Gunst der Umstände gehalten wird und wie von selbst die höchsten Leistungen vollbringt. Aber eben deswegen bleibt im Menschen auch alles in Bewegung, es entwickelt sich keine Festigkeit, sondern diese kann sich erst ausbilden, wo der Mensch aus dem harmonischen Einklang mit der Umwelt herausgerissen wird und sich jetzt gegenüber dem Druck der Umstände und den Widerwärtigkeiten des Lebens behaupten muß. In diesem Sinn heißt es bei Goethe, daß ein Charakter sich nur in dem „Strom des Welt" bilden könne. Ein Charakter bildet sich erst, wenn der Mensch durch die Ungunst der Umstände auf sich selber zurückgeworfen wird und jetzt in sich selber den Halt finden muß, der sich sonst aus seiner natürlichen Lage wie von selbst ergab.

Die Ausbildung eines gefestigten Charakters ist also darauf angewiesen, daß der Mensch nicht nur die gehobenen, sondern auch die bedrängenden und qualvollen Stimmungen durchgelebt hat, und es fällt von hier aus ein neues Licht auf das Verhältnis der beiden Stimmungspole, die nicht einfach auf den Gegensatz von förderlich und schädlich gebracht werden können, sondern die beide im Leben ganz bestimmte und notwendige Aufgaben zu erfüllen haben.

In der Ebene des natürlichen Lebens handelt es sich in der Polarität der glücklichen und unglücklichen Stimmungen um das rhythmische Wechselverhältnis zwischen dem Sich-öffnen und Sich-wieder-verschließen, zwischen dem Wachstum und der Ruhepause. Es handelt sich hierbei um ein Verhältnis, das tief in den Bedingungen aller organischen Natur angelegt ist und das sich schon in dem Wechsel der Tages- und Jahreszeiten findet, der ja wiederum von beherrschendem Einfluß auf den Wechsel der Stimmungen ist. Aber der Wechsel der befreienden und beengenden Stimmungen im Menschen ist nicht einfach ein Kommen und Gehen im rhythmischen Wechsel der organischen Natur. Gewiß ist er auch das, aber er hat zugleich noch eine andre Seite, die sich diesem organischen Verhältnis überlagert. Und zwar kommt sehr bezeichnenderweise dieser Unterschied grade in der Leistung des „negativen Pols" zum Ausdruck. Die Phase der beengenden Stimmungen, die hier zusammenfassend als die des Sichverschließens bezeichnet wurde, ist nicht einfach im organischen Sinn eine Zeit der Pause und der Ruhe, sondern hat zugleich auch ihre ganz bestimmte aufbauende Leistung, nämlich in der Ausbildung des Charakters und der Festigkeit überhaupt. In der Zeit des Sichöffnens ergeben sich die schöpferischen neuen Möglichkeiten; hier wächst der Mensch, hier bildet sich auch eine bestimmte Gestalt, aber nur in dem Sinn, wie die Natur sich zur Gestalt bildet. Dagegen die Festigkeit des Charakters im eigentlichen Sinn, alles das, was unter dem eigentlich sittlichen Gesichtspunkt am Menschen wesentlich ist, das bildet sich erst unter dem Druck der beengenden Stimmungslagen. Sie bedeuten nicht nur im organischen Sinn Phasen des Sichschließens, sondern zugleich in einem andern Sinn Zeiten der Erschütterung des ganzen Wesens, einer Prüfung dessen, was sich in den Zeiten des gehobenen Lebensgefühls ausgebildet hat. Es bestätigt sich hier von einer neuen Seite die „kritische Funktion" der bedrückenden

Stimmungen im menschlichen Leben, und es entwickelt sich zwischen den beiden Stimmungspolen ein Verhältnis, das man am besten vielleicht so aussprechen kann: die gehobenen Stimmungen entwickeln, die gedrückten erproben, in den ersteren bildet sich die Fülle des Lebens, in den letzteren dagegen die Festigkeit der Form.[3]

---

[3] Es muß auch hier wieder betont werden, daß die einfache Gegenüberstellung der beiden Stimmungspole nur in einem ersten, angenäherten Sinn zu verstehen ist. Im einzelnen ergeben sich wiederum weitreichende Unterschiede, deren Verfolgung weit über den Rahmen der gegenwärtigen Darstellung hinausgehen würde. Das gilt vor allem auf der Seite der gedrückten Stimmungslagen. Die Stimmungen der Traurigkeit, die man am ehesten als Gegensatz zur Freudigkeit verstehen könnte, kennen mehr die stille Bewegung des Sichverschließens, während auf der andern Seite die eigentlich erschütternde Kraft der Angst und der Verzweiflung innewohnt. Diese kommen daher vor allem für die Ausbildung der Charakterfestigkeit in Frage. Aber auch die gehobenen Stimmungen dürfen nicht einseitig von ihrer aufbauenden Leistung her angesehen werden, sondern es gibt daneben auch verflachende und zerstörende Formen: den stumpfen und vertierten Glückszustand, den Nietzsche als die Grundverfassung der „letzten Menschen" darstellt, die alberne Heiterkeit, die verächtliche Selbstzufriedenheit usw. Erst wenn man im einzelnen unterscheidet, wie sich auf beiden Seiten edle und gemeine Formen voneinander unterscheiden, ergibt sich das Verständnis des vollen Zusammenhangs.

IX. STIMMUNG UND HALTUNG

1. Aufdringliche Erscheinungsformen der Stimmung

Die Bedenken, die sich bisher gegen die hohe philosophische Bewertung der Stimmungen erhoben hatten, scheinen noch von einer andern Seite her eine wesentliche Stützung zu erfahren. Während die Stimmungen bisher als der immer vorhandene tragende Untergrund alles seelischen Lebens betrachtet wurden und ihnen dabei eine entscheidende aufbauende Leistung zuerkannt werden mußte, gibt es offensichtlich auch bestimmte andre Erscheinungen, in denen die Stimmungen einen bedenklichen Charakter annehmen, wo sie den Menschen gradezu zu überwältigen und mit sich fortzuziehen drohen. Die Stimmungen in diesem Sinn gehören nicht zum bleibenden Wesen des Menschen, sondern kommen nur zeitweilig über ihn, aber sie müssen sich der Betrachtung besonders aufdrängen, weil hier der Stimmungscharakter in einer gesteigerten Weise erlebt wird. Der Mensch empfindet hier die Stimmungen als eine beängstigende und manchmal doch wieder verlockende Macht, die ihn in seiner freien Selbstbestimmung einschränkt und gegen die er sich darum zur Wehr setzen muß. Es gilt daher, diese Erscheinungen zunächst als solche klar zu erkennen, um von da aus über die Berechtigung dieser neuen Einwendungen zu entscheiden.

Wenn man fragt, in welchen Fällen der unbefangene Sprachgebrauch vor allem von Stimmung spricht, so bieten sich vorwiegend grade solche Erscheinungen an, die vorhin[1] bei der Wesensbestimmung der Stimmung beiseitegeschoben werden mußten. Man spricht von Stimmung namentlich in solchen Fällen, wo eine außergewöhnliche Steigerung des Lebensgefühls dem Rausch schon nahekommt. Schon bei landschaftlichen Darstellungen ist es bezeichnend, daß man unter den verschiedenen Umständen in einem sehr verschiedenen Grade von Stimmungen spricht. Es gibt in besonderem Maß eine Abend- oder eine Mondscheinstimmung, wohl auch eine Morgenstimmung. Die volle Klarheit des Tages ist dagegen den Stimmungen weniger günstig. Die nüchterne und bestimmte Art, in der hier die gegenständliche Welt erkennbar und übersehbar ist, läßt keinen Raum für das Aufkommen der Stimmungen. Diese setzen vielmehr einen gewissen dämmerungshaften Zustand voraus, wo die Grenzen verschwimmen und alle einzelnen Dinge sich in einem unbestimmten Gesamteindruck aufzulösen beginnen. Der Stimmungsgehalt einer Landschaft betont daher die subjektive Seite des Erlebens und steht im Gegensatz zur gegenständlich bestimmten Form des sachlichen Auffassens. Die ungeteilte Einheit, in der sich hier der Mensch mit der Welt empfindet, verschleiert dabei die eigentliche Härte

[1] Vgl. oben S. 41f.

der Wirklichkeit. Ganz entsprechend setzt die Empfänglichkeit für die Stimmung auch beim Menschen einen Zustand voraus, bei dem alles bestimmte Wollen entspannt ist und der Mensch in einen unbestimmten Gefühlszustand zurücktritt. Der besinnliche Abend nach der vollbrachten Tagesarbeit und die Stille des Sonntags im Unterschied zur Geschäftigkeit der Woche sind daher in besonderer Weise der Stimmung zugänglich.

In einem ähnlichen Sinn sind auch Feste und Feiern in besonderem Maß von einer eigentümlichen Stimmung erfüllt und stehen so im Gegensatz zum nüchternen Grau des Alltags. Die früher angedeutete Möglichkeit, die Festlichkeit und Feierlichkeit als besondere Formen der Stimmung herauszuheben, beruht auf der Polarität zwischen Gestimmtheit und Nüchternheit, die in ihrem Wechselspiel das gesamte Leben durchzieht. Als „stimmungsvoll" empfindet der Mensch insbesondre den Augenblick, in dem ihm das Durchströmtsein von einer Welle unbestimmter, aber erhebender Gefühle wohlig zum Bewußtsein kommt. Sein Dasein scheint ihm schöner und edler zu sein, und er genießt diesen aus dem allgemeineren Untergrund herausgehobenen Zustand. Auch hier tritt die gewohnte Spannung von Mensch und Welt in der Stimmung zurück. Der Mensch fühlt sich aufgefangen von einer umgreifenden Einheit und ist um so mehr geneigt, sich diesem angenehmen Gefühl zu überlassen, als es in der bloßen Passivität verharrt und nicht die Forderung einer eignen Anspannung aus ihm hervorwächst. Die Stimmung wirkt so in ihren ausgeprägteren Formen wie ein feines Gift, das unbemerkt in den Menschen eindringt und ihn lähmt.

Das zeigt sich besonders deutlich in den ausgeprägten Fällen, wo man von einer schon „vorgerückten" Stimmung spricht. Man versteht darunter bekanntlich den Zustand, wo die Gelöstheit eines Festes (und möglicherweise die Einwirkung eines ungewohnten Maßes an berauschenden Getränken) die gewohnte Zurückhaltung des Menschen durchbrochen hat und er sich in einer lärmenden Fröhlichkeit gehen läßt. Man spricht von einer „Stimmungskanone" als einem Menschen, der in besonders unwiderstehlicher und meist nicht sehr feiner Weise eine solche lärmend-fröhliche Stimmung um sich zu verbreiten weiß. Man spricht hier allgemein von „Stimmung", wenn alle feineren Regungen des Menschen von einem primitiven Gefühlszustand überwältigt werden. Die Nähe nicht nur einer besonderen (gehobenen) Stimmungsart, sondern der Stimmung überhaupt zum Rausch wird in allen diesen Beispielen überzeugend deutlich. In einem ähnlichen Sinn spricht man auch von „Stimmungsmache", wenn man die Menschen durch gefühlsmäßige Einwirkungen zur Zustimmung für einen Plan gewinnen will, ohne sie im eigentlichen Sinn zu überzeugen. Die Stimmung zielt auch hier auf eine Trübung des kritischen Bewußtseins. Die Menschen lassen sich tragen vom Einfluß der Stimmung und tauchen unter in einem unverantwortlichen Massendasein. Sie sind nicht eigentlich sie selber.

2. Der Stimmungsbegriff bei Lipps

Von dieser Seite her hat vor allem Lipps in seinem zu unrecht fast vergessenen letzten Werk „Die menschliche Natur" das Wesen der Stimmungen gesehen. Die Stimmungen sind ihm eine Macht, die irgendwie von „außen" her den Menschen überfällt und das eigentliche Selbstsein in ihm niederzuhalten droht. In diesem Sinn heißt es bei ihm: „Ich muß mich zurücknehmen aus den Gewißheiten feststellbarer und als dies oder jenes bestimmbarer Wirklichkeit, um mich dem hinzugeben, was unnennbar im Gegenwärtigen als Stimmung liegt ... Es ist, als ob die „Wirklichkeit" sich bei Farbe und Ton mit der Greifbarkeit überhaupt entzöge. Der Schwärmerische überläßt sich der Stimmung. Er lockert an seinen Bindungen, um im Gefühl ertrinken zu können. Er möchte sich wiederfinden in der Natur – was kein Erleben, was nicht das Schicksal einer Begegnung ist."[2]

Auf diese Weise wird die Stimmung bei Lipps in einer von vornherein ablehnenden Weise aufgefaßt. Sie wird als etwas genommen, was das freie Selbstsein des Menschen zu verschlingen droht. Sie rückt ganz deutlich in die Nähe zum Rausch. Auch dieser wird bei Lipps (im Unterschied etwa zu Nietzsche) nicht in den wertvollen Möglichkeiten gesehen, die er im Menschen entbinden kann, sondern ebenfalls als die zerstörende Macht, die den Menschen auf eine primitivere Stufe zurückwirft: „Der Rausch ist eine ‚gehobene Stimmung'. Betrunken ist man nicht mehr ‚klar', und jeder nähert sich hierbei – hierin das Undifferenzierte – dem anderen."[3] Die Stimmung steht demgemäß bei Lipps am Übergang zu pathologischen Erscheinungen: Depression und Ideenflucht, die Halluzinationen des Alkoholikers und die Kontaktlosigkeit des Schizophrenen werden in diesem Sinn weiter unter dem Titel der Stimmungen behandelt, und die Betrachtung leitet dann weiter zu Sonderfragen der Platzangst, der Zwangsvorstellungen usw. Die Stimmung selbst steht als solche schon an der Grenze zum Pathologischen. Sie erscheint als etwas Bedenkliches, vor dem sich der Mensch in acht zu nehmen hat und dem er nicht nachgeben darf.

Die Erscheinungen, auf die Lipps hier zurückgeht, sind zweifellos richtig gesehen und führen in entscheidende Zusammenhänge grade für das Verständnis des Existentiellen. Und trotzdem widersprechen sie nicht der hier vertretenen positiven Wertung der Stimmungen. In beiden Fällen liegt ein ganz verschiedener Begriff von Stimmung zugrunde und werden daher auch ganz verschiedene Erscheinungen erfaßt. Lipps behandelt unter Stimmungen Erscheinungen, in denen sich der besondere Stimmungscharakter beherrschend vordrängt, während hier unter Stimmung der oft unbemerkt bleibende Untergrund des gesamten Seelenlebens verstanden wird. Bei Lipps wird damit also ein Zustand bezeichnet, der nur in bestimmten Augenblicken die Seele befällt, und der darum in einem Spannungsverhältnis zu einem andern, nicht stimmungshaften Zustand der Seele

[2] H. Lipps, Die menschliche Natur. Frankfurt a.M. 1941, S. 97. Vgl. J. Zutt, Die innere Haltung, Monatsschrift für Psychiatrie und Neurologie, Bd. 73, S. 52ff., 243ff., 330ff.

[3] Lipps, a.a.O. S. 100.

steht, während hier mit Stimmung eine immer vorhandene, wesensmäßig zur Seele gehörige Grundschicht bezeichnet wird. Der natürliche Sprachgebrauch spricht zweifellos stark für Lipps. Wenn auch gewiß die Gesamtheit der hier behandelten Erscheinungen sprachlich einwandfrei als Stimmungen zu bezeichnen ist, so spricht doch die Sprache in einem betonten Sinn grade bei den von Lipps hervorgehobenen Erscheinungen von Stimmung. Sie spricht meist nur dann von Stimmung, wenn sich diese in besonderer Weise aufdrängt. Aber trotzdem darf darüber das meist unbemerkt bleibende Phänomen des immer vorhandenen Stimmungsuntergrunds in seiner entscheidenden Bedeutung nicht übersehen werden. Wenn es meist unbeachtet bleibt, weil der Mensch im gesunden Lebensverhalten nicht auf seine eigne Gefühlszuständlichkeit achtet, sondern in der umgebenden Welt mit ihren Aufgaben und Anforderungen aufgeht, so beweist das darum noch nicht, daß dieser Stimmungsuntergrund nicht immer vorhanden wäre, und die Selbst- wie Fremdbeobachtung wird ihn jederzeit feststellen oder doch aus seinen Wirkungen erschließen können. Insofern bleibt also das Ergebnis der früheren Überlegungen voll bestehen.

Somit ergibt sich also ein doppelter Gebrauch des Worts Stimmung, und der jeweils verschiedenen Bewertung der Stimmungen liegen ganz verschiedene Erscheinungen der Wirklichkeit zugrunde. Aber trotzdem wäre es eine falsche Vereinfachung, wenn man das Verhältnis mit einer Trennung der beiden verschiedenen Stimmungsbegriffe gelöst zu haben glaubte. Sie hängen vielmehr doch wieder unmittelbar zusammen. Die Stimmung in dem betonteren Sinn von Lipps stellt eine bestimmte Entartungsform des hier im weiteren Sinn als Stimmung bezeichneten dar. Und man muß das menschliche Leben allgemein in dieser Spannung verstehen, daß die Stimmung sowohl als tragender Grund immer vorhanden ist als auch sich dann in besonderen Fällen hervordrängen kann, daß sie einmal als Untergrund alle höheren seelischen Leistungen ermöglicht und dann doch wieder als überquellende Macht alles höhere und selbständigere Leben zerstört.

3. Die Entartung der Stimmung

Die eben entwickelte Doppeldeutigkeit des Stimmungsbegriffs gilt nicht für alle Stimmungen in gleicher Weise. Nur ganz bestimmte unter ihnen haben die Möglichkeit, zur auflösenden Macht zu entarten, und nur diese werden darum von der Sprache im betonten Sinn als „Stimmungen“ bezeichnet. Dazu gehört nicht nur ein bestimmter Grad an Stärke, durch den sie sich aufdrängen, sondern außerdem auch eine besondere Süße, die solche Stimmungen dem Menschen als angenehm erscheinen läßt und die ihn verleitet, sie mit besonderer Freude aufzusuchen und zu genießen. Angst und Verzweiflung und echte Trauer würde man in diesem Sinn kaum als Stimmungen bezeichnen. Dazu gehört immer, daß ihnen eine eigentümliche Annehmlichkeit innewohnt. Der Mensch genießt seine

Stimmungen. Mehr noch als die ausgesprochen fröhlichen Gefühle eignen sich hierfür die zwiespältigen Regungen: die süße Trauer, in der der Mensch verharrt, die sanfte Wehmut, der Hauch des Elegischen und Melancholischen.

Daß die Stimmungen sich in bestimmten Augenblicken stärker hervordrängen, bedeutet als solches noch keinen bedenklichen Zug. Im menschlichen Leben wechseln die Lagen, in denen bei sachlicher oder persönlicher Hingegebenheit die eigne Stimmungslage fast unbemerkt im Hintergrund bleibt, mit andern Lagen, in denen sie stärker hervortritt. Das hängt eng mit dem allgemeinen rhythmischen Wechsel von Anspannung und Entspannung zusammen, der in der Natur des menschlichen Lebens angelegt ist. In der Anspannung tritt der Mensch aus sich heraus und ist ganz bei dem, was er treibt; in der Entspannung dagegen kehrt er zu sich zurück und ist in dieser Ruhelage dem Einfluß der Stimmungen um so zugänglicher. Die intentionale Bezogenheit auf die Welt ist also im menschlichen Leben zu den verschiedenen Zeiten verschieden stark ausgeprägt. Der im genetischen Sinn noch „primitive" Charakter der Stimmung, nach dem sie der Scheidung zwischen Selbst und Welt noch vorausliegt, läßt sie stärker der Ruhelage zuordnen, in der der Mensch den Fortfall der Anspannung schon als solchen genießt. Alle Romantik, die nach den Ursprüngen zurückdrängt, ist darum dem Einfluß der Stimmungen besonders offen, während die Welt der Tat und der klaren Entscheidungen, von der stetigen Arbeit des Alltags bis hin zum letzten, entscheidenden Einsatz, ihren Einfluß soweit wie möglich zurückzudrängen sucht.

Aber in der Möglichkeit stimmungsbetonterer Zeiten wurzelt zugleich die Gefahr einer verhängnisvollen Verkehrung. Im Zustand des natürlichen und gesunden Lebens begleiten die Stimmungen nur das Leben des Menschen, während er mit seiner Aufmerksamkeit selbstvergessen bei dem ist, was er treibt, und kommen ihm selten einmal zum ausdrücklichen Bewußtsein. Aber auch in den stimmungsbetonteren Augenblicken, von denen zuletzt die Rede war, drängt sich die Stimmung wohl hervor, bleibt aber auch hier der tragende Untergrund, von dem sich die bestimmten einzelnen Erlebnisse abheben und von dem sie sich nähren. Die Verhältnisse ändern sich aber völlig, sobald die Stimmungen der zuletzt genannten Art vom Menschen um ihrer Annehmlichkeit willen aufgesucht und besonders gepflegt werden. Durch diese Umwendung der (im weitesten Sinn) sachbezogenen Aufmerksamkeit auf die eigne Gefühlszuständlichkeit wird alles echte seelische Leben zerstört. Dies ist die Wurzel jener verhängnisvollen Verkehrung, die man auf dem Gebiet der Kunst mit dem Begriff des Kitsches bezeichnet, die aber über diesen besonderen Bereich hinaus eine der schlimmsten Entartungsformen des menschlichen Lebens bedeutet.

4. Der Kitsch

Auf die anthropologisch ungemein aufschlußreiche Erscheinung des Kitsches kann hier nur insoweit eingegangen werden, als sie unmittelbar etwas zur Frage nach den Entartungsformen der Stimmungen beiträgt. Was bloßen Kitsch von echter Kunst unterscheidet, ist keine immanent ästhetische, sondern eine allgemein philosophisch-anthropologische Frage, denn es bestimmt sich nicht aus den inneren Merkmalen des betreffenden Werks, sondern allein aus der Einstellung des danach verlangenden Menschen. Man unterscheidet auf literarischem Gebiet zweckmäßig zwischen Schund und Kitsch. Dabei darf ihr Verhältnis nicht einfach als eine Gradabstufung verstanden werden (etwa zwischen einer eben noch zu duldenden und einer nicht mehr zu duldenden Minderwertigkeit), sondern es bedeutet einen tiefer greifenden Artunterschied. Der Schund liegt vor allem in der Ebene des äußeren Lebens. Man bezeichnet ein literarisches Erzeugnis als Schund, wenn eine reich bewegte äußere Handlung nur dem Zweck dient, den Menschen über die innere Leere seines eignen Herzens hinwegzutäuschen. Es dient als Surrogat für das eigne Erleben. Von diesem Gesichtspunkt aus versteht man die innere Gesetzmäßigkeit dieser Entartungsform: Es muß viel und Aufregendes geschehen, damit der Mensch in der Identifizierung mit dem Helden sich in ein wirbelnd reiches Leben hineinversetzt fühlt. Der Held, der alle Schwierigkeiten meistert, ist der Inbegriff aller Vollkommenheit, unendlich tüchtig und unendlich edel, und der Leser (oder Hörer) genießt in ihm das Bewußtsein der eignen Vollkommenheit. Aber zugleich geschieht das äußerlich noch so reiche Geschehen nach einer einfachen und durchsichtigen Gesetzmäßigkeit. Nichts darf geschehen, was nicht in ausgeprägten Formen vor sich ginge, nichts Neues, was eine wirkliche Auseinandersetzung erforderte. Was man den Wohlbekanntheitscharakter der Schundwelt nennen könnte, erspart dem Menschen diese Anstrengung. Die Welt des Schunds ist widerstandslos, nicht nur insofern es eine Phantasiewelt ist, in die der Mensch vor den Anstrengungen der Wirklichkeit flüchtet, sondern sie ist widerstandslos auch in der ästhetischen Ebene selbst, insofern auch hier dem Menschen durch die Übereinstimmung mit den Erwartungen seines primitiven Wunschbilds jede echte Auseinandersetzung erspart bleibt. Es fehlt das Widerstandsmoment aller echten Wirklichkeit, das auch in der ästhetischen Ebene noch einmal wiederkehrt und hier das Wesen des wahren Kunstwerks ausmacht. Grade die innere Widerstandslosigkeit ist es, die den Menschen dem Einfluß der Schundliteratur so hemmungslos verfallen lassen kann. Ohne den Widerstand einer echten Begegnung und ohne die Anspannung einer echten Auseinandersetzung bewegt er sich kurzschlüssig nur noch in sich selbst.

Was der Schund in der Ebene des äußeren Lebens ist, das wiederholt der Kitsch für die innere Welt der Gefühle. Dabei ist der Kitsch im Unterschied zum Schund nicht auf die literarische Form beschränkt. Auch die malerische und bildnerische Darstellung, auch der Gegenstand des Kunstgewerbes und des täglichen

Gebrauchs kann dem Kitsch angehören. Ja er braucht nicht einmal in einem bestimmten Werk gegenständlich zu werden, auch das innere seelische Leben eines Menschen kann bis in seine Wurzeln hinein der Verkitschung verfallen sein. Auch der Kitsch ist als ein Surrogat zu begreifen, das dem Menschen in kurzschlüssiger Weise eine Scheinbefriedigung seines Erlebnisdrangs gewährt, nur daß es sich hier nicht um die lärmenden Geschehnisse des äußeren Lebens, sondern um die stillere Form eines – natürlich wieder nur scheinbaren – Aufschwungs zu einer schöneren und idealeren Welt handelt. Der Mensch genießt hier die Annehmlichkeit eines großen und edlen Gefühls, ohne die Anstrengung auf sich zu nehmen, aus der allein das echte Gefühl entspringen kann.

Wenn man einen Gegenstand als Kitsch bezeichnet (etwa eine Ansichtskarte mit rosenrotem Abendhimmel), so meint man damit, daß er flach und substanzlos, aufdringlich süß und zugleich innerlich hohl ist, daß er höhere Ansprüche stellt, als er von sich erfüllen kann. Aber die Kennzeichnung als Kitsch bedeutet nicht allgemein eine Minderwertigkeit gegenüber dem Schönheitsanspruch echter Kunst, sondern eine ganz spezifische Entartung, die nicht aus inneren Merkmalen des betreffenden Werks, sondern nur aus dem entsprechenden Verhalten des Menschen richtig zu begreifen ist. Das kitschige Werk ist überhaupt nicht aus sachlicher Hingabe an die betreffende Aufgabe geschaffen worden, sondern nur in ausdrücklichem Hinblick auf die primitiven Bedürfnisse des Menschen, der darin in einsatz- und anstrengungsloser Weise das Gefühl eines höheren Daseins genießen will. Von da aus bestimmt sich die innere Gesetzmäßigkeit der Kitschwelt, die in ihrem Wohlbekanntheitscharakter mit derjenigen des Schunds übereinstimmt, die aber ihr gegenüber mit viel höheren idealen Ansprüchen auftritt. Von hier aus erklärt sich die glatte äußere Form, die der Aufnahme durch den Genießenden keinen Widerstand entgegensetzt, die schamlose Nacktheit, mit der alle seelischen Regungen hier zur Schau gestellt werden, überhaupt die Form der „Idealität" und „Schönheit", die ganz den Erwartungen des alltäglich-durchschnittlichen Lebensverständnisses entspringt, die nicht mit der Härte der Forderung dem Menschen gegenübertritt, sondern an der er sich hemmungslos berauschen kann. Es ist keinerlei Tiefe, die erst ergründet werden muß, sondern alles ist Oberfläche, die auf den ersten Blick übersichtlich da ist. Es ist keine Durchdringung der ganzen Wirklichkeit, sondern äußerlich aufgesetzter Schmuck. Es ist überhaupt eine merkwürdig versüßte Welt, in der sich der Mensch am Wert seiner eignen, als „höher" empfundenen Gefühle berauscht (und die nicht zu verkennende erzieherische Leistung des Kitsches in einer bestimmten Stufe der jugendlichen Entwicklung beruht darauf, daß grade durch diese Versüßung dem Menschen ein erster Zugang zur geistigen Welt erleichtert werden kann).

Dabei unterscheidet sich der Genuß des Kitsches oder allgemeiner überhaupt das kitschige Gefühl scharf von bloßer Rührseligkeit, Empfindsamkeit oder Sentimentalität. Die Unterschiede, die auch zwischen diesen Verhaltensweisen noch wieder bestehen, können an dieser Stelle beiseitegelassen werden.

Gemeinsam ist ihnen jedenfalls eine übertriebene Steigerung des Gefühls, wohl auch schon mit einer gewissen Funktionsfreude am nachhaltigen Gefühl verbunden. Auch sentimentale Gefühle werden als süß empfunden. Aber trotzdem bleibt dies Verhalten echt. Der Sentimentale empfindet z.B. den Schmerz eines Abschieds; es ist vielleicht etwas Übertriebenes, über das Maß Hinausgehendes in der Art, wie er sich diesem Schmerz hingibt, aber trotzdem ist es ein echtes Gefühl, das ganz „bei der Sache“, d.h. hier bei dem Abschied ist. Verhängnisvoll wird es erst, wenn die Erfahrung von der Süße dieses Gefühls den Menschen verleitet, sich vom unmittelbaren Gegenstand abzuwenden und sich ganz auf seine eigne innere Gefühlszuständlichkeit zu richten, um deren Schönheit und Erhabenheit als solche zu genießen. Hier setzt dann eine grundsätzlich ähnliche Scheinbefriedigung ein wie beim Schund. Der Mensch verliert den wirklichen Bezug zur Welt und ist kurzschlüssig nur noch mit sich selbst beschäftigt. Damit aber verliert er die Echtheit seines ganzen inneren Lebens, die sich nur am Widerstand der Wirklichkeit entfalten kann, er verliert die Spannung, in der er allein im eigentlichen Sinn er selbst bleiben kann, und begibt sich in jene widerstandslose Scheinwelt, die sich im Kitsch darstellt.

Aber dieselbe Erscheinung, die hier am sichtbaren oder hörbaren Kitsch am deutlichsten hervortritt, entsteht überall da, wo sich der Mensch dem Einfluß der Stimmungen überläßt und aus den das bewußte Leben sonst nur begleitenden Stimmungen eine Quelle abgesonderten Genusses macht. Von der Einsicht in das Wesen des Kitsches aus öffnet sich die Möglichkeit einer klaren Unterscheidung zwischen der echten, tragenden Stimmung und der sich zuweilen vordrängenden Entartungsform eines verantwortungslosen Stimmungsgenusses.

5. Der Begriff der Haltung

Wenn sich so aber die Stimmungen im menschlichen Leben in einem sehr verschiedenen Grade vordrängen und wenn sie insbesondre die Gefahr in sich bergen, das selbständige und verantwortliche Handeln in einem Zustand passiven Selbstgenusses versinken zu lassen, dann entsteht notwendig die Frage nach der Möglichkeit des Menschen, diesen Entartungen der Stimmung Widerstand entgegenzusetzen und damit erst die positiv zu wertenden Leistungen der Stimmung zu sichern. Wir finden eine solche entgegenwirkende Leistung in dem, was die Sprache als „Haltung“ bezeichnet. Die Haltung, in der sich der Mensch von innen her eine selbstgeprägte Form gibt, steht der Stimmung gegenüber, in die er sich schon immer geworfen findet. Wurzelt die Stimmung in der Schicht des noch ungeteilten natürlichen Daseins, so verkörpert die Haltung diejenige der Freiheit, in der der Mensch sein eignes Dasein verantwortlich in die Hand nimmt. Eine systematische philosophisch-anthropologische Erörterung der Haltung steht noch immer aus. Einige beachtenswerte Ansätze in dieser Richtung sind von Hans Lipps[4] gegeben, aber seit seinem Tode noch nicht wieder von andrer Seite aufgenommen worden. Hier kann nur noch insoweit auf die Haltungen eingegangen werden, als es für eine abschließende Beurteilung der anthropologischen Leistung der Stimmungen erforderlich ist.

Man versteht unter Haltung zunächst die körperliche Haltung. Der Mensch hat eine „gute" oder „schlechte", eine „straffe" oder „schlappe" Haltung. Das bezeichnet die Art, wie der Mensch seinen Körper in der Gewalt hat und sein äußeres Gebaren von innen her beherrscht. Der Haltung gegenüber steht ein Zustand der Schlaffheit und des Sich-gehen-lassens, den man gewöhnlich als „schlechte" Haltung bezeichnet. Aber man spricht zugleich auch in einem weiteren Sinn von Haltung. Es gibt auch eine nachlässige, eine ungezwungene Haltung usw., die nicht das Fehlen von Haltung, sondern eine bestimmte andre Form von Haltung bedeuten. Es gibt eine Kopfhaltung, eine Armhaltung usw., es gibt eine unendliche Mannigfaltigkeit verschiedener Formen körperlicher Haltung. Trotzdem ist Haltung in diesem weiteren Sinn nicht gleichbedeutend mit Verhalten oder Gebaren, sondern zielt auch in diesen Fällen auf eine bestimmte innere Formung. Überall bezeichnet die Haltung die Art, wie der Mensch sich hält. In der reflexiven Wendung kommt das freie Verhalten zu sich selbst zum Ausdruck, auf das hin der Mensch in seiner Haltung angesehen wird. Darum hat auch das Tier keine Haltung, und nur der Mensch kann sie gewinnen.

Entsprechend wird der Begriff dann auch auf die geistige und charakterliche Haltung angewandt. Das ist nicht eine nachträgliche Übertragung eines ursprünglich körperlich verstandenen Haltungsbegriffs, sondern nur die andre Seite einer ursprünglich einheitlichen Konzeption. Der Mensch bewahrt in schwierigen Lagen seine Haltung, oder er verliert seine Haltung. Haltung in diesem Sinn wird stets ohne weiteren Zusatz gebraucht. Haltung ist innere Festigkeit. Der Mensch kann sie haben oder nicht haben, aber es gibt nicht verschiedene Arten der Haltung. In einem ähnlichen Sinn kann man auch davon sprechen, daß der Mensch seine Fassung bewahrt oder seine Fassung verliert – auch das Bild von der Fassung meint ja das innere Zusammengehalten-sein –, doch liegt der Unterschied darin, daß die Fassung mehr auf das intellektuelle Verständnis geht, die Haltung dagegen auf das sittliche Verhalten. Fassungslos bleibt der Mensch vor Staunen gegenüber dem Überraschenden und überwältigend Neuen. Er kann es gar nicht begreifen. Haltungslos dagegen wird er in einer schwierigen Lage, der gegenüber er sich selbst nicht mehr behaupten kann. Er verliert seine Würde. Die Haltung entspringt hier immer aus der Art und Weise, wie der Mensch zu seinem eignen Wesen steht, aus der Treue zu sich selbst. Ihr bezeichnender Ausdruck ist der Stolz, der sich nichts vergibt. Ein Wesen, das „pathisch" in seiner Welt aufgeht, kann auch im geistigen Sinn keine Haltung haben, sondern Haltung setzt immer Selbstbewußtsein und damit den Abstand, die Spannung zur Welt voraus.

---

4 Lipps, a.a.O. S. 18ff.

Aber wie bei der körperlichen, so sondert sich auch bei der geistigen Haltung davon eine etwas andre Bedeutung. War bisher Haltung (ohne näheren Zusatz) die Form, wie der Mensch sich selbst in der Gewalt hat, so gewinnt der Begriff einen etwas andren Sinn, wenn man ihn durch einen geeigneten Zusatz näher bestimmt und jetzt von einer freundlichen und entgegenkommenden oder einer drohenden und abweisenden Haltung spricht oder schon zur Kennzeichnung des körperlichen Verhaltens anwendbare Bezeichnungen auch auf die geistige und charakterliche Ebene überträgt und hier von einer aufrechten, würdigen, feierlichen oder einer unterwürfigen, kriecherischen Haltung usw. spricht. Haltung meint hier die bestimmter zu kennzeichnende Art des Verhältnisses zu den Menschen und zu den Dingen, aber in der entsprechenden Weise, wie sich schon im Leiblichen die Haltung vom bloßen Verhalten unterschied: insofern es vom Menschen frei gesetzt ist, sofern es eine selbstgegebene Form ist. Eine Haltung hat der Mensch nicht von Natur aus, sondern sie wird eingenommen. Das braucht nicht zu bedeuten, daß die Haltung dem Menschen bewußt ist. Sie ist nicht der ihm gegenständliche Inhalt, sondern der habituell gewordene, ihm selber in der Regel unbewußte Ausdruck seiner Stellungnahme.

Man kann den Begriff der Haltung aber noch weiter fassen: Man spricht von der weltanschaulichen Haltung eines Menschen und meint damit, über die einzelnen wechselnden Haltungen hinweg, die der Mensch in bestimmten Lagen seines Lebens einnimmt, seine durchgehende Einstellung zum Leben und zur Welt überhaupt. Weltanschauliche Haltung wird so ungefähr gleichbedeutend mit Weltanschauung überhaupt. Der neue Ausdruck legt denselben Tatbestand, der im Begriff der Weltanschauung mehr vom Theoretischen her gesehen ist, mehr vom Haltungsmäßigen her aus und betont damit stärker das aktive Moment, die Seite der ausdrücklichen Wertung und Stellungnahme, die mit dem Begriff der Weltanschauung natürlich ebenfalls mit umfaßt, aber nicht in derselben Weise in den Vordergrund gestellt war.

6. Das Zusammenwirken von Stimmung und Haltung

Jede Haltung leitet als eine übergreifende Gesamtformung das einzelne Verhalten des Menschen. Das gilt schon von der körperlichen Haltung, die jeder einzelnen Bewegung des Menschen ihren bestimmten „Stil“ aufzwingt. Das gilt entsprechend vom Verhalten zum andern Menschen, wo jedes Wort, das gesprochen, und jede Handlung, die getan werden kann, von vornherein durch die eingenommene Haltung bestimmt ist. Die Haltung legt von vornherein fest, wieweit und in welcher Art ich den andern Menschen an mich heranlasse, d.h. sie bestimmt schon von sich aus die Möglichkeiten menschlichen Kontakts. Die Haltung spannt, wie Lipps es ausdrückt[4], den Raum um den Menschen, in dem die Begegnung mit dem andern Menschen allererst geschehen kann. Und das gilt endlich in noch ausgeprägterem Maße von der weltanschaulichen Haltung allgemein. Jedes einzelne Erlebnis, jede einzelne Erfahrung, die der Mensch macht, ist von vornherein durch diese weltanschauliche Grundhaltung bestimmt.

So ergeben sich hier für die Haltung dieselben Leistungen, die an früherer Stelle als Leistungen der Stimmung entwickelt waren.[5] Auch von den Stimmungen war ja gesagt worden, daß sie von vornherein alles einzelne Erleben des Menschen leiten und daß die Welt im ganzen in ihnen schon in bestimmter Weise ausgelegt ist. Auch von der Stimmung her, vor allem wenn man sie im übergreifenden Sinn der Lebensgrundstimmung nimmt, ergibt sich dieselbe Verwandtschaft zur Weltanschauung, wie sie soeben an der bleibenden Grundhaltung hervorgetreten war. Jede Stimmung enthält in sich verborgen schon eine bestimmte Weltanschauung. Es ist dieselbe Leistung einer vorgängigen Regelung jedes einzelnen Erlebens, die von beiden ausgesagt wird, und man könnte versucht sein, die Weltanschauung ganz auf die Stimmung zurückzuführen und in ihr nur eine gefestigte und begrifflich durchgegliederte Form der Grundstimmung zu sehen.

Erst in diesem Zusammenhang wird die innere Nähe und Zusammengehörigkeit von Stimmung und Haltung deutlich, die zum Verständnis beider Begriffe erforderlich ist und auf deren Boden dann erst ihre Leistungen richtig gegeneinander abgegrenzt werden können. Von beiden Seiten her kann man sich dem Begriff der Weltanschauung nähern, derselbe Tatbestand scheint nur von verschiedenen Seiten her gesehen zu sein, und es fragt sich daher nach dem genaueren Verhältnis. Es genügt nicht, zu sagen, die Stimmung liege auf der Seite des inneren Lebens der Seele, die Haltung auf der des äußeren Ausdrucks. Damit ginge verloren, daß lange nicht jeder Ausdruck und jede Gebärde Haltung ist, sondern Haltung immer eine ganz bestimmte innere Formung voraussetzt, und daß auf der andern Seite Haltung Formung nicht nur der äußeren Gebärde, sondern auch des inneren Lebens selbst ist. Der Unterschied liegt vielmehr darin, daß die Stimmung auf die noch ungeteilte Einheit des Menschen mit der Welt zurückgeht und insofern eine Bestimmung des noch ungeteilten Lebens darstellt, die Haltung dagegen auf dem Verhältnis des Menschen zu sich selber und damit auf der Freiheit beruht, in der er sich selbst dem natürlichen Zustand gegenüberstellen kann. Der Gegensatz der Sphären von „Leben" und „Existenz" spiegelt sich in dem Verhältnis von Stimmung und Haltung, und man sieht an diesem besonderen Fall zugleich allgemein das Ineinandergreifen der beiden Sphären; denn Stimmung und Haltung stehen nicht zusammenhanglos nebeneinander, sondern wirken in einem ganz bestimmten Leistungszusammenhang zusammen.

Die in der Stimmung gegebene natürliche Grundverfassung des menschlichen Daseins wird dann in der Haltung von seinem freien Verhalten zu sich selber überformt. Lipps macht darauf aufmerksam, daß die Haltung gradezu die Affekte „schaltet".[4] Sie formt und modelliert nicht nur den allgemeinen Stoff der Affekte in einer bestimmten, individuellen Weise, sondern sie kann das Auf-

[5] Vgl. oben S. 38ff.

kommen der Affekte zugleich fördern und hemmen, und sie ist so ein Mittel, wie der Mensch sich wieder in die Gewalt bekommen kann, wenn er im Affekt sich selber entgleiten will. Dieser Zusammenhang gilt in genau derselben Weise auch für das Verhältnis von Stimmung und Haltung; denn die Affekte sind, wie früher betont,[6] ja nur gesteigert hervortretende Erregungsformen der Stimmungen, so daß diesbezüglich, was von den Affekten gilt, in grundsätzlicherer Weise auch von den Stimmungen gelten muß. Erst von hier aus erfährt dann auch die Frage nach der Herrschaft über die Stimmungen ihre letzte Antwort. Was bisher von der Möglichkeit des einzelnen willentlichen Eingriffs gesagt wurde, gewinnt selbstverständlich eine gesteigerte Gültigkeit in dieser habituell gewordenen Schaltung des Stimmungslebens. In der Haltung formt der Mensch die in der Stimmung gegebene Lebensgrundlage von seinem inneren Mittelpunkt her. Erst in ihr gewinnt er darum das freie Verhältnis dazu. So bestimmen erst Stimmung und Haltung zusammen die Gesamtverfassung des Menschen, die dann als tragender Grund jeder einzelnen seelischen Regung und jedem einzelnen Lebensverhalten zugrunde liegt. Die Stimmung bezeichnet die natürliche Grundlage und ist so das selbstverständlich Erste. Die Haltung bezeichnet dann die Überformung aus der Freiheit des Menschen. Beide stehen in jedem Augenblick in einem bestimmt gearteten Gleichgewicht. Dieses wechselt in den verschiedenen Augenblicken des Lebens; bald tritt die eine, bald die andre Seite stärker hervor, ohne daß je eine ganz verschwindet. Das verschieden starke Hervortreten der Stimmungen, von dem diese letzten Überlegungen ausgingen, ist in diesem wechselnden Verhältnis begründet, und die Entartungsformen der Stimmung zum sentimentalen Stimmungsgenuß sind als eine Überwältigung der Haltung durch die Stimmung zu begreifen.

Jede Seite hat dabei ihre besondre Leistung. Die Stimmung vermittelt die Fülle der Weltberührung und bedingt die Beweglichkeit der Seele, sich dem wechselnden Einfluß zu öffnen, aber sie bringt auch die Gefahr, hemmungslos der Welt zu verfallen. Die Haltung gibt die Festigkeit des eignen Selbst, aber die Haltung als solche setzt immer schon den zu formenden Stoff voraus, und sie birgt die Gefahr der Verfestigung auf Kosten der inhaltlichen Fülle. Erst im spannungshaften Zusammenwirken beider Leistungen ergibt sich der Grund, von dem die einzelnen Leistungen des menschlichen Lebens verstanden werden müssen. Die Leistung der Haltung war darum auch unausdrücklich schon immer vorausgesetzt, wenn sich die schwankende Stimmung zur ausdrücklichen Weltanschauung festigen sollte; denn diese Festigkeit ergibt sich nicht in der natürlichen Steigerung der zeitlichen Ausdehnung, sondern nur in der freien Stellung, in der sich der Mensch zu den Ergebnissen der sich ihm stimmungsmäßig anbietenden Welt- und Lebensauslegung bekennt.

---

[6] Vgl. oben S. 34, 62.

ZWEITER TEIL

GLÜCK UND ZEITLICHKEIT

X. DIE ZEITLICHKEIT DER GLÜCKLICHEN STIMMUNG

1. Die Fragestellung

Daß das Zeitbewußtsein des Menschen sich nicht immer gleich ist, sondern sich mit der Stimmungslage verändert, ist eine geläufige Tatsache, die aus zahlreichen Einzelbeobachtungen bekannt ist und die sich auch im allgemeinen Sprachbewußtsein in einer Fülle von sprichwörtlichen Wendungen niedergeschlagen hat. Ihre volle philosophische Bedeutung hat diese Tatsache aber erst erhalten, seitdem man – vor allem durch Heideggers grundlegendes Werk – erkannt hat, daß dieses „subjektive" Zeitbewußtsein nicht einfach als eine bloße Abweichung der „Erlebniszeit" von der objektiv feststellbaren „Uhrzeit" zu verstehen ist (die dann als bloße subjektive Unzulänglichkeit höchstens den Psychologen interessieren würde), sondern daß diese innere Zeitlichkeit auf die ursprünglichste Wesensverfassung des Menschen zurückführt, daß also das menschliche Dasein nur auf dem Grunde seiner Zeitlichkeit zu begreifen ist. Es handelt sich darum in der Frage nach der Zeitlichkeit um die nach dem Wesen des Menschen selbst. Im Zug der gegenwärtigen Untersuchungen ergibt sich daraus die Aufgabe, die Analyse der glücklichen Stimmungen bis in die Frage der ihnen eigentümlichen Form der Zeitlichkeit fortzuführen und in einer entsprechenden Weise, wie dies bisher schon an andern Erscheinungen geschehen ist, die bei Heidegger auf dem Boden ganz bestimmter Stimmungsuntergründe gewonnene Struktur der Zeitlichkeit an den auf dem neu erschlossenen Boden der gehobenen Stimmungen erwachsenen Ergebnissen zu überprüfen und zu erweitern. Dabei werden sich zugleich auch nach den schon im ersten Hauptteil verfolgten Richtungen wesentliche Weiterführungen ergeben.

2. Der Rückgang auf die innere Zeitlichkeit des Menschen

Es ist hier nicht möglich, die von Heidegger auf dem existenzphilosophischen Boden entwickelte Struktur der „ursprünglichen und eigentlichen Zeitlichkeit" des Menschen im ganzen zu zeichnen.[1] Es kann nur versucht werden, in Ergänzung der schon im ersten Hauptteil gegebenen allgemeinen Kennzeichnung des von ihm eingenommenen Standorts diejenigen entscheidenden Züge herauszuheben, die für die Richtung der weiteren Untersuchungen von Bedeutung sind.

Der entscheidende Einsatz bei Heidegger besteht bekanntlich in der Zurückführung des objektiven Zeitverlaufs und damit zugleich der objektiv geschehenden Geschichte auf die zeitliche und geschichtliche Struktur des Men-

---

1 Heidegger, Sein und Zeit, S. 231ff.

schen als auf deren eigentlichen Ursprung. Dabei erhält der Augenblick selbst, der von der äußeren Auffassung der Zeit nur als der ausdehnungslose Querschnitt zwischen Vergangenheit und Zukunft erschien, in sich selbst eine eigene verwickelte zeitliche Gestalt, die die Bezüge zur Zukunft und zur Vergangenheit mit in sich begreift. Vergangenheit ist nicht einfach, was zu einem verflossenen Zeitpunkt gewesen und darum jetzt nicht mehr ist, sondern ursprünglicher als dies, was als Wirkung des Gewesenen in die Gegenwart im tragenden und stützenden wie im behindernden Sinn hineingreift und darum einen wirkenden Bestandteil dieser Gegenwart selbst bildet. Und Zukunft ist entsprechend nicht einfach, was zu irgendeinem fernen Zeitpunkt einmal eintreten soll und darum jetzt noch nicht ist, sondern Zukunft ist ebenfalls ursprünglicher, was als Aufgabe und als Ziel, als Hoffnung und Befürchtung in der Gegenwart enthalten ist und einen so unablösbaren Bestandteil dieser Gegenwart ausmacht, daß ohne diese Zukunftsbezüge eine „bloße" Gegenwart gar nicht sinnvoll beschrieben werden kann. Der einzelne Augenblick, als ein wirklich erlebter und erfahrener Augenblick des Lebens selbst genommen, erhält also in sich eine reiche Gliederung, die Zukunft, Vergangenheit und Gegenwart als Seiten, als „Dimensionen" dieses einheitlichen Ganzen mit umschließt.

3. Der existenzielle Zeitbegriff

Aber dieser allgemeine Ansatz wird jetzt bei Heidegger in einer ganz bestimmten Weise ausgeführt, die durch seinen besonderen stimmungsmäßigen Ausgangspunkt bedingt ist. Und erst von da aus bekommt dann die Struktur der inneren Zeitlichkeit des Menschen diejenige besondere Schärfe, die für den existenzphilosophischen Zeitbegriff bezeichnend ist. Die Vergangenheit ist jetzt nicht mehr in einem allgemeinen Sinn alles das, was aus dem Gewesenen her in die Gegenwart hineinreicht und diese bestimmt, was diese auch in einem fruchtbaren Sinn stützt und trägt, sondern die Vergangenheit wird jetzt im besondern Sinn als das gesehen, was als Druck auf der Gegenwart lastet, was ihren Spielraum einschränkt und sie so in die Enge einer bestimmten vorgegebenen Situation hineindrängt. Und entsprechend ist die Zukunft nicht mehr allgemein das zu Erwartende, auch zu Erstrebende oder zu Erhoffende, sondern das Besorgte und Befürchtete, was ebenfalls als Druck auf der Gegenwart lastet und diese zur Entscheidung zwingt. Zwischen der Last der Vergangenheit und dem Druck der Zukunft erhält dann der Augenblick die Schärfe und die Losgelöstheit vom stetigen Zusammenhang der Zeit, die für den existenphilosophischen Zeitbegriff entscheidend ist.

Es ist in diesem Zusammenhang kein Zufall, daß Heideggers Behandlung der Zeitlichkeit mit dem Verhältnis des Menschen zum Tode beginnt. Der Tod als das ausstehende und in jedem Augenblick mögliche Ende zwingt das Leben in diese letzte Zuspitzung des Augenblicks hinein. Er zwingt es, dem Augenblick selbst eine solche letzte Erfüllung zu geben, daß aller Sinn des Lebens von der doch unsichern zeitlichen Fortsetzung unabhängig ist, sondern im punktförmigen einzelnen Augenblick zusammengedrängt ist, in dem der Mensch die ganze Energie seines Lebens in einem bestimmten Entschluß zusammenreißt. Von hier aus bestimmt sich der Zustand der „vorlaufenden Entschlossenheit" für Heidegger als der Zustand der ausdrücklichsten, zugespitztesten Zeit: „Phänomenal ursprünglich wird die Zeitlichkeit erfahren ... am Phänomen der vorlaufenden Entschlossenheit."[2]

Ohne auf die Durchführung im einzelnen einzugehen, müssen hier doch drei Züge als die entscheidenden herausgehoben werden: die Endlichkeit einer bestimmten vorgegebenen, mit ihren Schwierigkeiten behafteten und zur Entscheidung drängenden Situation, der damit verbundene Charakter der Zeitlichkeit (und zugleich auch der Geschichtlichkeit) als einer Last, der sich bei Heidegger dann in der Bestimmung der Grundstruktur des menschlichen Daseins als Sorge ausdrückt, und endlich, darauf aufgebaut, die Schicksalhaftigkeit des menschlichen Daseins.

Eigentliche Zeitlichkeit wird also nach Heidegger ausschließlich in dieser Haltung einer „vorlaufenden Entschlossenheit" erfahren, in der mit einer höchsten Anspannung alle Kraft in die Spitze des Augenblicks hineingenommen wird. Der Mensch findet sich in dieser auf dem Boden der Angst und der Unheimlichkeit erwachsenen Entschlossenheit zurückgeworfen auf den einzelnen, vereinzelten Augenblick. Alle Stetigkeit des zeitlichen Ablaufs verliert hier ihren Sinn. Es gibt kein Beharren, sondern mit jedem Augenblick sinkt die Anspannung wieder ab und muß jedesmal wieder neu errungen werden. Es gibt nur die einzelnen, jedesmal neu zu wiederholenden Augenblicke, aber keinen stetigen Fluß in der Zeit, in der das Vergangene das Folgende weiterträgt, keinen Aufbau des einen auf dem andern, sondern nur die letztlich ergebnislose „Wiederholung".

Und Heidegger behauptet: Dies hier unter dem Druck der existenziellen Erfahrung Gegebene ist die eigentliche und ursprüngliche Form der menschlichen Zeitlichkeit überhaupt. Alle übrigen Formen des Zeitbewußtseins sind demgegenüber abgeleitet, letztlich als „defiziente Modi" zu begreifen, d.h. als Verwischungen und Verkümmerungen, bei denen die volle Struktur der echten Zeit verdeckt oder wenigstens nicht voll zur Entfaltung gekommen ist. Heidegger behauptet also: Alle Formen des menschlichen Zeitbewußtseins, die nicht mit der dieses vorlaufenden Entschlossenseins übereinstimmen, sind unwesentlich und können zum Verständnis des wirklichen zeitlichen Wesensgrundes des Menschen nichts Neues hinzufügen. Entsprechend dem allgemeinen Verhältnis zwischen „Eigentlichkeit" und „Uneigentlichkeit" des menschlichen Daseins ergibt sich so auch eine Doppelheit der erlebten Zeit. Neben der hier kurz gezeichneten Form der existenziellen Zeit gibt es noch eine andre, uneigentliche Form der Zeitlichkeit, aber diese ist keine selbständige Form, sondern ergibt sich

---

2 Heidegger, a.a.O. S. 304.

nur dadurch, daß der Mensch vor der Schärfe der hier erforderten Entscheidung versagt und in einen Zustand unbestimmten und verantwortungslosen Dahinlebens absinkt.[3]

4. Der abweichende Charakter der glücklichen Zeitlichkeit

Damit aber entsteht die Frage, ob das, was hier unter den besonderen Voraussetzungen der existentiellen Bewußtseinslage für die Zeitlichkeit entwickelt ist, wirklich auch erschöpfend ist und ausreicht, die Gesamtstruktur der menschlichen Zeitlichkeit vollständig zu zeichnen. Entsprechend den früheren Betrachtungen erhebt sich auch hier der Verdacht, daß hiermit die volle Zeitstruktur nur einseitig und damit unzureichend bestimmt sei. Das soll auch hier nicht bedeuten, daß an den Heideggerschen Bestimmungen irgend etwas falsch oder schief sei. Alles, was dort mit einer so unerhörten Schärfe herausgearbeitet ist, das bleibt voll bestehen. Aber es soll bedeuten, daß es neben dem dort Herausgearbeiteten andre, neue Formen des Zeitbewußtseins gibt, die sich nicht von diesem Gegensatz der eigentlichen und uneigentlichen Zeit her verstehen lassen und die damit die von Heidegger entwickelte Form der inneren Zeitlichkeit des Menschen überhaupt sprengen.

Es handelt sich hier um Formen, die von der von Heidegger entwickelten entschlossenen Zeitlichkeit wesentlich abweichen und die doch nicht in die Ebene der Uneigentlichkeit hineingehören, ja die gegenüber der Eigentlichkeit im Sinn Heideggers sogar mit dem Anspruch einer gewissen Überlegenheit auftreten, um Augenblicke, die man als Höhepunkte eines gesteigerten Lebens genießt, nicht also als etwas, dessen man sich im Grunde zu schämen hätte und das man nur mit schlechtem Gewissen hinnimmt, wie die Formen des alltäglichen Dahinlebens, sondern als etwas, was sich als besonders wertvoll aus dem gewöhnlichen Leben heraushebt.

Es handelt sich, wie man zunächst zusammenfassend sagen kann, um das Zeiterlebnis der glücklichen Stimmung. Wir gehen also aus vom Augenblick eines glücklichen Zustands – diesen Begriff vorläufig im allerweitesten Sinn genommen – und fragen: wie erfahren wir in ihm die Zeit? Ohne vorläufig auf einzelne Untersuchungen einzugehen, wie sie sich dann wieder aus den einzelnen Formen des Glückserlebens notwendig ergeben, wird doch das eine sofort sichtbar: Es schwindet in den Formen der gehobenen Stimmung sogleich die Schärfe des isolierten existenziellen Augenblicks. Man erlebt im Gegenteil jetzt die Zeit in einer ruhigen Solidität, wie getragen auf dem breiten Rücken eines zuverlässigen Untergrunds. Der Augenblick ist jetzt nicht mehr als die Spitze

---

3 Über die genauere Darstellung der existenziellen Zeitlichkeit vgl. meine Existenzphilosophie, a.a.O.

der Entscheidung isoliert herausgehoben, sondern in einer zeitüberbrückenden Stetigkeit einbezogen in das Ganze eines größeren Zusammenhangs.

Es ändert sich in diesen Formen sogleich auch der Bezug zur Zukunft und zur Vergangenheit. Beide erscheinen nicht mehr als der Druck, der den Menschen auf die bloße „Nullpunktexistenz“ des vereinzelten Augenblicks zurückwirft, sondern sie entfalten eine eigene tragende Kraft. Die Vergangenheit ist nicht mehr, was den Menschen bedrängt und mit den aus ihr entstehenden Nöten den Menschen rastlos vorwärts treibt, sondern was einen Zustand ruhiger Sicherheit geschaffen hat, in dem der Mensch sich heimisch fühlt. Und die Zukunft ist jetzt nicht mehr, was als drohendes Verhängnis über dem Menschen schwebt und ihn zu entschiedener Stellungnahme herausfordert, sondern wie ein unendlich ausgeweiteter Horizont, der sich aus dem zeitlosen Fortdauern des gegenwärtigen glücklichen Zustands ergibt. Auch die Zukunft also hat ihren fordernden und bedrängenden Charakter verloren. Und so ergibt sich gegenüber den bedrängenden Formen der existenziellen Zeit zugleich eine andre, eine „tragende“ Zeit, wo sich der Mensch im Gegensatz zu der Ungeborgenheit des Heideggerschen Zustands im Bewußtsein der Sicherheit und Geborgenheit fühlt.

Die Behauptung, die hier der Heideggerschen Auffassung von der Zeitlichkeit entgegengestellt werden soll, heißt also: Nicht die Angst als eine aus bestimmten Gründen ausgezeichnete Stimmung liefert von sich aus schon allein die volle Struktur der Zeitlichkeit, von der her jede andre Form der Zeitlichkeit als eine minder vollständige Ausprägung zu begreifen ist, sondern jede besondere Stimmung hat in sich ihre eigne Zeitstruktur, ihr eignes, eigentümliches Zeiterlebnis, und es ist in keiner Weise erlaubt, die auf dem einen Stimmungsuntergrund entwickelten Zeitbegriffe ohne weiteres auch auf den andern zu übertragen. Und wenn man grundsätzlich erst einmal anerkannt hat, daß das menschliche Zeitbewußtsein keinen bloß subjektiven Täuschungsfaktor bedeutet, dann muß man den Zeitstrukturen des Glücks grundsätzlich dieselbe Wichtigkeit zuerkennen wie den Zeitstrukturen der Angst. Wenn es also den folgenden Untersuchungen gelingt, nachzuweisen, daß es wirklich solche verschiedene und nicht aufeinander zurückführbare Zeitstrukturen gibt, dann ist auch die Folgerung unabweisbar, daß alle diese verschiedenen Zeitstrukturen in gleicher Weise wahr und wichtig sind und sich erst aus allen Stimmungen zusammen das volle und wahre Wesen der Zeit enthüllt. Dabei ergibt sich ein Aufbau der Zeitlichkeit, der wesentlich verwickelter ist als der bei Heidegger, weil erst die verschiedenen, einander widersprechenden Zeitstrukturen zusammen das volle Wesen der menschlichen Zeitlichkeit erfüllen, die doch, einem notwendigen Gesetze zufolge, niemals gleichzeitig im menschlichen Bewußtsein vorhanden sein können.

5. Die Abhängigkeit der Zeitschätzung von der Stimmungslage

Um sich von der Abhängigkeit des Zeitbewußtseins von der Stimmungslage in einer ersten, vorläufigen Weise zu unterrichten, geht man am besten von den Tatsachen aus, die allgemein bekannt sind. Bekannt ist zunächst in einem äußerlichsten Sinn die Abhängigkeit der Zeitschätzung (also der Vorstellung von der Dauer einer verflossenen Zeit) von der verschiedenen Gefühlslage. Die erlebte Zeit läuft nicht gleichmäßig ab, sondern beschleunigt sich oder verlangsamt sich nach der Art und Weise des sie erfüllenden Erlebens. Die Zeit wird lang im Zustand der „Langenweile". Die Minuten schleichen hier mit ungeheurer Langsamkeit dahin. Eine bestimmte Zeitspanne will gar kein Ende nehmen und tut dies um so weniger, je mehr man darauf wartet. Aber die Zeit verkürzt sich auch umgekehrt durch einen geeigneten „Zeitvertreib" und verschwindet fast ganz aus dem Blick im Zustand der „Kurzweil". Entsprechend dehnt sich die Zeit in den Zuständen der Angst, der Verzweiflung, der Gedrücktheit, wo Tage und Stunden gar kein Ende nehmen wollen, und umgekehrt vergeht in den Zeiten des Glücks und der Zufriedenheit, des Beschäftigtseins im Spiel wie auch im Zustand einer selbstvergessenen Hingabe an die Arbeit die Zeit „wie im Flug". Man merkt gar nicht, wie die Zeit verstreicht, und stellt erst hinterher, oft mit einer wahren Bestürzung, fest, daß es „schon so spät" ist.

Es kommt an dieser Stelle nicht auf die psychologischen Theorien an, die diese Erscheinung erklären wollen,[4] sondern es gilt zunächst einmal, diese Erscheinungen als solche zu sehen. Es genügt auch nicht, einfach zu sagen, je ausgefüllter eine Zeit mit Erlebnisinhalten sei, desto schneller scheine sie dem Erleben zu vergehen, und je leerer sie sei, um so mehr scheine sie sich für das Erleben in die Länge zu ziehen. Das erklärt zwar sehr gut den Unterschied im Zeitbewußtsein zwischen der Langenweile und dem Beschäftigtsein, aber nicht mehr den Unterschied zwischen den endlosen Stunden sorgenvoller Nächte und andren Stunden stiller Behaglichkeit. Offensichtlich kommt zu allen Unterschieden der Zeitschätzung, die sich aus der größeren oder kleineren Erfülltheit der durchlaufenen Zeitspanne ergeben, ein andrer wesentlicher Einfluß hinzu, der auf der gehobenen oder gedrückten Stimmungslage des Schätzenden beruht.

In einem nur scheinbaren Gegensatz zu diesen Verschiedenheiten der Zeitschätzung stehen andre Erscheinungen des Zeiterlebens, die Schopenhauer in

---

[4] Für die psychologische Seite des Zeitbewußtseins vgl. Elsenhans-Giese, Lehrbuch der Psychologie, 3. Aufl. Tübingen 1939 und die dort angegebene Literatur. Für die psychiatrische Seite vgl. den Bericht von V.E. Freiherr von Gebsattel: Die Störungen des Werdens und des Zeiterlebens im Rahmen psychiatrischer Erkrankungen, in: Gegenwartsprobleme der psychiatrisch-neurologischen Forschung, hrsg. v. Chr.H. Roggenbau. Stuttgart 1939. Die neuere französische Literatur, insbesondere die eingehenden und tiefdringenden Untersuchungen von E. Minkowski, Le Temps vécu. Paris 1933, konnten auch in der neuen Auflage nicht mehr in den Rahmen der vorliegenden Darstellung hineingenommen werden.

seinen „Aphorismen zur Lebensweisheit“ so eindringlich beschrieben hat: daß sich nämlich der Ablauf der erfahrenen Zeit im Lauf des Lebens von der Kindheit bis zum Alter immer mehr beschleunigt: „Die Zeit selbst hat in unserer Jugend einen viel langsameren Schritt, daher das erste Viertel unsers Lebens nicht nur das glücklichste, sondern auch das längste ist ... In der Kindheit bringt die Neuheit aller Gegenstände und Begebenheiten jegliches zum Bewußtsein: daher ist der Tag unabsehbar lang ... Die Stunden des Knaben sind länger als die Tage des Alten ... Je älter man wird, mit desto wenigerem Bewußtsein lebt man: die Dinge eilen vorüber, ohne Eindruck zu machen ... Dadurch beschleunigt sich der Lauf der Zeit mehr und mehr ... Demnach hat die Zeit unsers Lebens eine beschleunigte Bewegung wie die einer herabrollenden Kugel.“[5] Es ist die Beschleunigung des Lebens mit zunehmender Gewohnheit, die umgekehrt dann auch wieder durch die Aufhebung der Gewohnheit rückgängig gemacht werden kann. Nicht nur in der Jugend, sondern überhaupt bei jedem Neuanfang, etwa einem ersten Ferientag an einem unbekannten Ort dehnt sich die Zeit, wie Thomas Mann dies zu Beginn seines „Zauberbergs“ so eindringlich beschrieben hat. Man staunt, was alles an einem einzigen Tage möglich ist. Mit zunehmender Gewöhnung aber beginnen die Tage immer schneller dahinzuschwinden.

Im Gegensatz zu den zuvor behandelten Erscheinungen der Langenweile und des Zeitvertreibs handelt es sich hier darum, daß grade die erfülltere Zeit als die längere erscheint, die erlebnisärmere dagegen als die kürzere. Man kann sich den Unterschied bis zu einem gewissen Maß dadurch verständlich machen, daß es sich in dem einen Fall um den vorwärtsschauenden, in dem andern Fall dagegen um den rückwärtsschauenden Blick handelt. Die erfüllte Zeit vergeht zwar im Augenblicke selber schnell, erscheint hinterher dann aber doch wieder als erstaunlich lang. Im Zustand eines leeren Wartens schleicht die Zeit zwar unendlich langsam, aber für die Erinnerung schrumpft diese leere Spanne wieder zusammen, sie wird ganz vergessen, falls nicht die Erinnerung der bloßen Langenweile zurückbleibt. So jedenfalls hat es Thomas Mann einmal formuliert: „Über das Wesen der Langeweile sind vielfach irrige Vorstellungen verbreitet ... Leere und Monotonie mögen zwar den Augenblick und die Stunde dehnen und ‚langweilig‘ machen, aber die großen ... Zeitmassen verkürzen und verflüchtigen sie sogar bis zur Nichtigkeit“.[6]

Aber es ist nicht nur das Maß der größeren oder geringeren Ausgefülltheit, das den Zeitablauf beschleunigt oder verzögert, er wechselt auch, je nach dem besonderen Inhalt dieser Erfüllung. Nicht nur das Warten, allgemein auch die zu bewältigenden Schwierigkeiten dehnen die Tage und lassen sie länger erscheinen, während umgekehrt die Zeiten eines leichten Gelingens sehr viel schneller verfließen. Sehr treffend hat das einmal Proust formuliert: „Selbst unter einem rein

---

5 A. Schopenhauer, Aphorismen zur Lebensweisheit. Kap. 6. Vom Unterschiede der Lebensalter. Sämtliche Werke, hrsg. v. P. Deussen, Bd. 4, S. 534ff.

6 Th. Mann, Der Zauberberg. Berlin 1925, 1. Bd. S. 172. Vgl. R. Thieberger, Der Begriff der Zeit bei Thomas Mann. Baden-Baden 1952.

quantitativen Gesichtspunkt", sagt er, „sind in unserm Leben die Tage nicht alle gleich. Ein wenig nervöse Naturen, wie die meine, verfügen für ihre Bewältigung wie die Automobile über verschiedene ‚Gänge'. Es gibt bergige und beschwerliche Tage, die man unendlich langsam erklimmt, und andere, sich abwärts senkende, die man mit einem Lied auf den Lippen hinuntersaust."[7]

Je nach seinem besonderen Charakter hat jedes bestimmte Erleben seine ihm spezifisch zugehörige Form des zeitlichen Ablaufs. Das hat vor allem Binswanger klar erkannt. Er knüpft an eine Bemerkung des jungen Rilke an, der einmal sagt: „Jedes Erlebnis hat ein besonderes Tempo, in dem es gelebt werden muß, wenn es neu, tief und fruchtbar sein soll, und Weisheit ist, dies Tempo in jedem einzelnen Fall zu finden."[8] Und Binswanger fährt fort: „Wir sehen demnach, daß die immanente Zeit des Weisen, oder wie wir auch sagen können, des besonnenen Menschen ... sich gliedert (‚artikuliert') je nach der Bedeutung, die seinem Erleben innewohnt ... So hat Freude über etwas ein ganz anderes erlebnisimmanentes ‚Tempo' als das Leid über etwas, die Enttäuschung über etwas oder der Verzicht auf etwas ein ganz anderes als die Erfüllung von etwas oder die Zustimmung zu etwas usw., wobei im einzelnen wieder die größten Unterschiede bestehen, je nach der Art des Etwas."[9]

Wir sehen dabei von dem einen, vorwärts führenden Gedanken vorläufig ab, daß es nicht nur faktische Unterschiede dieses „Tempos" gibt, sondern auch die Möglichkeit von Abweichungen und die daraus entspringende Forderung der Übereinstimmung mit dem angemessenen Tempo; wir halten uns zunächst an die einfachere Feststellung, daß es solche Verschiedenheiten im subjektiv erfahrenen Zeitablauf gibt. Man erkennt dabei aber sehr bald, daß diese Veränderungen des Zeitbewußtseins nicht nur in einer maßstäblichen Veränderung der Zeitschätzung bestehen, sondern sehr viel tiefer in die Natur dieses Bewußtseins selber eingreifen. Schon Proust hatte diese Möglichkeit angedeutet, indem er sagte, daß „selbst unter einem rein quantitativen Gesichtspunkt" solche Verschiedenheiten zu beobachten seien; denn damit ist indirekt auch auf qualitative Verschiedenheiten hingewiesen. Und solche dürfte auch Binswanger im Auge gehabt haben, wenn er davon spricht, daß sich die Zeit verschieden „gliedert" oder „artikuliert". Das zeigt sich schon an den einfachsten Beispielen.

Man erkennt daraus also, daß die Erklärungsversuche, die die Veränderung des Zeitbewußtseins als eine bloß maßstäbliche Veränderung der Zeitschätzung auffassen, zu kurz greifen. So bedeutet schon das untätige Warten nicht nur einen Zustand einer langsam fließenden Zeit, sondern es ändert sich hier zugleich der innere Aufbau der Zeitlichkeit selbst. Der Mensch ist hier so sehr auf einen Augenblick der Zukunft gerichtet, daß er gar nicht mehr eigentlich in

---

7 M. Proust, In Swanns Welt, deutsch v. E. Rechel-Mertens. Frankfurt a.M. 1953, S. 576, unter Benutzung der früheren Übersetzung von R. Schottländer, Berlin 1925/26, 2. Band. S. 294.

8 R.M. Rilke, Briefe und Tagebücher aus der Frühzeit, S. 161.

9 Binswanger, a.a.O. S. 154.

der Gegenwart lebt, daß er in die Zukunft vorauseilt und die dazwischenliegende Zeit nur noch als ein zu überwindendes Hindernis auffaßt. So zeigt sich die Erscheinung, daß die Zeit schnell verfließt und im rückwärtigen Blick dann lang erscheint, nicht nur bei inhaltlich stark gefüllten Zeitstrecken, sondern ebenso auch bei einem stillen und fast untätigen Glück, wo die Zeit also mit fast gar keinem Geschehen ausgefüllt ist (ein Zusammenhang, der hier nur vorwegnehmend angedeutet werden kann und der später durch genauere Überlegungen erhärtet werden wird). Diese Bewußtseinsformen gehen dann ohne scharfe Grenze hinüber bis zum Erlebnis einer in der Zeit selber erfahrenen Ewigkeit.

All dieses weist darauf hin, daß es sich in diesen Erscheinungen gar nicht nur darum handelt, daß eine in ihrem Wesen immer gleichbleibende Zeit dann entsprechend der jeweiligen Gefühlslage in einem verschiedenen Maßstab erscheint und dadurch sich dehnt oder schrumpft. Es zeigt sich vielmehr, daß die Unterschiede tiefer greifen und in die Struktur der erfahrenen und erlebten Zeit selber hineinreichen. In diesem Sinn soll jetzt versucht werden, einige dieser Strukturunterschiede in der erlebten Zeit etwas genauer herauszuarbeiten.

6. Die Zeitlosigkeit des Glückserlebens

Schon das Sprichwort sagt bekanntlich: Dem Glücklichen schlägt keine Stunde. Das bedeutet nicht nur, wie es bisher verstanden wurde, daß dem Glücklichen die Zeit schneller vergeht, so daß er zum Schluß selber nicht mehr weiß, wo sie geblieben ist, sondern das hat zugleich einen sehr viel einschneidenderen Sinn: Der Glückliche achtet überhaupt nicht mehr auf die Zeit. Er fühlt sich über die Zeit erhaben. Er vergißt die Zeit und lebt insofern in einem Zustand der Zeitlosigkeit. Aber damit ist nicht einfach eine bloße Ausfallserscheinung gemeint, daß das Bewußtsein der Zeit verlorengegangen und an seine Stelle ein leeres Nichts getreten sei, sondern diese Zeitlosigkeit stellt einen positiven eignen Charakter dar, ein neues, bisher unbekannt gebliebenes Wesen der Zeit. Ähnlich heißt es auch einmal bei Hölderlin: „Wir töten im Rausche die Zeit“,[10] worin zugleich mit ausgesprochen ist, daß die „Zeit“ als etwas Verhaßtes und darum Vernichtenswürdiges erscheint.

Der Mensch vergißt in diesen glücklichen Stimmungen die Zukunft, er wird frei von den Sorgen und Befürchtungen, und alle Hoffnungen scheinen ihm in Erfüllung gegangen. Er braucht sich auch nicht mehr darüber hinaus zu sehnen, weil ihm die Gegenwart in sich selbst genügt. Er braucht sich auch nicht vor etwas zu fürchten, weil die Gegenwart in sich schon den Charakter der Sicherheit und Geborgenheit hat. Der Mensch vergißt aber auch die Vergangenheit, weil sie nicht mehr als Druck seine Gegenwart einengt, ihn nicht mehr als etwas Feindliches bedrängt. Er weiß von keinem Zustand mehr, der anders war als der

---

10 Hölderlin, Bd. 2, S. 121.

gegenwärtige, sondern ihm ist, als sei der gegenwärtige schon unendlich lange gewesen. Und darum ist auch die Gegenwart nicht mehr die Stelle eines schnellen Übergangs von der Vergangenheit zur Zukunft, sondern der Augenblick selbst, in dem er lebt, scheint sich zu strecken. Keine scharfe Kluft mehr trennt ihn von Vergangenheit und Zukunft. Und je voller das Glück, umso mehr scheint der gegenwärtige Augenblick in den Zustand reiner Zeitlosigkeit, reiner Ewigkeit aufgenommen. Dies sind Erfahrungen, die nachher an genauer ausgeführten Beispielen noch einer Bestätigung bedürfen, die aber zur allgemeinen Entwicklung der Fragestellung hier kurz andeutend vorweggenommen werden mußten. Es handelt sich hier um Zustände einer eigentümlichen „Enthebung" über die Zeit und damit über den Lastcharakter des Daseins überhaupt, auf dem die existenzphilosophische Sicht das Wesen des Menschen ausschließlich beruhen läßt.

Das Eigentümliche an dieser Erfahrung aber ist, daß es eine Enthebung über die Zeitlichkeit ist, die im Augenblick, also in der Zeitlichkeit selbst vor sich geht und nicht dadurch aufgehoben wird, daß dieser Augenblick selbst rasch vorübergehend ist. Das bedeutet also, daß dieses Erleben der Ewigkeit von der zeitlichen Erstreckung des Erlebens unabhängig ist und damit der Charakter der hier erfahrenen Ewigkeit ein anderer ist als der einer unendlichen zeitlichen Ausdehnung. Es handelt sich hier um einen eigentümlichen Zustand, der am besten mit den Worten der Mystiker als „stehendes Jetzt" oder als „ewige Gegenwart" bezeichnet wird.

7. Glück und Vergessen-Können

Ein bedeutsamer erster Hinweis auf diese Zusammenhänge zwischen Glück und Zeiterleben findet sich bei Nietzsche an der bekannten Stelle zu Beginn der „Zweiten Unzeitgemäßen Betrachtung", wo er von dem Glück der weidenden Herde spricht, von dem Glück der Tiere, das im Aufgehen im Augenblick besteht, und dann fortfährt: „Bei dem kleinsten aber und bei dem größten Glükke ist es immer Eins, wodurch Glück zum Glücke wird: das Vergessenkönnen oder, gelehrter ausgedrückt, das Vermögen, während einer Dauer unhistorisch zu empfinden. Wer sich nicht auf der Schwelle des Augenblicks, alle Vergangenheit vergessend, niederlassen kann, wer nicht auf einem Punkte, wie eine Siegesgöttin ohne Schwindel und Furcht zu stehen vermag, der wird nie wissen, was Glück ist, und noch schlimmer: er wird nie etwas tun, was andre glücklich macht."[11] Ausdrücklich wird hier also das Glück auf die Fähigkeit zurückgeführt, die Vergangenheit zu vergessen und rein in der Gegenwart aufzugehen.

---

[11] Nietzsche, Bd. 1, S. 285.

Glücksgefühl sprechen. Nur als Erläuterung seien hier einige der bezeichnendsten Äußerungen zusammengestellt:

> „Ohne daß mir an meiner Umwelt irgend etwas besondere Freude machte oder ich innerlich etwas Faßbares erlebte, fühlte ich mich grenzenlos glücklich“ (247). „Alles war in goldenes Spätnachmittagslicht getaucht. Ein beseligender Friede lag über dem Ganzen“ (292). „Über mich kam ein außerordentlich starkes und schönes Gefühl der Freude am Grenzenlosen und Unendlichen“ (127). „Und wieder war die Atmosphäre volle Heiterkeit, Dankbarkeit und Gegenwartsfreude, aus allem erstrahlte der unaufhörliche Jubel einer klaren, starken Harmonie“ (212).

Schon hier ist bezeichnend, was nachher auch im einzelnen noch verfolgt werden muß, daß es kaum möglich ist, dieses Glücksgefühl irgendwo als einen rein inneren, d.h. vom Erleben der Außenwelt abgelösten seelischen Zustand zu finden, sondern wie von selbst verbindet sich überall mit dem Gefühl der eignen Glückseligkeit zugleich ein Gefühl der Vollkommenheit der umgebenden Welt.

3. Die Störung des Zeitbewußtseins

Wir versuchen jetzt, auf dem Boden dieser Stimmungsgrundlage den Charakter der in ihr erscheinenden Welt nach den verschiedenen Richtungen hin genauer zu verfolgen. Das Erste und im gegenwärtigen Zusammenhang zunächst Wichtige ist ein eigentümliches Zeiterlebnis, das vom gewöhnlichen Zusammenhang aus als eine Störung des Zeitsinns erscheint und von den meisten Versuchspersonen auch in diesem Sinn aufgefaßt worden ist. Es beginnt mit einer Unfähigkeit in der richtigen Zeiteinschätzung: Die im Rausch verlebten Zeiten erscheinen dem rückwärts gewandten Blick unendlich lang:

> „Das Zeitbewußtsein war gestört, alle Vorgänge schienen mir gleichsam in die Länge gezogen“ (223).

So heißt es im Rückblick auf die vergangene Spanne des Rauschzustands:

> „Eine lange Spanne Zeit schienen mir die vergangenen Stunden“ (271). „Das Zeitmaß wird zunächst falsch eingeschätzt, die Rauschdauer auf viele Stunden“ (202).

So heißt es von einer auf fünf Minuten angegebenen Zeit:

> „Wenn man mir gesagt hätte, die Zeit habe Stunden gewährt, so hätte ich das eher geglaubt“ (259).

Es zeigt sich also als übereinstimmendes Merkmal dieser Zustände eine „Neigung zu enormen Zeitüberschätzungen“ (315). In einem genau entsprechenden Sinn berichtet auch ein andrer Gewährsmann aus schon früheren Selbstversuchen:

> „Was die Zeitsinnstörung anbelangt, so handelt es sich um eine ganz enorme subjektive Überschätzung der abgelaufenen Zeitstrecken, mit anderen Worten, der Zeitabfluß ist subjektiv enorm beschleunigt. Die Folge davon ist, daß kaum Erlebtes überaus schnell in die Vergangenheit entschwindet, wodurch die Zeit gedehnt erscheint. Erlebnisse der letzten halben Stunde erscheinen so in weiter Ferne, und das Gefühl der nächsten Zukunft überstürzt sich."[4]

Aber diese Abwandlungen des normalen Bewußtseins vertiefen sich dann mit der Stärke des Rauschzustands. Es handelt sich dann nicht nur darum, daß der Mensch sich im Zeitablauf falsch orientiert, daß er die Zeit gewissermaßen an einem veränderten Maßstab mißt, sondern es entsteht jetzt ein grundsätzlich verändertes Verhältnis zur Zeit, in dem der Maßstab überhaupt ganz seinen Sinn verliert. So heißt es schon in dem zuletzt genannten Bericht vom Zustand „auf der Höhe der Vergiftung", es sei, „als schwimme man in einem unendlichen Zeitstrom, irgendwo und wann".[5] Und entsprechend heißt es dann auch in den Berichten Beringers:

> „In jenen Momenten war mir jegliche Zeitschätzung abhanden gekommen, es schien mir auch äußerst gleichgültig, fast verächtlich, nach dem menschlichen Begriff der Zeit zu denken" (127). „Wie stand es überhaupt mit der Zeit? Ich wußte nicht, wie ich mich darüber orientieren konnte" (123). „Unter 4 Uhr konnte ich mir nichts vorstellen" (194).

Die Zeit verliert also überhaupt ihren Ablaufcharakter und die Zeitschätzung versagt darum so völlig, weil das Bewußtsein der fließenden Zeit in diesem Rauschzustand überhaupt verloren geht:

> „Es gab für mich keine Zeit" (255).

Diese Auflösung des Zeitbewußtseins wird besonders augenscheinlich an den Erfahrungen, wo eine stetig zusammenhängende Bewegung nicht mehr als solche erkannt wird, sondern sich in eine Reihe einzelner, nebeneinander stehender Bilder auflöst. So wird von verschiedenen Beobachtern übereinstimmend bezeugt, wie das Feuer einer schnell bewegten Zigarette im Dunkeln nicht mehr als eine zusammenhängende Kurve, sondern als eine Folge einzelner, getrennter leuchtender Punkte erscheint.[6] Das zeitliche Nacheinander löst sich auf in ein einfaches Nebeneinander, bei dem die zeitliche Stetigkeit verloren geht. So heißt es an einer Stelle sehr treffend von dem Auseinanderfallen der Bewegung in einzelne Phasenbilder:

---

[4] A. Serko, Im Meskalinrausch, Jahrbücher für Psychiatrie und Neurologie, 34. Bd. 1913, S. 357.

[5] Serko, a.a.O. S. 358.

[6] Vgl. bei Beringer vor allem die Figuren S. 147, 260, 303. Für die Einzelheiten muß zu den folgenden Ausführungen allgemein auf Beringer zurückverwiesen werden.

„Ganzer Vorgang aufgelöst in unzusammenhängende Einzelsituationen ... Ein seltsames Nebeneinander, nicht Hintereinander, sie haben keine Stelle in der Zeit, Zeit hat hier keinen Sinn“ (148).

Aber auch zahlreiche andere Beobachtungen weisen in dieselbe Richtung. Die Zeit verliert ihren Charakter als stetiger Abfluß, und wo das reale Geschehen sich stetig ändert, treten im Bewußtsein statt dessen einzelne, getrennt nebeneinanderstehende Zustände auf. Dahin gehören vor allem auch die Aussagen darüber, daß sich die Menschen, so wie es auch im Traum geschieht, plötzlich in eine neue Situation versetzt finden, ohne daß sie etwas von einem Übergang gemerkt hätten.

4. Das Erlebnis der Zeitlosigkeit

In unserm Zusammenhang sind an diesen Zeugnissen nicht so sehr die Störungen der allgemeinen Zeitorientierung wichtig, die mehr ein pathologisch-psychologisches Interesse haben, als die eigentliche neue Zeitform, die sich in diesem Erleben entwickelt und die nicht einfach als Ausfalls- oder Minderungserscheinung gegenüber dem normalen Zeitbewußtsein aufzufassen ist, sondern in der sich eigentümliche neue und positiv zu wertende Bestimmungen zeigen.[7]

Wenn man versucht, das Eigentümliche dieses Zustands schärfer zu zeichnen, so ist zunächst das Fehlen aller derjeniger Züge bemerkenswert, die den Charakter der geschichtlichen Zeit bedingen. Die Bezüge zur Vergangenheit und Zukunft rücken in eine weite Ferne. Es bleibt nur der Augenblick, der sich ohne scharfe Grenze in die Unendlichkeit verliert. So heißt es zunächst von einer noch leichteren Übergangsstufe:

„Das Zeitbewußtsein war mir zwar nicht abhanden gekommen, doch war es auffallend, daß mich Vergangenes wenig, das Kommende überhaupt nicht ansprach ... Mein Sinn war ganz auf das Gegenwärtige gestellt“ (236f.).

So heißt es schärfer dann noch an einer andern Stelle:

„In den Zeiten ungestörter Hingabe an den Rausch lebte ich nur im Augenblick, losgelöst von Vergangenheit und Zukunft. Das Gefühl von Fortschritt und Ablauf fehlte ... Jede Zielvorstellung fehlte“ (293).

Es fehlt die vorwärts drängende Richtung, und so bekommt die Zeit dann schließlich wirklich den Charakter einer stehenden Gegenwart. Sie rollt nicht

---

7 König weist (a.a.O.) mit Recht darauf hin, daß die Rede von der „Aufhebung des Zeitbewußtseins“ mißverständlich ist und spricht statt dessen vorsichtiger von der „Aufhebung des Zeiterlebnisses“. Es bleibt durchaus ein gewisses äußerliches Wissen von der Zeit, die Fähigkeit, sich mit gedanklichen Überlegungen bis zu einem gewissen Grade in der Zeit zu orientieren, aber dieses Wissen bleibt leer, denn es fehlt die Möglichkeit, es mit dem lebendigen Gefühl zu erfüllen. Nur auf dem Boden dieser Doppelschichtigkeit ist dann ja auch ein ausdrückliches Bewußtsein vom Fehlen des Zeitgefühls möglich.

mehr auf eine Zukunft zu, sie ist nicht mehr von einer Vergangenheit belastet, sondern sie findet in sich selber ein volles Genüge, in einem „Gefühl der Unabänderlichkeit des augenblicklichen Zustandes" (247). So heißt es entsprechend an einer andern Stelle:

> „Bei der Darbietung eines äußeren Reizes versinke ich tief in die Anschauung des Objekts. Nur dieser beachtete Gegenstand ist mir gegeben. Ich vergesse mich und alles sonst um mich. Für die Dauer dieses Zustandes ist mir aller Zeitsinn verloren. Ich fühle ihn weder kurz noch lang, noch endlos, sondern einfach zeitlos" (288).

Und um zu beweisen, daß es sich hierin nicht um die besondere Wirkung dieses besonderen Gifts handelt, sei ein entsprechendes Zeugnis aus dem Alkoholrausch hinzugefügt, das wir bei Proust finden:

> „Ich war in die Gegenwart eingeschlossen wie Helden oder Berauschte; im Augenblick völlig ausgelöscht, warf meine Vergangenheit nicht länger mehr jenen Schatten ihrer selbst vor mich hin, den wir Zukunft nennen; da ich den Zweck meines Lebens nicht länger in der Verwirklichung der Träume jener Vergangenheit, sondern in der Beseligung der gegenwärtigen Minute sah, ging mein Blick über sie nicht hinaus".[8]

Aber wenn hier von Zeitlosigkeit die Rede ist, dann erscheint sie nicht mehr als Mangel, daß dem Menschen etwas verloren gegangen wäre, was eigentlich zu seinem Wesen gehört, sondern als ein Zustand höherer Art, der sich jetzt vor dem Menschen auftut.

> „In jenen Momenten war mir jegliche „Zeitschätzung abhanden gekommen, es schien mir auch äußerst gleichgültig, fast verächtlich, nach dem menschlichen Begriff der Zeit zu denken, dieses Gefühl des Schwebens im Unendlichen, des ewigen Flusses im Grenzenlosen beherrschte mich vollkommen (127).

Die Gegenwart ist also nicht mehr der kurze Übergang von der Zukunft zur Vergangenheit, sondern die Gegenwart dehnt sich gleichsam ins Grenzenlose. Sie wird in sich selbst zur Unendlichkeit:

> „Alles hat keine Grenzen. Dauer des Zustandes nach der Ewigkeit hin. Keine abgegrenzten Zeitläufte" (203). „Man vergißt sich, Ort und Zeit, man ist nur beherrscht von dem Gefühl absoluter Zeitlosigkeit und zeitlosen monumentalen Daseins" (289).

In diesem Sinn heißt es dann, auch nur in einer gleichnishaften Aussage, die das Unfaßbare dieses Erlebens im Bilde festzuhalten sucht:

> „Die Zeit war nicht mehr ein Strom, der vorbeifloß und dessen Fließen man messen konnte, sondern sie war gleichsam ein Meer, das als Ganzes stillstand" (311).

---

8 M. Proust, Im Schatten junger Mädchenblüte, übers. v. E. Rechel-Mertens. Frankfurt a.M. 1954, S. 567.

Und ein andrer spricht von einem „Gefühl des Schwebens im Unendlichen, des ewigen Flusses im Grenzenlosen“ (127). Auch Huxley spricht von einer „unaufhörlichen Gegenwart, die aus einer einzigen, sich immerfort verändernden Offenbarung bestand“ (H 17).

Aber entscheidend ist in allen Fällen, daß das Erleben der Zeitlosigkeit nicht in der neutralen Gefühlslage möglich ist, sondern mit dem Gefühl eines unendlichen Glücks verbunden ist, ja erst aus diesem Glücksgefühl zu entspringen scheint, und insofern sind die Aussagen über das Erleben der Ewigkeit mit den früheren Aussagen über das Gefühl einer vollendeten Seligkeit zur Einheit zusammenzunehmen. Beides ist eines: Seligkeit ist Zeitlosigkeit und Zeitlosigkeit Seligkeit. Ein einziges Zeugnis für diesen Zusammenhang sei noch hinzugefügt, weil es zugleich in spätere Zusammenhänge vorausweist:

> „Ich stand ... unter dem Eindruck: Mittag – Mittag der Natur, sinnlich gegeben durch die strahlende Helle der Mittagssonne ... So war dieser Mittag ewig, kein Ende abzusehen, wenn auch die Vernunft ein Ende bestimmte“ (263).

5. Die Veränderung des Raumbewußtseins

Es erscheint zweckmäßig, das Bild von den Bewußtseinsveränderungen im Rauschzustand nicht auf die Abwandlungen des Zeitbewußtseins zu beschränken, sondern es zugleich auch nach den andern Richtungen hin zu erweitern, die sachlich zu andern Teilen unsrer Arbeit hinüberführen, aber im Sinne der Geschlossenheit der Darstellung am besten gleich hier mit angefügt werden. Mit der Veränderung des Zeitbewußtseins verbindet sich eine, wenn auch weniger eingreifende Veränderung der Raumvorstellung, und zwar im Sinn einer Ausweitung des umgebenden Raums:

> „Ich hatte eine unbeschreibliche Freude am Raum, das Zimmer schien groß, der Gang neben dem Bett war lang“ (209). „Der kleine Kellerraum schien sich ins Unendliche zu weiten“ (259),

und so ähnlich an immer neuen Stellen.

Damit verbindet sich zugleich, daß in dem Raum das Maß an Körperlichkeit zunimmt. Alle Gegenstände erscheinen bestimmter und „wirklicher“ als sonst. Es ist ein „Erlebnis der Plastizität“ (253):

> „Wie ich auf das Pflaster des Hofes schaue, sehe ich die Steine so deutlich und über Erwarten groß und so scharf jede einzelne Fuge zwischen den Steinen, daß ich den Eindruck gewinne, der Hof liege dicht unter dem Fenster“ (259). „Alles schien mir im Stereoskop, überplastisch, in der dritten Dimensionalität, optisch übertrieben, etwa wie im Scherenfernrohr“ (232). „Es fiel mir auf, daß ich diese Dinge nie mit solcher Klarheit und Intensität gesehen hatte“ (210). „Alle Gegenstände erschienen mir viel plastischer als normal“ (278).

Eng mit dieser Plastizität scheinen auch die Erfahrungen einer gesteigerten Realität zusammenzuhängen, die Huxley mit den Begriffen der „Daseinsintensität" (16) oder „Istigkeit" (H 14) bezeichnet: Alle Dinge sind für ihn „mit ‚Istigkeit' geladen" (H 28). Er erfährt hier staunend „die wunderbare Tatsache schierer Existenz" (H 28), „die Herrlichkeit und das Wunder reiner Existenz" (H 28).

Auch an dieser Stelle sei zugleich ein weiterer Bericht aus einem nicht rauschhaften, aber sonst als pathologisch zu bezeichnenden Glücksgefühl angefügt, der deutlich macht, wie wenig diese Erscheinungen in der besonderen Natur des Meskalinrausches begründet sind, sondern daß sie aus dem Wesen dieser gehobenen Bewußtseinslage überhaupt fließen:

> „Es gab Zeiten, wo alles, was ich sah, enorme Ausdehnungen annahm; Menschen erschienen Riesen, alle Gegenstände und Entfernungen erschienen mir wie in einem großen Fernrohr; es ist immer, als ob ich z.B. beim Sehen nach draußen durch einen Feldstecher gucke. Viel mehr Perspektive, Tiefe und Klarheit in allem."[9]

6. Die Steigerung der Sinnesempfindlichkeit

Dazu kommt weiter eine unerhörte Steigerung aller sinnlichen Empfindungen und eine gesteigerte Freude an diesen Leistungen:

> „Die Sinneseindrücke sind verstärkt, hauptsächlich der Farben- und Gehörssinn" (287).

Alle Farben nehmen an Leuchtkraft zu:

> „Die Farben werden überhaupt leuchtender" (170). „Die Farben der Flächen sind intensiver" (173).

Dabei können hier die verschiedenen und stark ausgeprägten Farbhalluzinationen beiseitebleiben, die für den Meskalinrausch bezeichnend sind, aber keine Entsprechung im normalen Glücksgefühl haben, sondern hier sind vor allem die Fälle wichtig, wo die wirklich vorhandenen Farben in einer gesteigerten Leuchtkraft erscheinen:

> „Die Farbe entsprach der Erfahrung, kam aber doch leuchtender heraus. Das Weiß der Wolken, das Grün der Bäume hatte frischere, blühendere Farben" (228). „Das Moos war von leuchtendem Smaragd, von unbeschreiblicher Schönheit, von einer Gehaltfülle der Farbe, daß ich irgendwie an Goethes Märchen von der grünen Schlange denken mußte" (211).

Entsprechend betont auch Huxley die „ungeheuer verstärkte Wahrnehmung von Farbe" (H 22). Alles erscheint hier „in leuchtenderen Farben, von einer tieferen Bedeutung" (H 16):

---

9 H.C. Rümke, Zur Phänomenologie und Klinik der Glücksgefühle. Monographien aus dem Gesamtgebiete der Neurologie und Psychiatrie, Heft 39. Berlin 1924, Patient E., S. 23.

> „Meskalin verleiht allen Farben erhöhte Stärke und macht den Wahrnehmenden unzähliger feiner Abschattungen bewußt, für die er zu gewöhnlichen Zeiten völlig blind ist“ (H 22).

Um sich von den Besonderheiten des Meskalinrausches nach Möglichkeit freizumachen, seien zugleich einige Angaben aus andern Rauschzuständen hinzugefügt, die zeigen, daß es sich hier um eine allgemeine Erscheinung des rauschhaft gehobenen Lebensgefühls handelt und nicht um eine spezifische Wirkung des Gifts. So heißt es entsprechend von einer Beobachtung im Haschischrausch:

> „Der Raum kann sich weiten ... Die Farben werden heller, leuchtender.“[10]

So heißt es ganz entsprechend von einer Schilderung des Alkoholrausches:

> „Das gerade (einen blauen Vorhang anzuschauen) schien mir ganz wundervoll ... Die blaue Farbe des Vorhangs schien mir weniger durch Schönheit als durch Intensität alle Farben, die mir von Kindheit an bis zu dem Augenblick vorgekommen waren, da ich den ersten Schluck getrunken und die erste Wirkung davon gespürt hatte, ... in den Schatten zu stellen ... Ein alter Schaffner kam unsere Fahrkarten revidieren. Die silbernen Reflexe auf den Metallknöpfen seiner Uniform entzückten mich ungemein“.[11]

Und wieder in dem selben Sinn heißt es in dem schon einmal angeführten Bericht aus dem nichtrauschhaften Glückszustand:

> „Das Licht in der Luft war viel glänzender, das Blau tiefer, das Spiel der Wolken imponierender, der Gegensatz zwischen dem Hell und Dunkel der Wolken größer.“[9]

Grade dieses letzte Beispiel zeigt besonders deutlich, daß diese geschärfte Empfindlichkeit der Sinne nicht als unmittelbare Gifteinwirkung, sondern als eine Folge der veränderten Stimmungslage aufgefaßt werden muß.

Ganz Entsprechendes gilt auch für die andern Sinne. Auch das Gehör ist in seiner Leistungsfähigkeit und Empfindlichkeit erheblich gesteigert. So heißt es von der gehörten Musik:

> „Ich glaube in der Tat, daß mein Gehör geschärft war und die geringste Unebenheit sehr unangenehm empfand“ (264).

So berichtet ein andrer Beobachter:

> „Die wahrgenommenen Geräusche klingen laut und sehr melodisch“ (187).

Andre wieder sprechen übereinstimmend von einer „Überempfindlichkeit gegen Geräusche“.[12] Entsprechendes gilt wiederum auch von der Steigerung der Tast-

---

10 Joel und Fränkel, Der Haschischrausch, Klinische Wochenschrift 1926, Heft 37.

11 M. Proust, a.a.O. S. 330.

12 S. 157, 191, 199 u.a.

empfindlichkeit,[13] so daß man allgemein von einer Steigerung aller Sinnesempfindungen sprechen kann:

> „Alle Sinne können und wagen mehr zu genießen, das Gehör, wenn Musik (sogar z.B. von einem Geiger auf der Straße) gehört wird, und sogar der Geschmack ist anders und intensiver als früher.“[9]

Dem entspricht zugleich eine allgemeine Steigerung des Vorstellungsvermögens, das die phantastischsten Erscheinungen mit Leichtigkeit hervorzuzaubern vermag, aber da es sich hier um Zusammenhänge handelt, die ohne Parallele zum gesunden Glückserleben sind, dürfen sie an dieser Stelle als rein pathologisch bedingt beiseite bleiben.

7. Die Steigerung der Verständnisfähigkeit

Bemerkenswert aber ist vor allem, daß mit dieser Steigerung der Sinnesempfindlichkeit zugleich eine auffallende Steigerung der Verständnisfähigkeit einhergeht. Die Erscheinung, die Nietzsche treffend mit dem Begriff der „intelligenten Sinnlichkeit“ bezeichnete, findet in den Zeugnissen aus den Rauschzuständen eine erstaunliche Bestätigung und inhaltliche Bereicherung. Es handelt sich zunächst um eine Steigerung in der ästhetischen Genußfähigkeit:

> „Ich war ganz begeistert von der Schönheit“ (165). „Von diesem Augenblick überraschte mich die Schönheit alles dessen, was mich umgab.“[14] „Alles erschien mir herrlich.“[15]

Und in einem ausführlicheren Bericht:

> „Es war die ganze sinnlich zu erfassende Umgebung in eine ästhetische Sphäre gehoben. Es kam mir vor, als wäre ich in einem Zustand des schöpferischen ‚Genießens‘, d.h. als wäre ich imstande, Werke der bildenden Kunst in einer Weise zu genießen, wie sie wohl dem schaffenden Künstler beim Erarbeiten vorschweben würden“ (236).

So heißt es auch an andrer Stelle in einem ähnlichen Sinn:

> „Die Symbolik der Farben und Formen, und zwar der abstrakten Formen, die ich bisher nie geahnt habe, wird mir von hier aus verständlich“ (206).

Dieser ästhetische Gesichtspunkt aber führt dann hinüber zu noch tieferen Schichten. Das Erlebnis des Glücks wird zum Erlebnis der Offenbarung eines bisher verschlossenen Geheimnisses. Der Mensch fühlt die Welt in einer sonst nicht geahnten Sinnhaftigkeit, als einen wohlgeordneten Kosmos, in dem auch das kleinste Glied seine notwendige und sinnvolle Stelle hat. So sprechen die

---

[13] S. 195, 197, 198, 201 u.a.

[14] Rümke, a.a.O., Patient B., S. 17.

[15] Rümke, a.a.O., Patient M., S. 35.

Versuchspersonen von einer „Einsicht in das wahre Wesen der Welt“ (250), von der „Offenbarung eines Lebenszwecks“ (257):

> „Mir ist, als offenbare sich ein tiefes Geheimnis“ (257).

Und ähnlich heißt es wiederum bei Huxley:

> „Diese Falten meiner Hose – welch ein Labyrinth endlos bedeutsamer Vielfältigkeit! Und das Gewebe des grauen Flanells – wie reich, wie tief bedeutsam und geheimnisvoll üppig“ (H 25).

Auch er faßt sein Ergebnis in den Worten zusammen:

> „Es ist eine Erkenntnis der allem Seienden innewohnenden Bedeutsamkeit“ (H 28).

Ein andres Zeugnis, in dem sich das Gefühl einer am ehesten als phantastisch zu bezeichnenden Einheit mit dem umgebenden Leben am stärksten offenbart, sei um seiner besonders überzeugenden Klarheit willen etwas ausführlicher wiedergegeben:

> „Dann achtete ich nur noch auf die Wiese, ich sah jedes Gras, jeden Halm, es war klar, daß dieser Halm just dort stehen mußte, sich so neigen, diesen kleinen Schatten werfen, sicher freute die Erde sich ungemein über diesen kleinen Schatten. Ich sah eine Fülle einzelner Pflanzen ... und mit dem Sehen setzte ein packendes, starkes Erleben ein, in jeder Pflanze glaubte ich das Leben selbst zu erleben, wenn nicht zu sehen, das geistige Vorbild, nach dem sie sich entfalten müßte, den Rhythmus des Wachsens, ihre Urform. Und je weiter ich in die Wiese sah, um so klarer wurde mir der geistige Plan eines jeden Gewächses, die große Harmonie der ganzen Wiese“ (212).

Wegen der überraschenden Übereinstimmung mit dieser im Meskalinrausch erlebten beglückenden Harmonie sei zugleich aus der eben schon herangezogenen Stelle bei Proust die Schilderung des Geschehens in einem Restaurant eingefügt, wo sich im leichten Alkoholrausch ebenfalls hinter dem alltäglichen Leben eine früher nicht geahnte wunderbare und geheimnisvolle Ordnung zu offenbaren scheint. In diesem Sinne heißt es:

> „Bald jedoch ordnete sich dies Schauspiel, für meine Blicke wenigstens, zu einem edleren und ruhigeren System. Die wimmelnde Emsigkeit wurde zu stiller Harmonie. Ich betrachtete die runden Tische, deren unübersehbare Menge sich durch die Restaurationsräume zog, als ebenso viele Planeten, wie sie auf allegorischen Bildern aus alter Zeit erscheinen. Eine unwiderstehliche Anziehungskraft bestand zwischen diesen verschiedenen Gestirnen ... Die Harmonie zwischen diesen astralen Tischen ließ gleichwohl ein unentwegtes Kreisen der dienenden Trabanten zu, die, da sie nicht saßen, sondern standen, in einer höheren Sphäre ihre Bahnen zogen. Gewiß liefen sie, um Hors-d'oeuvres herbeizuschaffen, den Wein zu wechseln, und weitere Gläser zu bringen. Aber trotz dieser besonderen Gründe ließ ihr ewiges Kommen und Gehen zwischen den runden Tischen doch die Gesetz-

> mäßigkeit dieser schwindelerregenden und doch geordneten Kreisbewegungen erkennen".[16]

Huxley geht noch einen Schritt weiter, indem er im Erleben des Meskalinrausches nicht subjektiv zu verstehende Zustände, sondern echte metaphysische Erfahrungen sieht, die es dem Menschen ermöglichen, über den Bereich unsrer normalen Erfahrungen hinauszugehen und, wie er sich ausdrückt,

> „durch eine chemische Tür in der Mauer einen gelegentlichen Ausflug in die Welt transzendentalen Erlebens zu erleben" (H 66).

Wie weit sich diese Auffassung halten läßt, mag für den Augenblick dahingestellt bleiben. Erstaunlich ist jedenfalls die Übereinstimmung solcher rauschbedingter Offenbarungserlebnisse mit den Zeugnissen, wie sie aus dem Bereich der religiösen Ekstase und der Mystik bekannt sind. Wenn auch dieser Bereich hier absichtlich beiseitegelassen werden mußte, weil er die Betrachtung nach andern Richtungen hin zu weit ausgeweitet hätte, so darf doch wenigstens im Vorübergehen auf die entsprechenden Schilderungen hingewiesen werden, wie sie James vom religiösen Glückserleben gegeben hat. Denn auch dort ist es dasselbe Gefühl, das in seiner überströmenden Seligkeit über den Menschen kommt: eine Wahrheit zu begreifen, die er vorher nicht gekannt hatte, die Geheimnisse des Lebens plötzlich in überzeugender Sicherheit zu wissen.[17]

8. Die Störung des Realitätsbewußtseins

Abschließend muß noch ganz kurz auf einige Erscheinungen hingewiesen werden, die als in den pathologischen Bereich hineingehörend eigentlich schon außerhalb des Umkreises der gegenwärtigen Betrachtung liegen, an die hier aber doch erinnert werden muß, weil sich aus ihnen wenigstens ein erster Hinweis auf die Verwandlung des Realitätsbewußtseins[18] im Glückszustand gewinnen läßt. Es sind die krankhaften Erscheinungen, in denen die scharfe Unterscheidung zwischen Ich und Außenwelt verloren geht, in denen der Mensch teils sich selbst als etwas Fremdes fühlt, teils sich wiederum mit etwas Fremdem identifiziert. So heißt es auf der einen Seite:

> „Mein eigener Körper war mir vollkommen fremd geworden, gehörte nicht mehr zu mir" (313). „Ich bin ein Teil der Küste, meine Schulter ist die größte Erhebung ... Das Gefühl ist, eine große Landschaft zu sein" (200).

Und auf der andern Seite:

---

[16] M. Proust, a.a.O., S. 560f. Zur Verdeutlichung ist gelegentlich auf den französischen Text und die frühere Übersetzung von W. Benjamin und F. Hessel, Berlin o.J., zurückgegriffen.

[17] W. James, Die religiöse Erfahrung in ihrer Mannigfaltigkeit, ins Deutsche übertr. v. G. Wobbermin. Leipzig 1907.

[18] Vgl. oben S. 85ff.

> „Ich fühle mich geradezu identisch mit dem Objekt“ (289). „Ich bin Musik, klettre in Musik“ (202).

Es ist das Gefühl der Einheit zwischen Innen und Außen, zwischen Ich und Du:

> „Immer das Gefühl, als wären die andern ich und müßte mein Erleben ihr Erleben sein“ (206). „Die Erleuchtung: Umwelt und Handeln sind identisch, Magie ist dann nichts Wunderbares mehr: die Welt muß sich unserem Handeln fügen, da dasselbe ja nur ihr Ausdruck ist“ (250).

So heißt es insbesondere von eigentümlichen (hier nicht weiter zu verfolgenden, aber für den Meskalinrausch, wie es scheint, sehr bezeichnenden) Erscheinungen, in denen die Welt in ein kristallinisches Gitterwerk aufgelöst erscheint:

> „Das Gitterwerk geht durch mich hindurch, es gibt kein außen und innen mehr. Körper und Geist ist auch eins. Das Gitterwerk ist auch ein Teil davon. Man kommt sich selbst vor wie ein Kristall; was ich sehe, bin ich auch selbst“ (202).

Es wäre verkehrt, die Deutung dieser so stark ins Pathologische gehörenden Erscheinungen zu überspitzen. Auf ihre Einzelheiten kommt es darum hier gar nicht an, sondern nur auf das Erlebnis der Verschmelzung von Ich und Gegenstand, von Innen und Außen. Wenigstens andeutend wußte hier auf den Zusammenhang hingewiesen werden, der von dieser Identifizierung mit dem Gegenstand zu dem „Versöhnungsfest“ der Natur mit ihrem „verlorenen Sohn“, zu dem „Evangelium der Weltenharmonie“ hinüberführt, das sich für Nietzsche im dionysischen Rausch offenbart,[19] oder zu dem „Eines zu sein mit allem, was lebt“, das den Grundton von Hölderlins „Hyperion“ bildet.[20]

9. Der Quellenwert der herangezogenen Zeugnisse

Die Darstellung der im Rauschzustand und insbesondere im Meskalinrausch auftretenden Veränderung des menschlichen Bewußtseins hatte (einem in der Sache selbst gelegenen Zuge nachgehend) über den unmittelbar interessierenden engeren Umkreis der hier erscheinenden eigentümlichen Zeitstruktur hinaus zu einer allgemeineren Darstellung der eigentümlichen, von der normalen abweichenden Struktur der im Rausch erscheinenden Welt hinübergeführt und insofern an verschiedenen Stellen an die Betrachtungen des ersten Hauptteils angeknüpft und diese durch ein neues Anschauungsmaterial ergänzt. Diese verschiedenen Berührungspunkte können hier im einzelnen nicht wieder aufgenommen werden. Es muß genügen, wenn der innere Zusammenhang in der Darstellung selber deutlich geworden ist. Doch ist es nötig, abschließend sich über den „Quellenwert“

---

19 Vgl. oben S. 79ff.

20 Hölderlin, Bd. 2, S. 91.

dieser an pathologischen Erscheinungen gewonnenen Ergebnisse für die auf Wesenszusammenhänge des menschlichen Daseins gerichtete philosophisch-anthropologische Untersuchung klar zu werden.

Dem zu Anfang vorausgeschickten Grundsatz zufolge sind in der bisherigen Darstellung alle die Erscheinungen beiseitegeblieben, die sich nicht auch (wenigstens annäherungsweise) in dem gesunden Seelenleben nachweisen lassen und die daher als pathologisch, sei es als allgemeine Folge des Rauschzustands überhaupt, sei es als spezifische Wirkungen dieses besonderen Gifts, angesehen werden müssen. Hierhin gehören die in den Berichten ausführlich beschriebenen farbigen Visionen, die in typisch wiederkehrender Weise geschilderten Halluzinationen, in denen märchenhaft-orientalische Räume erscheinen; hierhin gehören endlich die zuletzt berührten Störungen des Realitätsbewußtseins. Von allen diesen Erscheinungen konnte hier abgesehen werden, und es brauchte auch nicht die Frage weiter verfolgt zu werden, wie weit sie für den Meskalinrausch im besonderen, wie weit für ähnliche Rauschzustände allgemein gelten.

Die übrig bleibenden und hier eingehender dargestellten Erscheinungen sind sicher nicht eine eigentümliche Wirkung des besonderen Gifts, denn sie lassen sich in ganz entsprechender Weise auch bei anderen Räuschen feststellen. So sind für die gesteigerte Farbempfindlichkeit einige Belege eingefügt worden, die aus anders bedingten Räuschen stammen·und die genau mit dem hier entwickelten Bild übereinstimmen. Daß es sich aber überhaupt nicht um physiologisch zu verstehende Einwirkungen handelt, zeigt die durchgehende Übereinstimmung mit dem Bild, das Nietzsche in ganz anderem Zusammenhang von dem rein seelisch zu verstehenden Rausch der Begeisterung entwickelt hat.[21]

Wichtig aber ist, daß darüber hinaus diese Erscheinungen, soweit sie hier behandelt sind, nicht nur für die letzten Aufgipfelungen des Lebensgefühls im Rausch gelten, sondern zugleich in einem weiteren Sinn für die glücklichen Stimmungslagen überhaupt. Bedeutsam ist in diesem Zusammenhang, daß das hier entwickelte Bild weiter wiederum mit den Zeugnissen übereinstimmt, die Rümke für Fälle eines pathologischen gesteigerten Glücksgefühls gesammelt hatte. Schon die wenigen Proben, die oben in die Darstellung mit hineinverflochten waren, zeigten, wie auch hier das Bild sich zu einem einheitlichen Ganzen schließt und daß wir wirklich aus dem Rausch nur das herausgesucht hatten, was allgemein dem Weltbild eines gesteigerten Glücksgefühls entspricht.

Wenn aber Rümke (wenigstens von den entscheidenden seiner Fälle) feststellt: „Nicht das Glücksgefühl ist pathologisch, sondern das Erleben des Glücks“[21], d.h. nur das Zustandekommen und die Stärke des Glücksgefühls ist als anormal zu bezeichnen, nicht aber ihr Inhalt, wenn in einer entsprechenden Weise Baudelaire in seinen Berichten über den Haschischrausch, in seinen „Künstlichen Paradiesen“ feststellt, daß sich die aus der Vergiftung entstehenden Glücksgefühle nur durch Häufigkeit und Stärke, nicht aber in ihrem Wesen von

---

21 Rümke, a.a.O. S. 62.

andern Glücksgefühlen unterscheiden, so folgt daraus, daß man die hier dem Meskalinrausch entnommene Schilderung des Weltbilds zugleich auch allgemein auf alle Glückszustände übertragen darf, nur daß in diesem besonderen Fall in einer gesteigerten Deutlichkeit hervorgetreten ist, was in den Fällen des normalen Seelenlebens nicht mit dieser Schärfe zu fassen ist.

XII. DIE „VERLORENE" UND „WIEDERGEFUNDENE ZEIT" BEI MARCEL PROUST

1. Die Bedeutung Prousts für die gegenwärtige Untersuchung

Als zweites der vorbereitenden Beispiele behandeln wir die eigentümlichen Zeiterlebnisse und Zeitdeutungen, die im Mittelpunkt von Marcel Prousts Romanreihe „Auf der Suche nach der verlorenen Zeit" stehen. Auch diese Berichte sind für eine systematische anthropologische Auslegung nur mit einer äußersten Vorsicht zu benutzen, denn es handelt sich in diesem Werk um den Ausdruck einer ganz bestimmten weltanschaulichen Voraussetzung, von der von vornherein jede einzelne Lebenserfahrung geleitet und durchtränkt ist: um die letzte, am weitesten vorangetriebene Möglichkeit eines müden Impressionismus, der ohne Bindung an eine objektive geistige Welt einen reinen ästhetischen Subjektivismus verkörpert, für den die Zuständlichkeiten des eigenen Innern die einzige wahre Wirklichkeit darstellen und für den alles Geschehen im Verhältnis zur Außenwelt, mitmenschlicher wie dinglicher Natur, alle Bezüge der Freundschaft, Liebe usw. auf ein verwickeltes Spiel der Impressionen zurückgeführt werden, das sich in dieser Innerlichkeit abspielt.

Die eigentümliche Schönheit und der verführerische Reiz dieses Werks liegt grade in der letzten Folgerichtigkeit nicht nur der dichterischen Darstellung, sondern des ihr zugrundeliegenden Erlebens selbst, mit der hier die Lebenshaltung des französischen Impressionismus in ihrer verfeinertsten und vergeistigtsten, fast schon zu einer mystischen Tiefe geführten Gestalt erscheint. Man wird sich darum hüten müssen, die dort ausgesprochenen Beobachtungen (auch dort, wo sie scheinbar von den inhaltlichen Zügen dieser Weltanschauung unberührt sind) kritiklos hinzunehmen. Aber auf der andern Seite hat grade diese dekadente Müdigkeit, in der Proust rein passiv auf die inneren Zustände seines Seelenlebens zurückgewandt war, ihm eine ungeheure Hellhörigkeit für die feineren Schattierungen dieser Zustände verliehen und hat ihm gewisse Erfahrungen noch zugänglich gemacht, die sich der Beachtung eines gesunderen und kräftigeren Lebens entziehen, so wie überhaupt der Kranke vieles noch zu empfinden vermag, was dem Gesunden in der Regel verborgen bleibt.

Bei der äußersten Seltenheit ausführlicherer Nachrichten über die hier zur Rede stehenden Verhältnisse des Zeiterlebens gewinnen die bei Proust entwickelten umfangreichen Zeitanalysen trotz aller entgegenstehenden kritischen Bedenken einen einzigartigen Wert. Wenn auch von vornherein zu erwarten ist, daß in diesen Romanen Züge, die aus echter und allgemein zugänglicher Beobachtung stammen, neben andern Zügen stehen werden, die nur aus der Deutung dieses besonderen Standpunkts erwachsen, so wird doch der Gang unsrer Behandlung notwendig der sein müssen, zunächst die hier entwickelte Zeitanschauung im ganzen zu zeichnen und dann erst in einer kritischen Zurückführung zu fragen, wo im einzelnen die Grenze zwischen Erfahrung und Deutung gelegen sei und wie das dort Gesehene in einem umfassenderen Rahmen richtig zu werten sei. Dabei kann hier aus dem gesamten und noch nach manchen andern Richtungen hin reizvollen Weltbild Prousts nur mit einer gewissen Gewaltsamkeit der eine einzige Zug herausgelöst werden, der in der gegenwärtigen Betrachtung der Zeitlichkeit weiterzuführen geeignet ist.

2. Die Schilderung der Glückserfahrung

Der Name der ganzen Romanreihe „Auf der Suche nach der verlorenen Zeit" und des die Auflösung bringenden letzten Bandes „Die wiedergefundene Zeit"[1] weist schon im Thema auf die ausschlaggebende Bedeutung hin, die hier der Zeit im menschlichen Leben zugewiesen wird: Die Zeit kann verloren gehen und wiedergefunden werden, und im Wiederfinden der verloren gegangenen Zeit wird die eigentliche Aufgabe des menschlichen Lebens gesehen. Eine solche Zeit, die im Lauf des Lebens verloren geht und als ein kostbares Gut wieder gesucht werden muß, ist selbstverständlich etwas anderes als diejenige Zeit, in der das gewöhnliche menschliche Leben verläuft. Es ist eine besondere, ausgezeichnete Zeit, die sich dem Menschen nur in ganz bestimmten, höchsten Augenblicken seines Lebens erschließt. Und die Suche nach der verlorenen Zeit wird darum so schwierig, weil sie sich überhaupt nicht durch die Anstrengung des bewußten Willens herbeizwingen läßt, ja durch diese Anstrengung eher verdeckt würde, sondern sich dem Menschen nur in bestimmten Augenblicken einer eigentümlichen überwältigenden Glückserfahrung, in bestimmten Augenblicken einer beseligenden und befreienden Stimmung offenbart.[2]

---

[1] M. Proust, A la recherche du Temps perdu. Paris 1919–1927. Auch die Anregung zur Beschäftigung mit Proust verdanke ich J. König. Im Sinne einer äußersten Vereinfachung beschränkt sich die Darstellung auf das eine entscheidende Erlebnis im letzten Band. Die Seitenzahlen, die wieder unmittelbar den Zitaten in Klammern angefügt wurden, beziehen sich auf den zweiten Teil des letzten Bandes: Le Temps retrouvé. Von den vorbereitenden Erlebnissen ist nur das erste, zu Beginn des Gesamtwerks herangezogen und nach der Übersetzung: In Swanns Welt, deutsch v. E. Rechel-Mertens, Frankfurt a.M. 1953 wiedergegeben, unter Verwertung der früheren Übersetzung von R. Schottländer, Berlin 1925.

[2] Die oft behauptete Nähe Prousts zu Bergson greift sehr viel weniger tief, als man meist annimmt. Gemeinsam ist beiden die Unterscheidung der (subjektiven) Erlebniswelt von der (objektiven) Uhrzeit und die Gleichsetzung der ersteren mit dem Leben selber. So betont auch Bergson, daß „die Zeit sein (d.i. des seelischen Lebens) Stoff selber ist" (Schöpferische Entwicklung, übers. v. G. Kantorowicz, Jena 1912, S. 11). Aber die Auffassung dieser inneren Zeitlichkeit ist bei beiden radikal verschieden. Bei Bergson handelt es sich um eine einheitliche, stetig fließende „Lebenszeit", bei Proust dagegen ist das Wichtige eine vom gewöhnlichen Zeiterleben abweichende Form eines besonderen, „tieferen" Zeiterlebens. Bei ihm handelt es sich also, im Unterschied zu Bergson, um eine Schichtung zweier verschiedener Formen innerhalb der subjektiven Zeitlichkeit selber. Das eigentüm-

Es handelt sich in diesen Erlebnissen um das Gefühl eines außerordentlichen, überirdischen Glücks, das über den Menschen kommt, um eine „strahlende und unbestimmte Vision" (8), eine „Vision von Azur" (10):

> „Ein tiefes Blau machte meine Augen trunken, Eindrücke von Frische, von strahlendem Licht wirbelten um mich her" (8).

In diesem Zustand lösen sich die Widerstände und Schwierigkeiten des Lebens wie von selbst auf, und die Welt liegt in einer vollendeten Klarheit und Schönheit vor dem Menschen da. Die Art dieses Erlebens wird am besten aus einer längeren Schilderung vom Beginn des Gesamtwerks deutlich, wo die reine und sorgfältige Beobachtung noch weniger von der an späteren Stellen schon einsetzenden Deutung durchzogen ist. Dort heißt es, noch im Bericht der Kindheit, von der Heimkehr an einem trüben Wintertag:

> „Gleich darauf führte ich, bedrückt durch den trüben Tag und die Aussicht auf den folgenden, einen Löffel Tee mit dem aufgeweichten kleinen Stück Madeleine (Gebäck) darin an meine Lippen. In der Sekunde nun, als dieser mit dem Kuchengeschmack gemischte Schluck Tee meinen Gaumen berührte, zuckte ich zusammen und war wie gebannt durch etwas Ungewöhnliches, das sich in mir vollzog. Ein unerhörtes Glücksgefühl, das ganz für sich allein bestand und dessen Grund mir unbekannt blieb, hatte mich durchströmt. Mit einem Schlage waren mir die Wechselfälle des Lebens gleichgültig, seine Katastrophen zu harmlosen Mißgeschicken, seine Kürze zu einem bloßen Trug unserer Sinn geworden; es vollzog sich damit in mir, was sonst die Liebe vermag, gleichzeitig aber fühlte ich mich von einer köstlichen Substanz erfüllt: oder diese Substanz war vielmehr nicht in mir, sondern ich war sie selbst. Ich hatte aufgehört, mich mittelmäßig, zufallsbedingt, sterblich zu fühlen. Woher strömte diese mächtige Freude mir zu? Ich fühlte, daß sie mit dem Geschmack des Tees und des Kuchens in Verbindung stand, aber darüber hinausging und von ganz anderer Wesensart war. Woher kam sie mir? Was bedeutete sie? Wo konnte ich sie fassen" (S. 70f.).

Es handelt sich hier um

> „einen unbekannten Zustand, der keinen logischen Beweis, wohl aber die Gewißheit seiner Seligkeit mit sich führte, seiner Wirklichkeiten, der gegenüber alle andern verblassen (S. 72).

---

liche Wesen der von Proust ausgesprochenen Zeiterfahrung und die Frage nach ihrem möglichen sachlichen Gehalt wird durch die Gleichsetzung mit Bergson von vornherein abgeschnitten.

3. Die Verwandlung des Lebens und der Welt

Das Eigentümliche dieser Erfahrung liegt darin, daß die Seligkeit den Menschen unerwartet und ohne vernünftigen Grund überfällt, daß sie vielmehr aus einem kleinen und unscheinbaren Anlaß aufsteigt: aus dem Klang eines Teelöffels auf einem Teller, aus dem Geschmack eines Stückchens in Tee getauchten Kuchens, aus der Berührung der Lippen mit dem steifen, rauhen Stoff der Serviette, aus der unvermuteten Bewegung beim Gehen über zwei verschieden hohe Pflastersteine. Es sind Stimmungen im echten, strengen Sinn, die auf rätselhafte Weise den Menschen überkommen. Die kleinen Erlebnisse, bei denen sie aufsteigen, sind viel zu unbedeutend, um eine so tiefe Befriedigung erklären zu können, wie ja

> „der einfache Geschmack einer Madeleine vernünftigerweise die Ursache dieser Freude nicht zu enthalten scheint" (16).

Die kleinen Erlebnisse sind vielmehr nur als Anlaß zu verstehen, der eine Wirkung auslöst, die zur Kleinheit des Anlasses in gar keinem Verhältnis steht. Und es drängt sich wie von selbst der Gedanke eines „Zaubers" auf, der durch diese als solche belanglosen Handlungen ausgelöst wird.

> „Wie die Gestalt aus „Tausend und eine Nacht", die ohne es zu wissen, genau den Ritus vollzieht, der einen nur ihr allein sichtbaren gefügigen Geist erscheinen läßt, der sie in die Ferne fortzutragen bereit ist" (10),

oder wie in ein niederes Wesen gebannte Seelen durch irgendeine Berührung aus ihrer Verzauberung gelöst werden können (S. 64), so erwächst aus irgendeinem an sich ganz belanglosen Erlebnis auf zauberhafte Weise eine völlige Erneuerung des ganzen Lebensgefühls.

Die entscheidende Leistung dieser Verwandlung aber liegt darin, daß sich in dieser eigentümlichen glücklichen Stimmung das bisher verworrene Leben wie von selbst ordnet und wieder zurechtlegt. Der Mensch befindet sich plötzlich in einem Zustand, wo er der Sorge des alltäglichen Lebens auf geheimnisvolle Weise enthoben ist. So heißt es an der soeben angeführten Stelle von der Glückseligkeit:

> „Mit einem Schlage waren mir die Wechselfälle des Lebens gleichgültig, seine Katastrophen zu harmlosen Mißgeschicken, seine Kürze zu einem bloßen Trug unserer Sinne geworden" (S. 71).

Und so heißt es entsprechend zu Beginn der bedeutsamen Stelle im letzten Band:

> „Meine ganze Entmutigung verschwand vor der gleichen Glückseligkeit, die mir zu verschiedenen Zeiten meines Lebens ... [die verschiedenen im Werk behandelten Erlebnisse] gegeben hatten ... Jede Unruhe über die Zukunft, jeder geistige Zweifel waren zerstreut ... Ohne daß ich irgendwie neue Überlegung angestellt, irgendeine entscheidende Begründung gefun-

> den hätte, hatten auf einmal die unlösbaren Schwierigkeiten jede Wichtigkeit verloren“ (7).

Hierin gehört vor allem (und durch mehrfache Wiederholung als entscheidend herausgehoben) die Überwindung der letzten Beunruhigung des Menschen durch den Tod:

> „Meine unruhigen Sorgen über meinen Tod hatten aufgehört“ (14). „Das Wort Tod hat keinen Sinn für ihn“ (16). „Die Freude glich einer Gewißheit und genügte ohne andre Beweise, mir den Tod gleichgültig zu machen“ (9).

Im Gesamtzusammenhang der vorliegenden dichterischen Darstellung ist es dann die Leistung des dort im letzten Band dargestellten abschließenden Erlebnisses, daß sich nach einer langen Zeit ziellosen und unsicheren Daseins jetzt im Helden die eigentliche Lebensaufgabe offenbart (welche dann wiederum darin besteht, die Geschichte dieser Irrwege bis hin zu diesem entscheidenden Wendepunkt in einem überzeugenden Kunstwerk zu gestalten). Und für den Zusammenhang der gegenwärtigen Untersuchung ist daran wichtig, daß diese letzte Sinngebung des Lebens nicht aus irgendwelchen „großen“ Erlebnissen entspringt, nicht aus irgend etwas, was man sonst als „Höhepunkt“ des Lebens anzusehen geneigt wäre, aber auch nicht aus ausdrücklichen Entscheidungen und Überlegungen, sondern daß sie fast unbemerkt aus leisen und stillen Stimmungen hervorwächst.

4. Der Charakter des Erlebnisses als Erinnerung

Diese beglückenden Erlebnisse treten im Verlauf der Darstellung an verschiedenen Stellen in einer typisch wiederkehrenden Weise auf. Während der Grund dieser tiefen Befriedigung zunächst noch im Dunkel bleibt, findet er im Verlauf der bei den verschiedenen Malen stufenweise fortgeführten Besinnung eine überraschende Aufklärung: Das Entscheidende an dem Erlebnis ist eine Erinnerung, die aus einer verborgenen Tiefe des Lebens aufsteigt und deren plötzliches Freiwerden den Vergleich mit einem Zauber nahelegt. Im gegenwärtigen Augenblick geschieht irgend etwas, an sich Belangloses, das auf irgendeine geheimnisvolle Weise einen andern, früheren Augenblick des Lebens wieder wachruft. Der Gebrauch der Serviette läßt, etwa in der eigentümlichen Note der dabei auftretenden Tastempfindung, einen früheren Aufenthalt in einem Seebad wieder auftauchen, den Stimmungsgehalt und die ganzen begleitenden Umstände eines Augenblicks, wo eine gleiche Empfindung schon einmal dagewesen war:

> „Die gemeinsame Empfindung hatte versucht, den alten Ort um sich herum wiederzuerschaffen“ (18).

Der gegenwärtige Augenblick beglückt also aus dem Grunde so unnennbar, weil ein vergangener in ihm wieder lebendig wird.

In der Art dieser Erinnerung waltet ein eigentümliches Gesetz. Sie holt aus der Vergangenheit nicht das herauf, was das „gleichmäßige" oder „intellektuelle Gedächtnis" behalten hat und sich willkürlich wieder vergegenwärtigen kann, sondern merkwürdige andre Dinge, die von jenem her belanglos erscheinen: einen Geruch oder einen Geschmack oder irgendeine andre kleine Wahrnehmung. Dinge, die längst vergessen schienen und die durch keine Anstrengung des bewußten Willens wieder herbeizuzwingen gewesen wären, tauchen zufolge der Verknüpfung dieses eigentümlichen Gesetzes wieder auf, das nicht nach den Beziehungen eines vernünftig begründeten sachlichen Zusammenhangs verbindet, sondern das – unter Überspringung des dazwischenliegenden realen Geschehenszusammenhangs – Dinge zusammennimmt, die nur durch die Gemeinsamkeit einer sie umhüllenden Stimmung miteinander verbunden sind. Einzig die Gemeinsamkeit dieser unbestimmten Stimmung, die in jedem Augenblick des Lebens die Vielheit der umgebenden Umstände zu einem Ganzen zusammennimmt, bedingt den Inhalt dieser Erinnerung.

> „Das geringe Wort, das wir zu irgendeiner Zeit unsres Lebens gesagt haben, die unbedeutendste Bewegung, die wir getan haben, war umgeben und trug in sich den Abglanz von Dingen, die logisch gesehen gar nicht mit ihnen verbunden waren und durch den Verstand, der für die Bedürfnisse der Vernunft nichts mit ihnen anfangen konnte, von ihnen getrennt worden sind, aber in deren Mitte – hier der rosige Widerschein des Abendlichts auf der blütenbedeckten Mauer eines ländlichen Gasthofs, die Empfindung des Hungers, das Verlangen nach Frauen, Freude an Luxus, dort die blauen Voluten des morgendlichen Meeres, das Melodien in sich einschließt, die teilweise daraus emporsteigen wie auf den Schultern von Nixen – die einfachste Handlung oder Bewegung eingeschlossen bleibt, wie in tausend verschiedenen Gefäßen, von denen jedes mit völlig verschiedenen Dingen je einer gemeinsamen Farbe, eines gemeinsamen Geruchs, einer gemeinsamen Temperatur gefüllt wäre, ganz abgesehen davon, daß diese Gefäße die über die ganze Höhe unsrer Jahre verteilt sind, während derer wir nicht aufgehört haben, daran zu ändern, sei es auch nur im Traum oder im Gedanken, in sehr verschiedenen Höhen aufgestellt sind und uns die Empfindung von einzigartig unterschiedlichen Atmosphären geben" (12).

Und doch ist es so, daß in diesen rätselhaft-unbestimmten Beziehungen eine tiefere Offenbarung über das Wesen der Dinge durchschimmert, während die Auskünfte des bloßen intellektuellen Gedächtnisses demgegenüber als wesenlos erscheinen (S. 64).

Es handelt sich in diesem eigentümlichen Gesetz der Erinnerung auch nicht um frühere Augenblicke, die durch irgendeine stetig fortwirkende Bedeutung mit der Gegenwart verbunden wären, um nichts, was als Glied an der Verwandlung und Entwicklung des eignen Lebens teilgenommen hat, sondern es sind einzelne, herausgehobene, geschichtlich gesehen zusammenhanglose Augenblikke, die sich über alle stetig verlaufende Zeit hinweg in diesem eigentümlichen Erlebnis begegnen:

> „Zwischen der Erinnerung, die uns plötzlich kommt, und unserm gegenwärtigen Zustand ... ist der Abstand so groß, daß er selbst abgesehen von einer ursprünglichen Eigenart genügen würde, sie untereinander unvergleichbar zu machen. Ja, wenn die Erinnerung dank des Vergessens kein Band hat knüpfen, keine Kette hat spannen können zwischen ihr und der gegenwärtigen Minute, wenn sie an ihrem Ort und ihrer Zeit geblieben ist, wenn sie ihren Abstand gewahrt hat, ihre Einsamkeit in der Tiefe eines Tals oder auf der Spitze eines Gipfels, dann läßt sie uns plötzlich eine neue Luft atmen, grade weil es eine Luft ist, die wir schon früher geatmet haben" (13).

5. Die Verschmelzung von Gegenwart und Vergangenheit

Wenn sich aber so ein Vorgang der Erinnerung als der eigentliche Kern des Glückserlebnisses herausstellt, dann fragt es sich weiter, warum denn grade in der Erinnerung der Grund für eine so tiefe Beglückung gelegen sei. Der Grund kann nicht im Inhalt des Erinnerten liegen, daß also in einer unerfreulichen Gegenwart eine schönere (oder schöner scheinende) Vergangenheit auftauchte. Es kann vielmehr sein, daß ein früheres Erlebnis erst in der Erinnerung eine Vollkommenheit erhält, die es am ursprünglichen Zeitpunkt noch gar nicht besessen hatte. So handelt es sich hier um die Erinnerung an

> „einen ganzen Augenblick meines Lebens ... an dessen Genuß mich in Balbec vielleicht ein Gefühl der Müdigkeit oder Traurigkeit gehindert hatte und der heute, befreit von aller Unvollkommenheit der äußeren Wahrnehmung, rein und unkörperlich, mich mit jubelnder Freude schwellte" (11).

Der Grund der Freude kann darum nicht in dem Inhalt des Erinnerten, sondern nur in der besonderen Weise der Erinnerung selbst gelegen sein, nur in dem eigentümlichen Zeiterlebnis, in dem dabei Vergangenheit und Gegenwart in merkwürdiger Weise miteinander verschmelzen. Darum sind die „materiellen Verschiedenheiten" der Erlebnisse belanglos, und es sind im strengen Sinn „identische Freuden" (11), die aus verschiedenem Anlaß zu verschiedenen Zeiten des Lebens aufgetaucht sind:

> „Die Glückseligkeit ... war in der Tat dieselbe" (8),

d.h. der Grund der Glückseligkeit liegt unabhängig von allem erinnerten Gehalt in dem eigentlichen Zeiterlebnis der Erinnerung selbst begründet, und es gilt, dieses Zeiterleben genauer zu bestimmen.

Zunächst ist wichtig, daß der erinnerte Augenblick nicht als ein vergangener gegenständlich ist, sondern daß der Mensch sich leibhaftig in ihn versetzt fühlt:

> „Es war nicht nur ein Echo, eine Verdoppelung der vergangenen Empfindung, sondern diese Empfindung selbst" (18).

Die Vergangenheit wird in der Gegenwart noch einmal wirklich lebendig, und beide Eindrücke verschmelzen in einer merkwürdigen Einheit zu einem einzigen:

> „Diese verschiedenen glücklichen Eindrücke ... hatten untereinander das gemeinsam, daß ich sie zugleich im jetzigen und in einem fernen Augenblick empfand, indem das Geräusch des Löffels auf dem Teller, die Ungleichheit der Fliesen, der Geschmack der Madeleine so weit gingen, daß sie die Vergangenheit von der Gegenwart Besitz ergreifen ließen, so daß sie mich zögern machten bei der Besinnung, in welcher der beiden Zeiten ich mich befand" (14).

Es handelt sich also um eine wirkliche Verschmelzung der beiden Empfindungen zu einer einzigen, und von dieser Verschmelzung geht eine solche überzeugende Kraft aus, daß es von diesem Erleben heißen kann:

> „Der Eindruck war so stark, daß mir der Augenblick, den ich durchlebte, der wirkliche Augenblick zu sein schien" (10).

6. Die Anschauung der Ewigkeit

Damit aber erhebt sich die weitere Frage: Warum bedeutet, unabhängig von allem Inhalt des Erinnerten, rein formal gesehen, diese Verschmelzung von Gegenwart und Vergangenheit eine solche überwältigende Freude? Und die Antwort, die sich hier als Ergebnis einer langsamen und mühsamen Besinnung auf das in der ursprünglichen Erfahrung unmittelbare Gegebene ergibt, lautet: weil die hier erreichte „Identität" zwischen Gegenwart und Vergangenheit gar nicht mehr in der Ebene der stetig verlaufenden Zeit möglich ist, sondern nur dadurch, daß der Mensch in diesem Erleben aus der Ebene der Zeitlichkeit überhaupt heraustritt:

> „Das Wesen, das jetzt in mir diesen Eindruck empfand, empfand daran das, was ihm an einem fernen Tag und heute gemeinsam war, das, was ‚außerzeitlich' an ihm war; ein Wesen, das nur erschien, wenn es – durch eine dieser Identitäten zwischen Vergangenheit und Gegenwart – sich in dem einzigen Medium befinden konnte, wo es leben, die Wesenheit, die Dinge genießen konnte, d.h. außerhalb der Zeit" (14).

Die Verschmelzung der beiden Augenblicke ist also gar keine Beziehung innerhalb der verlaufenden Zeit, sondern weil der Mensch in diesen aus dem sonstigen Lauf des Lebens herausgehobenen Augenblicken die Ebene der Zeitlichkeit überhaupt durchstoßen und eine andre Schicht des Außerzeitlichen, des Ewigen erreicht hat, darum können dann auch die verschiedenen zeitlich getrennten

Augenblicke identisch werden, weil ja alle an der Ewigkeit teilhaben. Es ist dieselbe Ewigkeit, die in dem einen und in dem andern gespürt wird, und die Seligkeit, die der Mensch dabei erfährt, ist das Bewußtsein der erlebten Ewigkeit.

Ursprünglicher als die Verknüpfung der verschiedenen Augenblicke ist also die Zeitstruktur des einzelnen Augenblicks selbst, in dem der Mensch für die Dauer des Augenblicks den stetigen Zusammenhang der gewöhnlichen Zeit durchstößt und die Ewigkeit erfährt. Entscheidend daran ist die eigentümliche Doppelheit: Von der Betrachtung der verlaufenden Zeit ist es ein flüchtiger Augenblick, der schnell wieder vorbei ist. Und trotzdem birgt dieser flüchtige Augenblick das Erlebnis der Ewigkeit in sich:

> „Aber diese Anschauung, obgleich eine Anschauung der Ewigkeit, war flüchtig" (19).

Das Erlebnis der echten, sich hier auftuenden Ewigkeit ist also unabhängig von der zeitlichen Dauer, sondern ist auf der Schneide des schwindenden Augenblicks selbst möglich. Es ist also nur als eine neue „Dimension" der Zeitlichkeit zu deuten, die sich „senkrecht" zur Richtung der geschichtlich-menschlichen Zeit auftut.

7. Die Verwandlung des Gesamtbewußtseins

Dieses Erlebnis der im Augenblick aufbrechenden Ewigkeit ist aber nicht im vorgegebenen Rahmen eines sonst unveränderten Bewußtseins möglich, sondern bedingt notwendig eine durchgreifende Verwandlung des gesamten Bewußtseins des Menschen, ja es ist seinerseits nur der Ausdruck einer solchen durchgreifenden Verwandlung der Gesamtstruktur des Bewußtseins. Was an früherer Stelle schon allgemein gefunden wurde: daß die gehobene Stimmungslage im Menschen neue Möglichkeiten der Wesensverfassung der Dinge und neue Möglichkeiten der eignen Vervollkommnung erschließt, das gilt von diesem einzigartigen Erleben in einer ausgezeichneten Weise: Es ist die eigentümliche (und nachher bei Nietzsche ausführlicher zu wiederholende) Erfahrung: Im Erleben eines zeitlosen Zustands fühlt der Mensch in sich selber eine letzte, sonst verborgene Wesensschicht freigelegt. Er empfindet dies Erlebnis als eine Rückkehr zu einem „wahren Ich". Und in demselben Augenblick fühlt er zugleich die Fähigkeit, die Welt um sich in ihrem wahren, sonst verhüllten Wesen zu erfassen:

> „Die dauernde Wesenheit der Dinge, die gewöhnlich verborgen ist, findet sich befreit, und unser wahres Ich, das manchmal seit langer Zeit tot schien, es aber nicht war, erwacht, belebt sich, wenn es die himmlische Nahrung empfängt, die ihm gebracht wird" (16).

Beide Erfahrungen aber sind nicht getrennt, sondern so aufeinander bezogen, daß es derselbe geistige Vorgang ist, in dem der Mensch nach innen hin sein eignes Wesen und nach außen hin das Wesen der Dinge erfährt.

Nach der ersten Richtung hin heißt es an dieser Stelle ausdrücklich:

> „Eine Minute, die vom Gesetz der Zeit befreit ist, hat in uns, um sie überhaupt zu empfinden, den Menschen wiedergeschaffen, der vom Gesetz der Zeit befreit ist“ (16),

d.h. in dem Zeiterleben wird notwendig zugleich im Menschen selbst eine Wesensschicht freigelegt, die vom Gesetz der Zeit nicht mehr betroffen wird, ein zeitloses Wesen, von dem es dann mit Recht heißen kann, daß es vom Gedanken an Tod und Vergänglichkeit nicht mehr berührt wird:

> „Das erklärt, daß meine unruhigen Sorgen über meinen Tod in dem Augenblick aufgehört hatten, wo ich unbewußt den Geschmack der kleinen Madeleine wiedererkannt hatte; denn in diesem Augenblick war das Wesen, das ich gewesen war, ein außerzeitliches Wesen und deshalb unbesorgt um die Wechselfälle der Zukunft. Dieses Wesen war nun jenseits der Handlung, jenseits des unmittelbaren Genusses zu mir gekommen, war jedesmal erschienen, wenn das Wunder einer Analogie mich der Gegenwart hatte entrinnen lassen“ (14).

Darum heißt es ganz notwendig:

> „Ich hatte aufgehört, mich mittelmäßig, zufallsbedingt, sterblich zu fühlen“ (S. 71).

Und in demselben Augenblick erscheinen zugleich die Dinge der Welt in einem neuen Licht. Es ist, als ob ihr verborgenes Wesen erst nach dieser entscheidenden Wiedergeburt dem Menschen zugänglich geworden ist:

> „Das Wesen, das in mir wiedergeboren wurde, als ich mit einem solchen Schauer des Glücks das Geräusch gehört hatte, das dem Löffel, der den Teller berührt, und dem Hammer, der auf das Rad schlägt, gemeinsam ist ... dieses Wesen nährt sich nur von der Wesenheit der Dinge, in ihnen allein findet es seinen Unterhalt, seine Entzückungen“ (15f.).

Diese tiefere Wesensschicht, die hier in der geheimnisvollen Glückserfassung auftaucht, das ist die „verlorene“ und „wiedergefundene Zeit“, die das eigentliche Problem der ganzen Romanreihe darstellt. Darum heißt es an der soeben angeführten Stelle von dem im „Wunder einer Analogie“ wirksam gewordenen Wesen:

> „Es allein hatte die Macht, mich die alten Tage wiederfinden zu lassen, die verlorene Zeit, woran die Anstrengungen meines Gedächtnisses und meines Verstandes immer scheiterten“ (14).

8. Die „wiedergefundene Zeit" als Anamnesis

Damit bestimmt sich jetzt des Charakter der Erinnerung, der das Wesen dieses Glückserlebnisses ausmacht, tiefer: Sie zielt nicht in die Vergangenheit und bedeutet also auch nicht eine Rückwendung im zeitlichen Sinn, sondern sie hat den volleren Sinn einer Rückwendung zu einer tieferen und gewöhnlich verschütteten Wesensschicht. Sie ist Anamnesis im Platonischen Sinn, die nicht innerhalb der Zeit einen andern, besseren Augenblick wieder heraufholt, sondern die Ebene der Zeitlichkeit überhaupt durchstößt. Und der Rückgang, den die Erinnerung vollzieht, ist der in der inneren Erfahrung zu vollziehende Rückgang auf eine der Zeitlichkeit überhaupt vorausliegende Wesensschicht.

Es liegt also eine Auffassung des menschlichen Daseins zugrunde, in der das „wahre Leben" gemeinhin unter einer Schicht alltäglich-praktischer Betriebsamkeit verschüttet ist und in der die Aufgabe des Lebens, insbesondre dann aber die Aufgabe der Kunst für das Leben darin besteht, dieses verschüttete tiefere Leben wieder freizulegen,

> „diese Wirklichkeit, von der wir weit entfernt leben ... bei der wir Gefahr laufen, zu sterben, ohne sie überhaupt gekannt zu haben, und die ganz einfach unser Leben ist, das wahre Leben, das endlich aufgedeckte und aufgehellte Leben, folglich das einzige Leben, das wirklich gelebt wird, dieses Leben, das in einem gewissen Sinn jeden Augenblick bei allen Menschen weilt" (48),

nur eben gemeinhin vom alltäglichen Dasein verschüttet ist. Und dieses „wahre Leben" ist das außer- und überzeitliche Dasein, das in den seltenen Augenblikken des Glücks aufbricht und in dem für Proust der eigentliche Sinn des Menschen beschlossen liegt:

> „Das, was dies drei- oder viermal in mir auferweckte Wesen soeben empfand, waren vielleicht der Zeit entzogene Existenzbruchstücke" (19).

Aber nun ist es eigentümlich, daß diese der Zeit entzogene Wesensschicht im Menschen doch wieder als Zeit, als „verlorene" und „wiedergefundene Zeit", als „ein wenig Zeit im reinen Zustand" (15) bezeichnet wird, als die eigentliche Zeit also, der gegenüber das sonst als Zeit Bezeichnete als etwas Abgeleitetes und Veräußerlichtes erscheint. Die „verlorene Zeit" bedeutet in diesem Zusammenhang also nicht etwa im alltäglichen Sinn eine ungenutzt verstrichene Zeitspanne, sondern sie bedeutet eine bestimmte Seinsverfassung des menschlichen Daseins, die verloren gegangen ist und wiedergefunden werden muß, das also, was oben auch als „wahres Leben" bezeichnet wurde.

Die Ewigkeit erscheint hier also selber als ein bestimmter Modus der Zeit, d.h. als eine Weise menschlichen Zeiterlebens, die nicht außerhalb, sondern in diesem zeitlich-geschichtlichen Leben selbst geschieht, die hier mit der geschichtlichen Zeit zusammen besteht und mit ihr zusammen erst die volle Struktur der menschlichen Zeitlichkeit ausmacht.

9. Die bleibende Bedeutung des Vergangenheitsbezugs

Aber trotzdem bleibt es fraglich, ob man den Sinn der Erinnerung so ausschließlich im zeitlos-wesensmäßigen Sinn verstehen darf. Nicht umsonst drängen sich bei ihrer Kennzeichnung immer wieder Wendungen auf, die auf eine innerzeitliche Auffassung hindeuten. Die Erinnerung

> „läßt uns plötzlich eine neue Luft atmen, grade weil es eine Luft ist, die wir schon früher geatmet haben, diese Luft, die reiner ist als die, die die Dichter vergeblich im Paradiese herrschen zu lassen versucht haben und die dieses tiefe Gefühl der Erneuerung nicht würde geben können, wenn wir sie nicht schon geatmet hätten; denn die wahren Paradiese sind die Paradiese, die wir verloren haben“ (13).

Auch die Gleichsetzung der „verlorenen Zeit“ mit den „alten Tagen“ legt eine solche Auffassung nahe.

Außerdem würde eine rein zeitlose Auffassung der Erinnerung allzu übereilt die Rolle überspringen, die in der Schilderung des Erlebnisses selbst die Rückerinnerung an einen vergangenen Augenblick einnahm. Es scheint vielmehr so zu sein, daß sich eine zeitliche und eine überzeitliche Seite in diesem Erleben in einer so innigen Weise durchdringen, daß jede der beiden Auffassungen für sich allein die volle Wahrheit verfehlen würde. Zwar kommt das Glück nicht aus dem Inhalt des vergangenen Augenblicks, und doch ist es so, daß dieses Glück erst aus der Rückwendung zu einem ganz bestimmten, d.h. innerzeitlich datierbaren einzelnen Augenblick erwächst.

Proust versucht selber für die Vollkommenheit dieses Erlebens eine Deutung, die auf dem Ineinandergreifen von Wahrnehmung und Erinnerung beruht:

> „So oft im Lauf meines Lebens hatte mich die Wirklichkeit enttäuscht, weil in dem Augenblick, wo ich sie wahrnahm, sich meine Einbildungskraft, die mein einziges Organ war, um die Schönheit zu genießen, ihrer nicht bemächtigen konnte auf Grund eines unausweichlichen Gesetzes, das da will, daß man sich in der Einbildungskraft nur das vorstellen kann, was abwesend ist. Und jetzt plötzlich fand sich die Wirkung dieses harten Gesetzes aufgehoben, neutralisiert durch ein wundervolles Mittel der Natur, die eine Empfindung – das Geräusch des Löffels und des Hammers, sogar die Ungleichheit der Fliesen – sich spiegeln läßt gleichzeitig in der Vergangenheit, was meiner Einbildungskraft den Genuß erlaubte, und in der Gegenwart, wo die tatsächliche Erschütterung meiner Sinne durch das Geräusch, die Berührung den Träumen der Einbildungskraft etwas hinzugefügt hatte, was sie gewöhnlich entbehren, nämlich den Gedanken der Existenz, und dank dieser Ausflucht meinem Wesen erlaubt hatte, zu erlangen, herauszusondern, festzuhalten für die Dauer eines Blitzes, was es sonst niemals ergreift: ein wenig Zeit im reinen Zustand“ (15).

Das Entscheidende an dieser Deutung ist also der Gegensatz zwischen Einbildungskraft und unmittelbarer Empfindung, deren beider Vorzüge in dieser Erfahrung auf merkwürdige Weise vereinigt sind: Die Vollkommenheit erreicht der Mensch nur im freien Spiel der Einbildungskraft, die sich über den Widerstand der Wirklichkeit hinwegsetzt, aber sie entgeht der Unvollkommenheit der Wirklichkeit nur auf Kosten der Wirklichkeit selbst. In der unmittelbar gegebenen Wirklichkeit aber ist unabtrennbar die Unvollkommenheit enthalten. Das hier behandelte besondere Erlebnis aber ist dadurch ausgezeichnet, daß es beider Vorzüge, die sonst unvereinbar sind: Vollkommenheit und Wirklichkeitsgehalt in sich zu vereinigen gewußt hat, denn durch die unmittelbare Wahrnehmung (die die eine Seite der Identität ist) wird

> „den Träumen der Einbildungskraft etwas hinzugefügt, was sie gewöhnlich entbehren: nämlich der Gedanke der Existenz".

Damit wird die Vollkommenheit, die sonst nur im leeren Spiel der Einbildungskraft erreichbar ist, jetzt auch auf die Erfahrung der Wirklichkeit selbst übertragbar: Die Unvollkommenheit einer endlichen Wirklichkeit wandelt sich in ein vollendetes Sein, und es entstehen hiervon Erfahrungen, deren Doppelseitigkeit Proust mit der Formel bezeichnet: réels sans être actuels, idéaux sans être abstraits (16). Und dieses ausgezeichnete, vollendete Sein wird dann als „ein wenig Zeit im reinen Zustand" bezeichnet.

10. Ertrag und Grenze dieser Deutung

Es bleibt zum Schluß die Aufgabe, nach Abschluß der reinen Darstellung in einem vorläufigen Rückblick den Ertrag und die Grenze der von Proust entwickelten Zeitauffassung in einer kurzen Besinnung gesondert herauszuheben. Ihr Wert liegt zunächst in der besonderen Ausführlichkeit und Sorgfalt, mit der hier überhaupt bestimmte eigentümliche Zeiterfahrungen herausgearbeitet werden, die über die Zeitlichkeit des geschichtlichen Daseins hinausführen und in denen der Mensch die Möglichkeit gewinnt, „während einer Dauer unhistorisch zu empfinden" (Nietzsche). Der Wert dieser Auskünfte wird durch die im echten Sinn hermeneutische Haltung verstärkt, die die von uns eingangs behandelte Fragestellung der philosophischen Anthropologie in wesentlichen Zügen vorausnimmt. Die zunächst als Tatsachen gegebenen Erfahrungen des Lebens sind „unbekannte Zeichen", die es zu „entziffern", zu „erhellen", zu „deuten" gelte (24ff. 49ff.); es komme darauf an, „die Lehre herauszulösen" (11), „das Rätsel des Glücks zu lösen" (8) usw.

> „Ich mußte die Empfindungen als Zeichen von ebensoviel Gesetzen und Ideen zu deuten trachten, indem ich versuchte, zu denken, d.h. aus dem Halbdunkel heraustreten zu lassen, was ich gefühlt hatte, und es in ein geistiges Äquivalent umzuwandeln" (24).

Und es wird zur besonderen Aufgabe der Kunst, in ihrer Darstellung eine solche reine und sorgfältige Deutung dieser kurzen Erfahrungen eines für gewöhnlich verborgenen wahren Lebens, der „verlorenen Zeit" zugeben. Diese Form der

Kunst, die die angespannte Bemühung der Erinnerung an die Stelle der dichterischen Einbildungskraft treten läßt, verliert damit den Charakter eines freien Phantasiespiels und erhält einen dokumentarischen Wert.

Der Wert dieser Untersuchungen liegt dann namentlich in der besonderen Richtung, durch die sich diese Deutung von den anderweitig zugänglichen Quellen unterscheidet. Diese beruht auf dem eigentümlichen Charakter dieses Bewußtseinszustands als Erinnerung, d.h. in der Doppelheit, in der der überzeitliche Sinn der Rückwendung zu einer reinen Wesensschicht mit dem zeitlichen Sinn des Wiederaufnahme eines vergangenen Augenblicks verknüpft ist. Wenn auch die Art dieser Verknüpfung bei Proust in einer letzten Unbestimmtheit blieb, so ist es doch sicher, daß erst diese Wendung es erlaubt, über den einzelnen Augenblick des erreichten übergeschichtlichen Daseins hinauszugreifen und die herausgehobenen einzelnen Augenblicke untereinander zu einem inneren Zusammenhang zu verbinden, eine Ganzheit des „wahren Lebens“ herzustellen, die nicht auf der Stetigkeit der verlaufenden Zeit beruht, sondern eine tiefere, innere Einheit herstellt, die über die zeitlichen Abstände hinausgreift und hierin an Nietzsches Bild der monumentalen Geschichte erinnert, wo in einem verwandten Sinn eine „Zusammengehörigkeit und Kontinuität des Großen aller Zeiten“[3] über die dazwischen liegenden Niederungen des gewöhnlichen Lebens hinweg besteht.

Aber damit sind zugleich auch die Grenzen dieser Anschauung gegeben. Die Richtung der verborgenen tieferen Zeiten weist bei Proust nur in die Vergangenheit zurück, nicht voraus in die Zukunft. Und letztlich entspringt daraus die müde Passivität dieser Haltung. Letztlich sind alle Einzelfragen der Kritik auf diesen einen Punkt zurückzuführen. Das Erlebnis des Glücks, von dem hier die Rede ist, bleibt eine Enthebung aus der Enge des geschichtlichen Daseins, aber eben eine Enthebung, die sich ohne innere Beziehung von der Ebene der Zeitlichkeit als eines entarteten, uneigentlichen Zustands ablöst. Sie ist keine Quelle der Kraft, die in dieses geschichtliche Dasein wieder zurückwirkt.

An dieser Stelle wird die weitere Auseinandersetzung einsetzen müssen. Zwar erwächst auch im dargestellten Fall aus dem inneren Zug des Erlebens selbst auch die Lebensaufgabe für den Helden – und dieser positive Zug führt über die Fruchtlosigkeit der bloßen Rauschzustände entscheidend hinweg – aber indem diese dann doch in die Vergangenheit zurückgebogen wird, in der künstlerischen Darstellung des bisherigen Lebenswegs bis hin zur Wiederentdeckung der verlorenen Zeit besteht, geht sie ihrer eigentlichen lebensgestaltenden Kraft verlustig, und die Haltung bleibt in der Ebene reiner Passivität.

Eine Überwindung dieser Schwäche wird nur dann möglich sein, wenn es gelingt, die beiden hier auseinandergefallenen Seiten, die Zeitlichkeit des geschichtlichen Daseins und die Zeitlosigkeit des hier erreichten Zustands, so als Glieder einer umfassenderen Zeitstruktur des menschlichen Daseins zu begrei-

---

3 Nietzsche, Bd. 1, S. 364.

fen, daß die hier isoliert sich aus dem Gesamtzusammenhang des Lebens herauslösenden Höhepunkte ihre Bedeutung und gestaltende Kraft im Gesamtzusammenhang des Lebens offenbaren, so wie auch bei Nietzsche die Fähigkeit, „unhistorisch zu empfinden“, als sinnvolles Glied in die durchaus gesehene Gesamtgeschichtlichkeit des menschlichen Lebens eingeordnet war.

XIII. NIETZSCHES LEHRE VOM „GROSSEN MITTAG“

1. Die Bedeutung des „großen Mittags“ bei Nietzsche

Eine wesentliche Erweiterung des bisherigen Bilds und vor allem einen entscheidenden Schritt vorwärts in der Richtung auf ein Verständnis der fruchtbaren Leistung dieser Ausnahmezustände ergeben die Äußerungen, die sich bei Nietzsche um den Begriff des „großen Mittags“ sammeln und die unmittelbar mit bestimmten eigentümlichen Glückserlebnissen zusammenhängen, die ihrerseits wiederum in enger Beziehung zu der früher behandelten Verwandlung der Welt im Zustand des dionysischen Rausches stehen und das dort schon Berührte jetzt noch in einer letzten Steigerung weiterführen.

Das steht zugleich in einem weiteren Zusammenhang: Nicht nur bei Nietzsche, sondern auch bei einer Reihe andrer Dichter finden sich bemerkenswerte Zeugnisse über das Erlebnis des Mittags, insbesondre des heißen südlichen Mittags. In einer auffälligen Übereinstimmung erscheint dieser bei ihnen als eine tiefe, gradezu metaphysische Erfahrung, die den Menschen überwältigt und in der Glück, Zeitlosigkeit und Vollkommenheit in typisch wiederkehrender Weise miteinander verbunden sind.[1] Wir halten uns hier zur Vereinfachung an das eine Beispiel Nietzsches, in dem die metaphysische Ausdeutung am weitesten vorangetrieben ist. Auch bei Nietzsche wiederum beschränken wir uns in äußerster Vereinfachung auf den Zusammenhang, der unmittelbar in der gegenwärtigen Fragestellung weiterzuführen verspricht. Wegen der sehr komplexen Beziehungen, die darüber hinaus bei Nietzsche im Erlebnis und in der Deutung des Mittags zusammenlaufen, auch wegen der reichen antiken Tradion, die man bei ihm als gegenwärtig voraussetzen muß, kann jetzt auf die subtile Untersuchung Schlechtas verwiesen werden.[2]

Der „große Mittag“ ist für Nietzsche im Zusammenhang des „Zarathustra“ die Stunde der Verkündigung der „ewigen Wiederkehr“. An den verschiedenen Stellen des „Zarathustra“ wird immer wieder auf das Herannahen dieses großen Ereignisses verwiesen, das aber selbst nicht mehr dargestellt wird, sondern noch auf der letzten Seite als unmittelbar bevorstehend erscheint,[3] und die gehäuften Erwähnungen in den Entwürfen und Plänen zur Fortsetzung des „Zarathustra“

---

1 Eine Reihe weiterer dichterischer Zeugnisse sind in meinem Aufsatz: Der Mittag, ein Beitrag zur Metaphysik der Tageszeiten, jetzt in: Unruhe und Geborgenheit. Stuttgart 1953, S. 143ff. genauer entwickelt.

2 K. Schlechta, Nietzsches Großer Mittag. Frankfurt a.M. 1954.

3 Nietzsche, Bd. 6, S. 125, 252, 262, 280, 289, 313, 418, 476.

(XII 341ff., XIV 259ff.)[4] weisen auf die besondere Wichtigkeit dieses Ereignisses im Zusammenhang des Ganzen hin.

Dieser „große Mittag" steht nun aber in einem geheimnisvollen Zusammenhang mit einem „Mittags" überschriebenen Stück, das mit seiner Schilderung eines schon übermenschlich zu nennenden Glücks den eigentlichen Mittel- und Höhepunkt im vierten und abschließenden Teil des „Zarathustra" darstellt. In der fertigen Fassung hat dieser eine – im wörtlichen Sinn als Erlebnis einer bestimmten Tageszeit verstandene – Mittag zwar unmittelbar nichts mehr mit jenem andern – im übertragenen Sinn als menschheitsgeschichtliches Ereignis zu verstehenden – „großen Mittag" zu tun, aber in den Entwürfen dazu gehen beide Bereiche so ununterscheidbar ineinander über, die Schilderung des „großen Mittags" als „ahnungsvoll, – heiter und schauerlich" (XII 393), als „heiter – tiefer Himmel" (XII 403) entspricht so genau dem im fertigen Werk davon gesonderten Mittagserlebnis, in welchem umgekehrt auch wieder die innere Verbindung mit der „ewigen Wiederkunft" durchspürbar bleibt, daß man in beiden nur die nachträglich auseinandergelegten Bestandteile einer und derselben ursprünglichen Einheit sehen kann. Damit erhält diese Darstellung vom Glück des Mittags über ihre unmittelbare Wichtigkeit durch das in ihr enthaltene Zeiterlebnis hinaus eine besondere Bedeutung durch den neuen Zugang, der sich von hier aus zum Verständnis der Lehre von der „ewigen Wiederkunft" eröffnet.

2. Die Darstellung im „Zarathustra"

Die für den gegenwärtigen Zusammenhang entscheidenden Sätze aus der genannten Stelle im „Zarathustra" sind folgende:

> „Sieh doch – still! der alte Mittag schläft, er bewegt den Mund: trinkt er nicht eben einen Tropfen Glücks – einen alten braunen Tropfen goldenen Glücks, goldenen Weins? ... Was geschah mir: horch! Flog die Zeit wohl davon? Falle ich nicht? Fiel ich nicht – horch! in den Brunnen der Ewigkeit? ... Wie? Ward die Welt nicht eben vollkommen? Rund und reif? Oh des goldenen runden Reifs – wohin fliegt er wohl?" (VI 402).

Zwei Seiten treten an dieser Darstellung der mittäglichen Stille mit besondrer Eindringlichkeit hervor: auf der einen Seite das Erlebnis der Ewigkeit, die hier innerhalb der Zeitlichkeit durchbricht, und auf der andern Seite das Erlebnis einer Vollkommenheit der Welt, die gleichzeitig damit in diesem Augenblick offenbar wird. Beide Seiten sind auf der Darstellung des dionysischen Rausches schon bekannt, aber sie erreichen erst hier ihre letzte und schärfste Ausprägung.

Es handelt sich in dieser Stille des Mittags um die Erfahrung eines höchsten und letzten Glücks, in dem das Leben seine äußerste Möglichkeit erreicht. Aber

[4] Die Nietzsche-Zitate sind zur Vereinfachung gleich im Text selber mit Band- und Seitenzahl nach der Groß- und Kleinoktavausgabe angegeben.

dieses Glück ist nicht einfach als eine Steigerung des sonst bekannten Glücks zu begreifen, sondern enthält einen eigentümlichen Zug, durch den es sich von der Klarheit und Helligkeit des sonstigen Glücks unterscheidet. Es ist ein schweres und dunkles, irgendwie unheimliches und hintergründiges Glück. Nietzsche spricht von einem „alten braunen Tropfen goldenen Glücks", wo schon im dunklen Klang der Sprache die eigentümliche Schwere zum Ausdruck kommt. „Heiter und schauerlich" (XII 393) hieß es ja an andrer Stelle von der Stimmung des Mittags, und noch deutlicher wird dies an einer (sogleich noch näher zu berührenden) früheren Fassung:

> „Er fühlt sich glücklich dabei, aber es ist ein schweres, schweres Glück" (III 359).

Nicht also im Glück schlechthin, sondern nur in diesem bestimmten, schweren und dunklen Glück macht der Mensch die Erfahrung einer Entrückung aus dem stetigen Fluß der Zeit, der „speichelflüssigen Hexe Zeit" (V 357), oder genauer: diese Entrückung aus dem Lauf der Zeit begründet zugleich das Glück und gibt ihm, grade in der Helle des Mittags, den Untergrund einer unheimlichen Dunkelheit. Und von diesem Zustand heißt es dann: „Was geschah mir: horch! Flog die Zeit wohl davon?" Das erinnert ganz unmittelbar an die Beobachtung aus dem Rausch, wo auch die Zeit verfliegt, daß der Mensch nicht weiß, wie:

> „Man traut endlich seinen Augen nicht – und seiner Uhr" (XVI 234).

Auch jetzt ist, daran erinnernd, von einer „fremden Trunkenheit" (VI 404) die Rede. Aber während es sich im bloßen Rausch um eine nur maßstäbliche Veränderung des Zeitbewußtseins handelt, durch die sich der Mensch in seiner gewohnten Schätzung täuscht und nicht merkt, wie viel Zeit verstrichen ist, geht es hier um eine sehr viel tiefere, bis in ihr inneres Wesen eindringende Veränderung der Zeit. Eine ganz neue Weise der Zeit bricht ein, die Nietzsche auch als „Zeit ohne Ziel" (V 360) bezeichnet, eine Zeit also, in der das gewöhnliche, auf eine Zukunft zustrebende und von ihr bedrohte, immer also durch den Bezug auf die Zukunft bestimmte Wesen der Zeit aufgehoben ist, eine Zeit, die ziellos und selbstgenügsam in sich selber ruht und darum als Ewigkeit erscheint.

Es ist die Erfahrung eines Versinkens der Zeit in der Ewigkeit: „Fiel ich nicht – horch! in den Brunnen der Ewigkeit?" Ja es handelt sich, wie zum Schluß noch einmal ausdrücklich aufgenommen wird, um ein Aufgesogen-werden des Menschen in diesem umfassenden Medium der Ewigkeit:

> „Oh Himmel über mir ... wann trinkst du diese wunderliche Seele – wann, Brunnen der Ewigkeit! du heiterer schauerlicher Mittags-Abgrund! wann trinkst du meine Seele in dich zurück?" (VI 403f.).

Die Ewigkeit erscheint also als der tragende Grund, aus dem das Leben der einzelnen Seele hervorgegangen ist und in den es wieder zurückkehrt.

Aber wesentlich ist jetzt, daß die Ewigkeit, die hier aufbricht, eine Dimension bedeutet, die jenseits der Erstreckung der endlichen Zeit liegt und darum in dieser gar keine Zeitstrecke erfüllt, sondern (in einer ähnlichen Weise, wie dies schon bei den beiden früheren Beispielen der Fall war) im ausdehnungslosen Augenblick selber möglich ist. Darum heißt es auch ausdrücklich in den Schlußworten, die aus dieser überzeitlichen Vision in den gewöhnlichen Ablauf der Begebenheiten zurückleiten:

> „Also sprach Zarathustra ... und siehe, da stand die Sonne immer noch gerade über seinem Haupte. Es möchte aber einer daraus mit Recht abnehmen, daß Zarathustra damals nicht lange geschlafen habe" (VI 404),

d.h. daß die hier erfahrene Ewigkeit jenseits der alltäglichen Zeiterstreckung gelegen ist und daß so schon der Augenblick genügte, diese Ewigkeit in sich zu umfassen.

3. Die Vollendung der Welt

Dieser Augenblick aber, in dem die Ewigkeit erscheint, ist zugleich derselbe, in dem auch die Welt selber sich vollendet. Auch hier also wiederholt sich wieder ein schon in den beiden früheren Beispielen hervorgetretener Zusammenhang und beweist damit, daß es sich um einen allgemein notwendigen, über die Besonderheit des einzelnen Erlebnisses hinausgehenden Zusammenhang handelt. Dem vollkommenen Dasein im Menschen, das sich im Gefühl dieses Glücks anzeigt, entspricht zugleich die Vollkommenheit der Welt außer ihm, oder genauer: er erlebt im Zustand dieser höchsten Beglückung zugleich die Welt als eine vollkommene: „Wie? ward die Welt nicht eben vollkommen?" Diese durch mehrfache Wiederholung eindringlich hervorgehobene Frage weist darauf hin, wie entscheidend wichtig diese Vollkommenheit der Welt für das Erlebnis des mittäglichen Glücks ist.

Diese Vollkommenheit wird dann in den folgenden Worten als „rund und reif" näher gekennzeichnet: rund als der Ausdruck einer in sich abgeschlossenen reinen Vollendung, der es nach keiner Seite hin an ihrer Vollkommenheit fehlt, reif als der Ausdruck einer bis ans Letzte, zur vollkommenen Entfaltung gekommenen Entwicklung. Und wenn dann der Gedanke in spielerisch aufnehmender Weise fortgeführt wird: „Oh des goldenen runden Reifs – wohin fliegt er wohl? ... Oh des goldenen runden Balls!" so ist dies trotz der unverbindlichen Form tief bezeichnend als anschaulich faßbares Symbol der Vollkommenheit, das hier aufsteigt: der in sich gerundete, an keiner Stelle über sich selbst hinausweisende Kreis als Symbol der vollkommen gewordenen Welt.

In diesem Symbol verbinden sich sodann die beiden Seiten, denn der Kreis in seiner in sich beruhenden Abgeschlossenheit ist zugleich das Symbol der in sich selbst beruhenden, nicht mehr auf eine Zukunft über sich selbst hinausweisenden Zeit. Und insofern ist dann der Kreis das Symbol der echten, in sich beruhenden und nicht mehr ins Unendliche weiterlaufenden Ewigkeit.

4. Das große und das kleine Glück

Es mag zunächst befremdlich klingen, wenn hier Nietzsche grade die tiefsten Erlebnisse aus der Erfahrung des großen Glücks hervorgehen läßt; denn an andern und sogar nahe benachbarten Stellen des „Zarathustra" spricht er vom Glück nur mit der größten Verachtung:

> „Was liegt am Glücke! ... ich trachte lange nicht mehr nach Glücke, ich trachte nach meinem Werke" (VI 343, vgl. 476).

Und die „letzten Menschen", die als verächtliches Gegenbild zum „Übermenschen" gezeichnet sind, sind ja grade durch diesen festen Besitz des Glücks gekennzeichnet:

> „‚Wir haben das Glück erfunden' – sagen die letzten Menschen und blinzeln" (VI 20).

Allein die Auflösung liegt darin, daß für Nietzsche zwei verschiedene Arten des Glücks zu unterscheiden sind. Das Glück der „letzten Menschen" ist das kleine Glück (XII 308), das passive Glück des Genusses und der Behaglichkeit, und dieses bleibt „eine verächtliche Sache" (XII 277). Von diesem heißt es auch an der angegebenen Stelle:

> „‚Zum Glück, wie wenig genügt schon zum Glücke!' So sprach ich einst, und dünkte mich klug" (VI 402, vgl. VIII 65).

Das ist das kleine Glück der „letzten Menschen", die mit wenigem schon zufrieden sind, weil nach vielem zu verlangen zu anstrengend ist. Aber diesem steht dann das andre, das große Glück, das Glück des tätigen und machtvollen Lebens gegenüber, von dem es im „Zarathustra" heißt:

> „Wahrlich, einem Sturme gleich kommt mein Glück und meine Freiheit" (VI 122).

Es ist das Glück des handelnden, schaffenden und kämpfenden Menschen:

> „Das einzige Glück liegt im Schaffen" (XII 361). „Was ist mein Glück? – Das Gefühl davon, daß die Macht wächst, – daß ein Widerstand überwunden wird" (VIII 208). „Formel meines Glücks: ein ja, ein Nein, eine gerade Linie, ein Ziel" (VIII 93, vgl. 208).

Aber auch von diesem kraftvollen und tätigen Glück ist hier nicht die Rede, sondern von einem andern, leiseren und stilleren Glück, von dem es heißt:

> „Das Wenigste gerade, das Leiseste, Leichteste, einer Eidechse Rascheln, ein Hauch, ein Husch, ein Augen-Blick – wenig macht die Art des besten Glücks" (VI 402).

Es ist nicht umsonst das Glück, das in der Stille des Mittags kommt. Und es ist bezeichnend, daß dieses „beste Glück" wieder durch das „Wenigste" herbeigeführt wird. So scheint es doch wieder das verächtliche „kleine Glück" zu sein, zu dem schon weniges genügt. Aber ein kleiner Unterschied ist hier entscheidend: das Wenige „genügt" nicht zum Glück, sondern es „macht die Art des besten Glücks". Es ist ein andres Wenig, nicht das der Bescheidenheit, sondern das, was hinzukommen muß, damit die reine, makellose Vollkommenheit aus dem noch Unvollkommenen hervorgeht, das Wenig, das den vollkommenen Kreis von allen seinen leisesten Abweichungen unterscheidet.

Und so bedeutet es hier: Dieses vollendete Glück läßt sich nicht durch willentliche Anstrengungen herbeiführen, sondern fällt dem Menschen als ein Geschenk zu, und zwar so, daß das Wenigste genügt, wenn die Zeit dafür reif ist: „einer Eidechse Rascheln, ein Hauch, ein Husch, ein Augen-Blick". Auch hier also begegnet uns der entscheidende Zug, der schon im bisherigen verschiedentlich und am ausgeprägtesten bei Proust hervorgetreten war: Das letzte Glück, das dem Menschen zufällt, läßt sich nicht als Wirkung einer Ursache begreifen, sondern kann bei dem geringfügigsten Anlaß über den Menschen kommen: „Wenig macht die Art des besten Glücks."

5. Das Glück des Mittags im „Wanderer"

Aber das Glück, von dem hier die Rede ist, ist noch einmal wieder ein Glück besondrer Art: das Glück des Mittags, und auch die Stille ist eine Stille besondrer Art: nämlich auch die des Mittags. Dieser bisher vernachlässigte Zusammenhang gibt jetzt erst das tiefere Verständnis dieses Erlebnisses frei. Den besten Zugang zu diesem Zusammenhang vermittelt ein „Am Mittag" überschriebenes Fragment aus „Der Wanderer und sein Schatten", das in besonders glücklicher Weise jenes andre, bisher behandelte bedeutsame Stück des „Zarathustra" ergänzt. Dieses neue Fragment entspricht bis in den Aufbau und die Formulierungen hinein so genau jener späteren Stelle, daß man es gradezu als eine Vorstufe zu der späteren Stelle im „Zarathustra" betrachten muß. Man ist also in der glücklichen Lage, ein und dasselbe Erlebnis in zwei verschiedenen Entwicklungsstufen seiner Formung und Deutung erhalten zu haben. Der Vergleich der beiden verschiedenen Fassungen ist in diesem Fall schon darum besonders wichtig, weil die Fassung im „Wanderer" (geschrieben im Sommer 1879) noch vor der von Nietzsche selbst genau datierten Konzeption der Lehre von der „ewigen Wiederkunft" (August 1881) liegt, während die entwickeltere Fassung im „Zarathustra" (geschrieben im Herbst 1884) schon auf dem Boden der ausgebildeten Lehre steht. Wegen der grundlegenden Bedeutung dieser Zusammenhänge im Ganzen der Nietzscheschen Philosophie ist es besonders aufschlußreich, den Gedanken des „großen Mittags" hier zunächst in einer Form ausgesprochen zu finden, die von der späteren Durchdringung mit der Lehre von der „ewigen Wiederkunft" noch unberührt ist.

Um die eigentümliche Bindung der hier entwickelten Glückserfahrung an die Stunde des Mittags zu begreifen, gehen wir also am besten zurück auf diese Stelle aus dem „Wanderer", in der die unmittelbare Naturerfahrung noch sehr viel deutlicher als in der späteren Überarbeitung enthalten ist. Hier heißt es:

> „Wem ein tätiger und stürmischer Morgen des Lebens beschieden war, dessen Seele überfällt um den Mittag des Lebens eine seltsame Ruhesucht, die Monden und Jahre lang dauern kann. Es wird still um ihn, die Stimmen klingen fern und ferner; die Sonne scheint steil auf ihn herab. Auf einer verborgenen Waldwiese sieht er den großen Pan schlafend; alle Dinge der Natur sind mit ihm eingeschlafen, einen Ausdruck von Ewigkeit im Gesichte – so dünkt es ihn. Er will nichts, er sorgt sich um Nichts, sein Herz steht still, nur sein Auge lebt, – es ist ein Tod mit wachen Augen. Vieles sieht da der Mensch, was er nie sah, und so weit er sieht, ist alles in ein Lichtnetz eingesponnen und gleichsam darin begraben. Er fühlt sich glücklich dabei, aber es ist ein schweres, schweres Glück" (III 858f.).

Hier ist also in gleichnishafter Rede das konkrete Erleben der mittäglichen Stille auf den ganzen Verlauf des Lebens übertragen und damit zum erstenmal diese Beziehung hergestellt, die dann im „Zarathustra" als symbolische Verschmelzung erscheint. Aber eben, weil es sich hier noch nicht um eine symbolische Durchdringung, sondern nur erst um ein bloßes Gleichnis handelt, ist der ursprüngliche, noch nicht übertragene Erlebnisgehalt um so reiner erkennbar. Es handelt sich um die heiße Stille des Mittags, in der das Rascheln des Windes verstummt, jene Stille, von der die Alten sagten, daß der große Pan schliefe (IX 130ff.). Und aus dem Vergleich der beiden Fassungen ergibt sich, daß auch der schlafende Mittag der späteren Stelle Pan selber ist. Es ist die Stille des Mittags, eine Pause im Leben der Natur wie die Pause zwischen Ein- und Ausatmen, es ist ein Augenblick nur, bis wieder das gewöhnliche Leben des Waldes einsetzt:

> „Da endlich erhebt sich der Wind in den Bäumen, Mittag ist vorbei, das Leben reißt ihn wieder an sich, das Leben mit blinden Augen, hinter dem sein Gefolge herstürmt: Wunsch, Trug, Vergessen, Genießen, Vernichten, Vergänglichkeit. Und so kommt der Abend herauf, stürmereicher und tatenvoller, als selbst der Morgen war" (III 359, vgl. VIII 426).

6. Ergänzungen aus den Gedichten

Dieses Erlebnis des Mittags hat Nietzsche auch dichterisch immer wieder beschäftigt, und es bildet (neben der Nacht und wohl noch wichtiger als diese) das von immer neuen Seiten immer neu behandelte Thema seiner lyrischen Dichtungen. Auch noch ohne die später aus der Philosophie hinzukommende symbolische Deutung bildet diese eigentümlich beglückende Stimmung die vielleicht tiefste Naturerfahrung Nietzsches. Es ist daher zweckmäßig, zunächst die wichtigsten dieser Belege zusammenzustellen, um durch ihren Vergleich dieses Erlebnis in seiner Eigentümlichkeit als reines Naturerlebnis möglichst deutlich hervortreten zu lassen. So heißt es an der einen Stelle:

> „Warm athmet der Fels:
> schlief wohl zu Mittag
> das Glück auf ihm seinen Mittagsschlaf?
> In grünen Lichtern
> spielt Glück noch den braunen Abgrund herauf“ (VIII 467).

Oder an andrer Stelle:

> „Das weiße Meer liegt eingeschlafen,
> und purpurn steht ein Segel drauf“ (V 351).

So wird der Mittag zur Stunde, wo die Zeit entschwindet und die Ewigkeit erfahren wird:

> „Mittag schläft auf Raum und Zeit –;
> nur d e i n Auge – ungeheuer
> blickt mich an, Unendlichkeit“ (V 359),

oder wieder an andrer Stelle heißt es:

> „Ganz See, ganz Mittag, ganz Zeit ohne Ziel“ (V 360)

von dem Augenblick der überirdischen Erfahrung, wo „Eins zu Zwei“ wurde.

Auf diesem Hintergrund bekommt der Mittag dann seine eigentümliche Weihe. „Mittag und Ewigkeit“[5] wird zur immer wiederkehrenden Formel in den Aufzeichnungen aus dem Nachlaß zur Fortsetzung des „Zarathustra“. Sie bezeichnet die unauflösbare innere Zusammengehörigkeit dieser beiden Begriffe.

Nur ein andrer Ausdruck für die in diesen Versen sich aussprechende Stimmung ist für Nietzsche sodann auch der „Süden“: das Symbol der in diesem Zustand erreichten Vollkommenheit und Leichtigkeit. „Unschuld des Südens, nimm mich auf“ (V 351), heißt es ausdrücklich in dem einen der angeführten Mittagsgedichte. Der Süden wird so zur „großen Schule der Genesung“ (VII 227). Nietzsche preist den „südlicheren Süden“, „wo die Götter sich ihrer Kleider schämen“ (VI 214), weil sie in ihrer Vollkommenheit nichts mehr zu verbergen haben. Darum bleibt auch die Forderung im „Willen zur Macht“, das Ziel des dionysischen Lebensgefühls,

> „den Süden in sich wieder entdecken und einen hellen glänzenden geheimnisvollen Himmel des Südens über sich ausspannen; die südliche Gesundheit und verborgene Mächtigkeit der Seele sich wieder erobern“ (XVI 390).

[5] Bd. 12, S. 391, 404, 413, 415, Bd. 16, S. 414.

7. Der Mittag des Lebens

Der so erfahrene Mittag wird dann an der angeführten Stelle (III 358f.) gleichnishaft auch auf den „Mittag des Lebens“ übertragen, und von hier aus bekommt die Stille der Natur zugleich noch eine andre Bedeutung als eigentümlicher Stillstand des Lebens selbst:

> „Sein Herz steht still, nur sein Auge lebt, – es ist ein Tod mit wachen Augen.“

Der Wind, der die Bäume bewegt, vertritt die Bewegung des Lebens selbst, und die Stille des Mittags wird zum Aussetzen des Lebens. Aber indem dieses Leben jetzt in einer an Schopenhauer gemahnenden Weise als blinde Macht genommen wird:

> „das Leben mit blinden Augen, hinter dem sein Gefolge herstürmt: Wunsch, Trug, Vergessen, Genießen, Vernichten, Vergänglichkeit“,

erhält auch die Erfahrung des Mittags eine neue Bedeutung: Sie ist ein dadurch ausgezeichnetes einzigartiges Erlebnis, daß allein in dem Aussetzen des Lebens der Mensch wahrhaft zu erkennen vermag:

> „Vieles sieht da der Mensch, was er nie sah.“

Die früher immer wieder erwähnte aufschließende Kraft des Glückszustands wird hier also durch die Verbindung mit Schopenhauerschen Gedanken in einer ganz bestimmten Weise ausgelegt. Leben und Wissen treten so in einen unaufhebbaren Gegensatz. Und erst darin, daß der Mensch aus der Blindheit des Lebens einzig um den Preis des Lebens selbst heraustritt, offenbart sich in dieser Anschauung die volle Unheimlichkeit dieses Zustands:

> „Den eigentlich tätigen Menschen erscheinen die länger währenden Zustände des Erkennens fast unheimlich und krankhaft, aber nicht unangenehm.“

Nietzsche kann hier, im Sinn seiner besonderen Deutung, nicht mehr von einer besonderen Form des Erkennens, sondern schlechthin vom Erkennen selbst sprechen.

Diese Stunde des Erkennens, die als ein „Tod mit wachen Augen“ erlebt wird, ist jetzt aber nicht als ein in jedem Lebensalter mögliches und darum auch wiederholbares Ereignis verstanden, sondern sie bedeutet als „Mittag des Lebens“ ein einmaliges, unwiederholbares Erlebnis, das an eine ganz bestimmte Stelle des Lebensablaufs gebunden ist:

> „Wem ein tätiger und stürmereicher Morgen des Lebens beschieden war, dessen Seele überfällt um den Mittag des Lebens eine seltsame Ruhesucht, die Monden und Jahre lange dauern kann“,

und wie nach dem Mittag der Wind sich wieder erhebt,

> „so kommt der Abend herauf, stürmereicher und tatenvoller, als selbst der Morgen war."

Nietzsche deutet dies Erleben also aus der Wende des Lebens, wo die ansteigende Bewegung in die abfallende umschlägt: Einzig in der Stunde dieser eigentümlichen Wende komme also im Menschen die Lebensbewegung so weit zur Ruhe, daß er in diesem Zustand völliger Schau „vieles sieht ..., was er nie sah".

8. Der „große Mittag" in der Geschichte

Weil diese Erfahrung hier als Wendepunkt des Lebens verstanden wird, darum kann sie in nochmaliger Übertragung dann als der „große Mittag" die Wende der Geschichte überhaupt bezeichnen, die Nietzsche von der Verkündigung der Lehre von der „ewigen Wiederkehr" erwartet.[6] Er sagt ausdrücklich:

> „Die Lehre der Wiederkehr ist der Wendepunkt der Geschichte" (XVI 264). „Von dem Augenblick an, wo dieser Gedanke da ist, verändert sich alle Farbe, und es gibt eine andere Geschichte" (XII 65).

In diesem Sinn heißt es dort (mit Anspielung auf Heraklit):

> „Der große Mittag als Wendepunkt, – die zwei Wege" (XII 394).

Aber der wesentliche Unterschied, der diesen „großen Erden- und Menschen-Mittag" (VI 322) von dem ursprünglichen Erlebnis der mittäglichen Tageszeit unterscheidet, liegt darin, daß es sich bei der letzteren um eine bloße Ruhepause handelt, nach der mit dem erwachenden Wind das Leben wieder seinen Gang nimmt, so wie es vorher war, daß es sich bei dem „großen Mittag" dagegen um eine grundsätzliche Wende handelt, in der die Geschichte als ganze in eine neue Ebene eintritt und eine „andere Geschichte" beginnt. Während also in der mittäglichen Tageszeit das Erwachen des Lebens irgendwo draußen im Rascheln des Windes geschieht, entspringt hier im Menschen selber ein neuer Wille, die Zukunft zu verwandeln:

> „Jedesmal die Mitte, wenn der Wille zur Zukunft entsteht: das größte Ereignis steht bevor" (XIV 263).

Und dieses größte Ereignis ist die Erzeugung des Übermenschen, die Nietzsche als Wirkung von der Verkündigung seiner Lehre erwartet:

> „Um die Mitte der Bahn entsteht der Übermensch" (XIV 263). „Das ist der große Mittag, da der Mensch auf der Mitte seiner Bahn steht zwischen Tier und Übermensch" (VI 115).

---

[6] Entsprechend erscheint auch bei Hölderlin die „Mitte der Zeit" als der Augenblick, in dem das „Unausgesprochene" verkündet werden soll (Werke, Bd. 4, S. 184).

An dieser Stelle, wo die Entsprechung der beiden Wege aufhört und somit der Punkt erreicht ist, an dem das Gleichnis von dem Lauf der Tageszeiten nicht mehr trifft, gilt es jetzt, den inneren Zusammenhang klar zu erfassen, der die drei entscheidenden Begriffe des „großen Mittags" als des Wendepunkts der Geschichte, der „ewigen Wiederkehr" und des „Übermenschen" miteinander verbindet.

9. Der Zusammenhang mit der „ewigen Wiederkehr"

Dieser Zusammenhang ergibt sich, wenn man von dem „großen Mittag" auf das Erlebnis der mittäglichen Stunde zurückgeht. Dieser Zusammenhang klingt deutlich noch in der Stelle an:

> „In jedem Ring des Menschendaseins überhaupt gibt es immer eine Stunde, wo erst einem, dann vielen, dann allen der mächtigste Gedanke auftaucht, der von der ewigen Wiederkunft aller Dinge: – es ist jedesmal für die Menschheit die Stunde des Mittags" (XII 63).

Die Verkündigung des Gedankens von der „ewigen Wiederkunft" ist nicht nur darum als Mittagsstunde der Menschheit bezeichnet, weil er im Gesamtverlauf der Menschheitsgeschichte als der Scheitelpunkt zwischen den beiden verschiedenen Wegen verstanden wird, sondern tiefer zugleich darum, weil der Inhalt dieses Gedankens selbst in einem unmittelbaren Zusammenhang mit dem Glückserlebnis der Mittagsstunde steht, wie es soeben ohne den Zusammenhang mit der späteren Ausdeutung dargestellt worden ist.

Nietzsche selber hatte hier von einer „Zeit ohne Ziel" gesprochen, also von einer Zeit, wo der Bezug auf die Zukunft ausgeschaltet war und der Mensch in einer in sich stehenden Zeit die Ewigkeit selber erfuhr. Die hier gegebene Schilderung des Ewigkeitserlebens steht in einer so weitgehenden Übereinstimmung mit dem dann in der Lehre von der „ewigen Wiederkunft" Entwickelten, daß man dieses Erlebnis der Ewigkeit im Glück des Mittags als den eigentlichen Ursprung der Lehre von der „ewigen Wiederkunft" betrachten muß. Insbesondere steht der „goldene runde Reif", der „goldene runde Ball", der dort als Symbol der vollkommen gewordenen Welt erschien, in einer bezeichnenden Übereinstimmung mit dem zeitlich verstandenen „Rad des Seins" oder „Ring des Seins" (VI 317), mit „dem hochzeitlichen Ringe, – dem Ring der Wiederkunft" (VI 337), der ja auch im „Ja- und Amen-Lied" mit der Ewigkeit selber gleichgesetzt wird. So zeichnet Nietzsche im „Willen zur Macht" die dionysische Welt in einer Weise, die unmittelbar an diese Bilder anklingt:

> „Diese meine dionysische Welt des Ewig-sich-selber-Schaffens, des Ewig-sich-selber-Zerstörens, diese Geheimnis-Welt der doppelten Wollüste, dies mein ‚Jenseits von Gut und Böse' ohne Ziel, wenn nicht im Glück des

> Kreises ein Ziel liegt, ohne Willen, wenn nicht der Ring zu sich selber guten Willen hat" (XVI 402).

In diesem Zusammenhang ist es zugleich begründet, was Jaspers von Nietzsches ausgebildeter Lehre her mit Recht als einen Mangel an Folgerichtigkeit hervorhob: daß Nietzsche nicht von einer „endlosen", sondern stets von einer „ewigen Wiederkehr" spricht und damit einen religiösen Klang in das wissenschaftlich zu verstehende Weltbild hineinbringt.[7]

So erscheint die Lehre von der „ewigen Wiederkehr" als eine begriffliche Auslegung der im höchsten Glück des Mittags erfahrenen Ewigkeit. Das antike Bild vom Kreislauf der Zeit, das in der zweiten „Unzeitgemäßen Betrachtung" schon einmal als Ausdruck des „monumentalen" Lebensgefühls in den Blick gekommen und dann wegen mangelnder „ikonischer Wahrhaftigkeit" doch wieder zurückgewiesen war (I 298), drängt sich jetzt auf, um diese in sich selbst ruhende, auf keine Zukunft über sich selbst hinausweisende Zeitform der erfahrenen Ewigkeit zu deuten, und die Vollkommenheit des Südens, in der für Nietzsche überhaupt die antike Welt erschien, stand von vornherein in einer Verwandtschaft zu der beglückenden Stimmung dieser Lebenserfahrung.

10. Kritische Abgrenzung

Aber die Lehre von der „ewigen Wiederkehr" ist zugleich eine falsche Auslegung der in diesem Erlebnis erscheinenden Zeitlichkeit. Sie verdeckt den wahren Charakter der in diesem Erleben aufgehenden subjektiven Zeitverfassung des Menschen, weil sie diese unbesehen als eine Aussage über die Form des objektiven Zeitgeschehens nahm. Die Vorstellung von dem Kreislauf der Zeit erschien dann als der einzige Ausweg, der es erlaubte, die in die Ebene des objektiven Geschehens projizierte Erfahrung der „Zeit ohne Ziel" mit dem gewöhnlichen Zeitablauf zu vereinigen. Aber diese Notwendigkeit einer Vereinigung des Unvereinbaren[8] entstand nur durch die Verkennung des eigentlichen Wesens der inneren Zeitlichkeit des Menschen. Die Ebene des objektiven Geschehens ist notwendig eine und dieselbe, aber von der inneren Zeitlichkeit des Menschen gilt diese Notwendigkeit nicht, und hier hindert nichts die Annahme einer Mehrschichtigkeit der Zeit, in der die Schärfe der existenziellen Zeit durch diese neue Zeiterfahrung nicht widerlegt wird, sondern sich diese in einer neuen Ebene, zerbrechlich und beglückend, jener andern Zeitlichkeit überlagert. Hier, im glücklichen Augen-

---

[7] K. Jaspers, Nietzsche. Einführung in das Verständnis seines Philosophierens, Berlin und Leipzig 1936, S. 321.

[8] K. Löwith, Nietzsches Philosophie der ewigen Wiederkunft des Gleichen. Berlin 1935, unterscheidet an dieser Lehre zwei Bestandteile, eine anthropologische Forderung und eine kosmologische These, die nur durch „die dichterische Kraft zum Gleichnis" verbunden seien, bei genauerer begrifflicher Analyse zerfällt das Ganze „in zwei sich widersprechende Teile, die nur der Zwiespalt zusammenhält" (S. 82).

blick selber und gebunden an diesen Augenblick, erscheint jene Ewigkeit in einer Dimension jenseits der geschehenden Zeit, deren Verlegung in die geschehende Zeit selber für Nietzsche zu unauflösbaren Schwierigkeiten führte.

In dieser Durchdringung von echtestem Erlebnis und verfälschender Auslegung ist dann die Doppelseitigkeit begründet, von der Jaspers sagen kann: „Der Gedanke der ewigen Wiederkehr ... ist für Nietzsche der erschütterndste Gedanke gewesen, während nach ihm wohl niemand von dem Gedanken im Ernst betroffen worden ist."[9] Infolge dieser Auslegung verwandelt sich dann die schon im Erlebnis selbst enthaltene tiefe Unheimlichkeit in den Schrecken, mit dem im „Zarathustra" diese Lehre als der „abgründigste Gedanke" verkündigt wird.

Mit der Einsicht in diese Zusammenhänge sind gewiß nicht alle Schwierigkeiten gelöst und alle Fragen beantwortet, die sich aus dieser viel umstrittenen Lehre Nietzsches ergeben,[10] aber vielleicht ist damit doch ein Weg bezeichnet, aus dieser im ganzen unannehmbaren Lehre einen wichtigen und für den systematischen Aufbau der Philosophie bedeutsamen Kern herauszulösen. Zugleich klärt sich von hier aus der enge Zusammenhang, der im „Zarathustra" zwischen der Verkündigung der „ewigen Wiederkunft" und der Hervorbringung des „Übermenschen" besteht und der von der fertigen Lehre her als unverständlich erscheinen muß; denn die Abgeschlossenheit der Welt ohne Wille und Ziel mußte die Willensanspannung und die Offenheit in die Zukunft unmöglich erscheinen lassen, die mit dem Ziel des „Übermenschen" gegeben sind. Wenn sich aber grade aus der Stunde des Mittags ein neuer Wille für die Zukunft entwickelt, so erklärt sich das aus der Krafterfahrung, die eigentümlich zu diesem Glückserleb-

---

9 Jaspers, a.a.O. S. 310.

10 Die vorliegende Darstellung, die sich bewußt auf die Lehre vom „großen Mittag" beschränkt, kann unmöglich den sehr verwickelten Fragenkreis um die „ewige Wiederkunft" im ganzen einbeziehen. Diesbezüglich sei vor allem auf die genannte Untersuchung Löwiths verwiesen. Wenn auch der Zusammenhang zwischen dem Erlebnis des Mittags und dem Gedanken der Wiederkunft aus den hier zugrundegelegten Stellen zwingend hervorgeht, so ist auf der andern Seite an den entscheidenden Stellen, wo im „Zarathustra" diese Lehre eingeführt wird (6, 231ff., 318ff.) von einer solchen Verbindung nicht mehr die Rede. Dort tritt vielmehr an die Stelle des mittäglichen Glücks das tiefe Erschrecken vor diesem „abgründigsten Gedanken". Offensichtlich überlagern sich in der „ewigen Wiederkunft" zwei verschiedene Erlebnis- und Gedankenzusammenhänge, die sich in der fertigen Fassung des „Zarathustra" wieder weitgehend voneinander gelöst haben. Erst aus den zugehörigen Aufzeichnungen des Nachlasses läßt sich das in Wahrheit viel größere Gewicht des später vernachlässigten, unbewältigten Anteils erschließen. Es liegt nahe, für den andern Ursprung der Lehre an das sogenannte déjà vu zu denken, das Erlebnis, das gegenwärtige Geschehen bis in alle Einzelheiten schon einmal erlebt zu haben. Nach Jaspers sprechen manche Veranschaulichungen in den von uns vernachlässigten Stücken für eine solche Auffassung. Aber Jaspers weist zugleich darauf hin, daß damit für das Verständnis des entscheidenden Kerns der Lehre nichts gewonnen ist (a.a.O., S. 314). Vor allem ließe sich der innerlich notwendige Zusammenhang des Wiederkunftsgedankens mit dem Glück des Mittags von dort aus nicht begreifen. Darum durfte hier von dieser Erklärungsmöglichkeit ganz abgesehen werden.

nis gehört, und führt hinüber zu dem höchst bedeutsamen Zusammenhang, in dem sich die Leistung des ausnahmshaften und vereinzelten Glückserlebnisses für das Ganze des menschlichen Lebens ergibt: Aus der Stille der Zeitlosigkeit erwächst von innen her notwendig wieder die Spannung, die mit neuer Kraft in die Ebene der geschichtlichen Zeit zurückkehrt und hier das in jenen seltenen Augenblicken geschaute Ziel in die Wirklichkeit umsetzt.

XIV. DIE SCHÖPFERISCHE LEISTUNG DER GLÜCKLICHEN ZEIT

1. Einwendungen gegen die Beweiskraft der Beispiele

Die drei letzten Teile haben in der Form stark in sich selber abgeschlossener Einzeluntersuchungen an drei extremen Beispielen das Zeitbewußtsein der glücklichen Stimmung untersucht und dabei zugleich nebenher manchen neuen Beitrag zu den in den früheren Teilen abgehandelten Fragen ergeben. Um diese an der Grenze des mit philosophisch strengen Mitteln überhaupt Erreichbaren liegenden Zusammenhänge nicht von vornherein durch eine bestimmte Fragestellung zu verfälschen, mußten die Beispiele zunächst ohne Rücksicht auf die allgemeinen Zusammenhänge, ganz aus ihnen selbst heraus entwickelt werden, und es gilt jetzt, den systematischen Ertrag unabhängig von den besonderen kritischen Einschränkungen, die jedem einzelnen der Beispiele gegenüber erhoben werden mußten, in seiner allgemeinen Bedeutung herauszulösen.

Zunächst drängt sich allen diesen Beispielen gegenüber der Einwand auf, daß es sich in ihnen um gewisse gesteigerte Ausnahmezustände, meist überdies krankhafter Natur, handelt, die schon als solche ungeeignet sind, über das allgemeine Wesen des Lebens brauchbare Aufschlüsse zu geben. Die Einwände, die sich aus der Krankhaftigkeit ergeben, müssen durch den Verlauf der Einzeluntersuchungen selbst als abgewiesen gelten. Durch den Vergleich der aus ganz verschiedenen Ursachen entstandenen Beispiele untereinander, insbesondere durch den Vergleich der krankhaften Fälle mit dem aus dem gesunden Seelenleben Erreichbaren mußte es als möglich erscheinen (wenigstens grundsätzlich) einen allgemeinen und nicht mehr als krankhaft zu verstehenden Kern herauszulösen.

Aber auch dann noch bleibt der Einwand, daß es sich hier um Ausnahmezustände handelt, die so weit aus dem übrigen Leben herausgehoben sind, daß sie nicht für dieses selber herangezogen werden können. Es hatte sich in der Tat ergeben, daß es wirklich Ausnahmezustände sind, die sich nicht als quantitative Steigerung des im gewöhnlichen Leben Vorhandenen verstehen lassen, sondern qualitativ davon abweichen und neue, bisher unbekannte Züge hinzubringen; es gibt eine echte Bereicherung. Damit ergibt sich aber die Frage nach dem Wert des in dem Erleben Aufgehenden. Wohl heben sich diese Zustände des Glücks als subjektive Höhepunkte aus dem normalen Leben heraus, aber es fragt sich, ob diesem subjektiven Eindruck auch ein wirklicher Gehalt entspricht oder ob man dieses Erleben als bloße Täuschung abzulehnen hat.

Man wird demgegenüber folgendes Kriterium aufstellen können: Diese Erlebnisse sind mehr als bloße Täuschung, wenn, was den erfahrenen Gehalt angeht, die Erfahrungen des Ausnahmezustandes auch im normalen Zustand ihre

Gültigkeit behalten, und wenn zugleich das Erleben des Ausnahmezustands nicht abgelöst vom übrigen Leben bleibt, sondern in dieses zurückwirkt und in diesem eine fruchtbare Bedeutung gewinnt. Allein an ihrer Fruchtbarkeit entscheidet sich die Bewertung dieser Zustände. In diesem Sinn fragen wir nach der Bedeutung dieser herausgehobenen Augenblicke für das Ganze des Lebens.

2. Zusammenfassender Vergleich und Richtung des Fortgangs

Schon die bisherige Darstellung führte langsam auf diesen Zusammenhang hin, wenn er auch dort, der Natur der Beispiele zufolge, im Hintergrund blieb. Erst wenn wir uns von den Einschränkungen der besonderen Fälle freimachen, rückt diese aufbauende Bedeutung ins volle Licht.

Die durch Gifte künstlich erzeugten Rauschzustände hatten keine aufbauende Bedeutung und blieben für das folgende Leben letztlich unfruchtbar. Aber das ist keine Widerlegung, sondern nur die Folge der Unechtheit der durch Gifte künstlich erzeugten Glückseligkeit, und der Katzenjammer, der sich nach ihnen einzustellen pflegt, ist gewissermaßen die Rache der Natur, daß der Mensch von sich aus künstlich herbeiführen wollte, was ihm nur als Ergebnis langer Anstrengung und auch dann nur als Gnade zufallen kann. Wir haben hiermit ein scharfes Kriterium, das natürliche Glück vom künstlichen Rausch zu unterscheiden.

In denselben Zusammenhang gehört auch, daß die gemeinschaftsbildende Kraft des Glücks in diesen Fällen auszubleiben pflegt. So wird bei Beringer[1] in einem Massenversuch des Meskalinrauschs ausdrücklich darauf aufmerksam gemacht, daß jeder einzelne sich dabei allein fühlt und die Gegenwart des andern nur als lästig empfindet. So weist auch Rümke[2] darauf hin, daß die von ihm näher untersuchten klinischen Glückszustände den Menschen isolieren und ihn aus den lebendigen Gemeinschaftsbezügen herauslösen. Aber das bedeutet nicht, wie es zunächst scheinen könnte, einen Einwand gegen die hier entwickelte Anschauung, sondern bezeichnet genau die Grenze, die das eigentliche und volle Glückserleben von den bloß pathologisch zu verstehenden Zuständen unterscheidet, so ähnlich beides auch im Augenblick des Erlebens selbst zu sein scheint: Sie stimmen überein im subjektiven Erleben, aber sie unterscheiden sich in der Wirksamkeit für das folgende Leben. An dieser Stelle erweist sich der Rauschzustand (und die ihm in dieser Beziehung gleichzusetzenden andern krankhaften Zustände) als unecht und kurzschlüssig: Sie geben das Erlebnis eines Aufschwungs, ohne als wirklicher Aufschwung das folgende Leben auf eine höhere Stufe emporzuheben.

---

1 Beringer, a.a.O., vor allem S. 274 und 296.

2 Rümke, a.a.O., S. 49: „Das Glücksgefühl erweist sich als individuelles, durchaus asoziales Gefühl."

An dieser Stelle hebt sich die größere Fruchtbarkeit der Erlebnisse bei Proust ab: Aus dem Glückserleben, das über den Menschen kommt, entspringt dort, wo es wirklich bis ans Ende durchgelebt wird, die Lebensaufgabe des Verfassers (nämlich die Darstellung des bisherigen Lebens, wie es auf diesen entscheidenden Wendepunkt hinläuft). Aus dem Glückserlebnis entspringt hier eine Verwandlung des ganzen bisherigen Daseins unter dem Einfluß einer plötzlich aufgehenden Aufgabe, und insofern ist hier die Funktion des Ausnahmezustands für das Ganze des Lebens deutlich: In ihm entspringt der entscheidende Lebenssinn, der dann zugleich dem ganzen andern Dasein seine Bestimmung gibt, auch dann (wie bei Proust ausführlich erörtert wird),[3] wenn das Leben in eine von diesen Höhepunkten weit entfernte Alltäglichkeit wieder eingetreten ist.

Aber auch die Grenzen dieses Beispiels sind deutlich und wurden schon an früherer Stelle herausgehoben: Die Wendung dieses Erlebens ist nur scheinbar schöpferisch; denn der neue Lebenssinn kann nicht wirklich das folgende Leben gestalten. Es handelt sich in der Aufgabe der Hervorbringung eines bestimmten Kunstwerks um die Umsetzung des bisherigen Lebens in die Ebene der ästhetischen Gestalt, nicht um die Verwandlung des künftigen Lebens selbst. Nicht das Leben wird eigentlich verwandelt, sondern eine Aufgabe so gefunden, daß der Sinn des Lebens in der bloßen Rückbesinnung besteht und die entstehende künstlerische Aufgabe die Ungelöstheit der ganzen Lebensgestaltung nicht behebt, sondern nur verdeckt. So handelt es sich hier überhaupt um den genauen Grenzfall, wo als einmalige Aufgabe eine bestimmte Leistung ermöglicht wird, die nicht zur wirklichen Lösung verallgemeinert werden kann.

Und darum führt wiederum das letzte Beispiel aus Nietzsche einen wesentlichen Schritt weiter vorwärts. Der „große Mittag“ ist nicht nur Ruhepause im Erleben des Glücks, sondern in eins damit zugleich der entscheidende Wendepunkt, mit dem ein neues Leben (oder ein neues Weltalter) anfängt. Und darum ist es so wichtig, daß die verwandelnde Wirkung dieses Ereignisses mit so starken Worten hervorgehoben wird. Aber so genau bei Nietzsche die Schilderungen über die Natur dieses Erlebens sind, so spärlich sind die Andeutungen über die Natur dieser Verwandlung. Es sind nur wenige Aufzeichnungen zur Fortsetzung des „Zarathustra“, die dann nicht zur Ausführung gekommen sind, aus denen eine befriedigende Beantwortung der hier zur Rede stehenden Fragen nicht zu entnehmen ist, und darum bedarf sie an dieser Stelle einer sich von den einzelnen Beispielen ablösenden systematischen Beantwortung.

---

3 Proust, Le Temps retrouvé II 248ff.

3. Die Frage nach der schöpferischen Leistung

Die große Fruchtbarkeit der gehobenen Stimmungen für das Ganze des Lebens war in ihrer allgemeinen Bedeutung schon im ersten Hauptteil verfolgt worden. Der Mensch fühlt sich besser und stärker in diesen gehobenen Augenblicken. Aber dies ist nicht nur als eine subjektive Täuschung zu verstehen, in dem Sinn, daß der Mensch das Maß seiner Kräfte überschätzte, sondern das veränderte Lebensgefühl setzt sich sogleich auch in die Tat um; der Mensch gewinnt eine neue Aktivität und Einsatzbereitschaft und wird darum auch wirklich ein andrer. Aus den neu hinzugekommenen Beispielen hat sich jetzt eine Reihe schöner Bestätigungen ergeben, die geeignet sind, die früher angedeuteten Gedanken weiter fortzuentwickeln. Vor allem bei Proust war das Gefühl der Vervollkommnung des eigenen Daeins besonders ausgeprägt. Es soll dabei, ihrer Fragwürdigkeit wegen, weniger auf die pathologischen Grenzfälle hingewiesen werden, aus denen sich im vorhandenen Material eine aufschlußreiche Reihe zusammenstellen ließe; dagegen sei für die Beschreibung des normalen Bewußtseins noch einmal auf Baudelaires schöne Worte hingewiesen: „Der Mensch, von dieser Seligkeit begnadet, ... fühlt sich zugleich künstlerischer und gerechter, edler, um es mit einem Wort auszudrücken.“[4]

Besonders eindringlich werden von diesen gesteigerten Grenzfällen her die Zusammenhänge zwischen Erkenntnis und Stimmung verdeutlicht, die mangels hinreichend genauer Zeugnisse an der früheren Stelle noch unbestimmt bleiben mußten. Es ist das übereinstimmende Ergebnis der verschiedenen Zeugnisse, das darum nicht in der Besonderheit des einzelnen Falls, sondern nur in der allgemeinen Natur dieser äußersten Stimmungslage gelegen sein kann: Der Mensch erfährt in diesen Erlebnissen höchsten Glücks mit derselben strengen Wechselseitigkeit, mit der er (nach Dilthey)[5] überhaupt zwischen Selbst und Welt zu scheiden lernt, seine eigene Vollkommenheit und die der ihn umgebenden Welt. Besonders bei Proust war dieses Verhältnis wechselseitiger Bedingtheit in letzter Schärfe hervorgetreten. „Ward die Welt nicht eben vollkommen? Rund und reif?“ heißt es bei Nietzsche. Und grade im Anschauen der Welt in ihrer Vollkommenheit erfüllt sich dann sein Glück.

Aber was heißt das, was bei Nietzsche in dichterischer Sprache als wirkliche Veränderung der Welt gedeutet wird? .Soll es sich um mehr handeln als um eine bloß subjektiv bedingte Täuschung, so muß es bedeuten, daß der Mensch in diesen Zuständen imstande ist, eine tiefere Vollkommenheit der Welt zu erfassen, ein geheimes Wesen der Dinge, das ihm in den Zuständen des alltäglichen Lebens verborgen geblieben war. Das Erleben stellt sich also dar als ein Zugänglichwerden einer früher nicht gekannten Sinnhaftigkeit und Vollkommenheit der Welt. Es handelt sich also um einen gesteigerten Grenzfall einer stimmungsge-

---

4 Vgl. oben S. 67.

5 W. Dilthey, Bd. 5, S. 90ff.

bundenen Erkenntnis, wenn nur um den Preis der eignen Vollkommenheit das tiefere Verständnis auch der Welt zugänglich wird. Hieß es früher (bei Jacobi) aus der noch unbestimmteren Gefühlslage befriedeter Gläubigkeit: „Dies alles konnte ich jetzt wunderbar auffassen",[6] so steigert es sich in den angeführten Schilderungen des Meskalinrausches zu einer überwältigenden Vision der verborgenen Gestaltungskräfte der Natur. Auch die gesteigerte Körperlichkeit der Dinge ist im Sinn der erhöhten Vollkommenheit zu verstehen. Und auf genau denselben Zusammenhang zielt auch Proust, wenn er sagt: „Die dauernde Wesenheit der Dinge, die gewöhnlich verborgen ist, findet sich befreit."[7]

Aber an dieser Stelle soll nicht so sehr dieser allgemeine Gedankengang weitergeführt werden. Es soll nur grade auf die Richtung hingewiesen werden, in der die an der früheren Stelle offen gebliebenen Zusammenhänge an dem neuen Material weiter fortgeführt werden können. Hier sollen insbesondere diejenigen Fragen weiter verfolgt werden, die mit den eigentümlichen Zeiterscheinungen des Glückszustands unmittelbar zusammenhängen.

4. Der Zusammenhang zwischen Glück und Zeitlosigkeit

Wenn man versucht, aus den verschiedenen zuletzt entwickelten Bezeugungen eines vollsten, gesteigertsten Glückszustands das Übereinstimmende herauszuheben, so ergibt sich im wesentlichen ein völlig einheitliches Bild: Es gibt bestimmte Formen eines solchen vom Lauf des sonstigen Lebens scharf abgehobenen Zeiterlebens, in denen dem Menschen das Bewußtsein der Zeit überhaupt abhanden kommt. So beginnt es bei den Versuchspersonen Beringers mit einer Erschwerung der zeitlichen Orientierung und führt in den stärkeren Formen dahin, daß sie sich bei zeitlichen Angaben überhaupt nichts mehr denken können. „Flog die Zeit wohl davon?",[8] hieß es entsprechend bei Nietzsche. Aber dieses Schwinden des Zeitbewußtseins wird nicht als Mangel empfunden, sondern im Gegenteil als letzte, äußerste Erfüllung des Lebens. Der Mensch empfindet diesen Zustand des Glücks gradezu als eine „Befreiung" von der „Last" der Zeit. So hieß es sehr treffend bei Proust: „Eine Minute, die vom Gesetz der Zeit befreit ist, hat in uns ... den Menschen wiedergeschaffen, der vom Gesetz der Zeit befreit ist."[9] Der Mensch fühlt sich in diesem Zustand der Zeitlosigkeit als in einem letzthin vollkommenen Dasein, und von da her bekommt die Zeitlosigkeit den positiven Charakter der Ewigkeit: „Fiel ich nicht, – horch! in den Brunnen der Ewigkeit?"[8] Wenn wir hier auch mit Absicht die religiösen Zeugnisse aus

[6] F.H. Jacobi, Bd. 1, S. 11.
[7] Vgl. oben S. 161.
[8] Vgl. oben S. 170.
[9] Vgl. oben S. 162ff.

der Mystik oder Ekstase[10] beiseite lassen, um die Darstellung nicht noch einmal durch die Überschneidung mit religionsphilosophischen Fragestellungen zu verwirren, so bleibt es doch bezeichnend, daß sich beim Versuch einer angemessenen Schilderung dieser Zustände immer wieder wie von selbst religiöse Begriffe aufdrängen. Es sind dieselben Bilder und Wendungen, mit denen auch der Zustand religiöser Seligkeit beschrieben zu werden pflegt.

Diese enge Verflechtung zwischen Glück und Zeitlosigkeit, zufolge der die Zeitlosigkeit als die notwendige Vorbedingung und die Folge zugleich des vollkommenen Glücks erscheint, liegt im allgemeinen Wesen der menschlichen Zeitlichkeit begründet, wie es im Anschluß an die existenzphilosophische Auslegung durch Heidegger schon zu Beginn dieses Hauptteils kurz berührt wurde. Sie braucht als solche hier nicht weiter erörtert zu werden, sondern es muß nur kurz an die Punkte erinnert werden, die für das Verständnis der Zeitlosigkeit wesentlich sind.

Zeitlichkeit bezeichnet ja nicht nur in einem neutralen Sinn das menschliche Leben in seinem zeitlichen Ablauf, sondern drückt in eigentümlicher Schärfe die „Endlichkeit“ als den wesentlichen inneren Mangel des menschlichen Daseins aus. Zeitlichkeit bezeichnet zunächst den Charakter der „Korruptibilität“,[11] der Vergänglichkeit alles dessen, was zeitlich ist, und das bedeutet nicht nur, daß das Leben als ganzes einmal sterben muß, sondern zugleich in einem sehr viel einschneidenderen Sinn, daß es überhaupt keinen Zustand des Lebens, keinen geistigen Gehalt und keine sittliche Tugend gibt, die der Mensch wie einen sicheren Besitz einfach „haben“ könnte. Alles entgleitet unwiderruflich und kann nur in immer erneuter Anstrengung immer nur für den Augenblick neu errungen werden. Zeitlichkeit bedeutet aber zugleich den Druck, der dadurch auf dem menschlichen Dasein lastet, daß es niemals im Augenblick selbstgenügsam aufgehen kann, sondern jederzeit durch die Vergangenheit bedrängt wird und nur in der entschlossenen Zuwendung auf die Zukunft seine eigenen Möglichkeiten erfüllt. Die Last der Verantwortung und die Härte der Entscheidung sind beide letztlich im Wesen der Zeitlichkeit selber begründet und darum unaufhebbar, solange überhaupt der Mensch dem Gesetz der Zeitlichkeit untersteht.

Von hier aus versteht man das Erlebnis der Befreiung, das sich aus dem Gefühl der Zeitlosigkeit entwickelt. Die Erhebung über die Zeitlichkeit ist die Erhebung über den Lastcharakter des Daseins überhaupt. Die „Endlichkeit“ des Daseins erscheint hier überwunden. Es wird nicht mehr von der „Sorge“ (im Sinn Heideggers) beherrscht. Die Schwere und der Ernst sind von ihm genommen. Der Mensch lebt nicht mehr in der zusammengeballten Kraft der „Entschlossenheit“, aber es ist auf der andern Seite auch wieder nicht so, daß er darum in die niedere Ebene des „uneigentlichen“ Daseins abgesunken wäre, sondern es ist jetzt eine beglückende Gelöstheit, in der sich die „Geworfenheit“ (im Sinn

10 W. James, a.a.O.

11 W. Dilthey, Bd. 7, S. 72, Bd. 8, S. 79 u.a. Vgl. meine Darstellung, a.a.O. S. 110ff.

Heideggers) in einen neuen Zustand verwandelt hat, den man mit der von O. Becker[12] glücklich gewählten Bezeichnung am besten als den der „Getragenheit“ bezeichnet. An die Stelle der bedrückenden Enge einer widerstrebenden Wirklichkeit ist hier der harmonische Einklang des Menschen mit seiner Umwelt getreten, in der er sich mit einer freien Leichtigkeit bewegt.

5. Das Verhältnis der glücklichen zur existenziellen Zeitlichkeit

Damit aber ergibt sich notwendig die Frage, wie diese Verhältnisse zu deuten seien. Inwiefern ist die Zeit etwas, von dem der Mensch befreit werden kann und von dem befreit zu werden er sich sehnt? Und inwiefern kann der andre, der zeitlose Zustand als ein höherer und vollkommenerer betrachtet werden? Steht das nicht im Widerspruch zu den unbestreitbaren Feststellungen der Existenzphilosophie, daß der Mensch grade in seinem innersten Wesen durch die Zeitlichkeit bestimmt wird? Zwingt dies nicht, das Erleben der Zeitlosigkeit, wenn damit ein in diesem irdischen Leben erreichbarer Zustand gemeint sein soll, für eine Täuschung zu halten, in der sich der Mensch um die tragende Grundbestimmung seines Daseins betrügt?

Dafür muß zunächst der eigentliche Charakter des hier als „zeitlos“ bezeichneten Daseinszustandes klar erkannt werden. Es handelt sich nicht darum, daß der Mensch überhaupt aus dem zeitlichen Dasein heraustritt, wie dies im religiösen Sinn erst jenseits des Todes möglich wäre, sondern es handelt sich um eine solche Zeitlosigkeit, die innerhalb des zeitlichen Lebens selber eintritt. Die Zeitlosigkeit ist also selbst wieder ein zeitlicher Zustand, der an einen bestimmten Augenblick im zeitlichen Ablauf gebunden ist und mit diesem wieder vorübergeht. „Diese Anschauung, obgleich eine Anschauung der Ewigkeit, war flüchtig.“[13] Es handelt sich also um einen Zustand, in dem der Mensch in

---

[12] O. Becker, Von der Hinfälligkeit des Schönen und der Abenteuerlichkeit des Künstlers. Eine ontologische Untersuchung im ästhetischen Phänomenbereich. In: Festschrift, E. Husserl zum 70. Geburstag gewidmet, Ergänzungsband zum Jahrbuch f. Philos. u. phänom. Forschung. Halle a.d. Saale 1929, S. 27ff. Vgl. vom selben Verfasser: Transzendenz und Paratranszendenz, in: Travaux du IXe Congrès International de Philosophie (Congrès Descartes). Paris 1937, p. 97ff. Becker weist dabei auf ein mögliches Mißverständnis hin, dem der Ausdruck „Getragenheit“ ausgesetzt sein könnte: „Der Ausdruck ist seinem Wortlaut nach in gewissem Sinne mißverständlich. Denn ‚getragen‘ wird doch anscheinend immer irgendwie eine Last. Das aber ist hier gerade nicht gemeint und a limine abzuweisen. Man sollte vielmehr beim ‚Getragenwerden‘ an die eigentümliche schwerelose Bewegtheit der Gestirne in der Auffassung der Antike ... denken“ (S. 47). Becker erwägt deshalb daneben eine andre Bezeichnung, die an das „Schweben“ anknüpft, muß aber darauf wegen des auch dadurch nahegelegten Mißverständnisses verzichten. „Auch dieser Ausdruck hat den störenden Nebensinn des ‚bodenlosen‘ Schwebens im ‚Wesenlosen‘. Und auch das ist gerade nicht intendiert“ (S. 47).

[13] Proust, vgl. oben S. 161.

verwickelter Weise zugleich in und außer der Zeit ist, der Hinfälligkeit dieses Zustands wie alles Zeitlichen unterworfen und doch wieder über diese Hinfälligkeit emporgehoben. Ja es kann sein, daß der Mensch sich dieser Doppelseitigkeit auch noch im Erleben selber bewußt ist.

Es ist also so, daß sich in diesem Erleben eine neue, zusätzliche „Dimension" der Zeitlichkeit auftut, eine Zeit, die ohne Rücksicht auf ihre zeitliche Erstreckung in jedem, noch so schwindenden Augenblick Ewigkeit ist und in der sich darum, wie Proust es überzeugend geschildert hatte, die verschiedenen Augenblicke dieses Zeiterlebens in der Ebene der Gleichzeitigkeit begegnen können. Die Zeitlosigkeit in dem hier zur Rede stehenden Sinn ist also selbst wieder eine Form menschlicher Zeitlichkeit, und wir haben damit die beiden verschiedenen Formen der Zeitlichkeit: die existentielle, im eigentlichen Sinn als Zeitlichkeit bezeichnete Form und die glückliche, als zeitlos charakterisierte Form der Zeitlichkeit.[14]

Das Verhältnis dieser beiden Formen ist auch nicht einfach so zu begreifen, daß sie als zwei untereinander gleichwertige Zustände im Verlauf des Lebens miteinander abwechselten, sondern sie stehen in einem ausgesprochenen Aufbauverhältnis zueinander: über den massiveren Formen der Zeitlichkeit eines existenziell-verantwortlichen Bewußtseins erhebt sich das zerbrechlich-vollkommene Reich dieser neuen, als zeitlos erfahrenen Zeitlichkeiten. Die ersteren sind also das Ursprünglichere, auf dem sich die letzteren erst aufbauen können und auf das sie immer zurückbezogen bleiben. Und beides wiederum sind nur letzte Grenzfälle, zwischen denen sich eine Fülle von vermittelnden Übergängen einschiebt. Die zugespitzte Enge des existenziellen Zeitbewußtseins im Zustand der Entschlossenheit öffnet sich stetig mit der gelingenden Ausführung bis zu einem Gefühl des sicheren Getragenseins auf dem breiten Rücken der Zeit, um sich mit jedem neuen Widerstand sofort wieder zu neuer Schärfe zu verdichten. Ebenso zeichnen sich auch „unterhalb" der existenziellen Zeitlichkeit andre Formen des („vorgeschichtlichen") natürlichen Lebens ab,[14] von denen hier der Kürze halber abgesehen werden soll. Mit dem Inhalt des Erlebens selbst wandelt sich in jedem Augenblick auch die Form seiner zeitlichen Struktur, und nur im Sinn einer ersten Vereinfachung sind eben die beiden letzten Grenzfälle als die Formen der „existentiellen" und der „tragenden" oder „glücklichen Zeitlichkeit" herausgeho-

---

[14] Die Beschränkung auf diese beiden Grundformen der Zeitlichkeit mag hier im Sinn der aus methodischen Gründen vorgenommenen Beschränkung auf den einen Grundgegensatz zwischen dem gehobenen und dem gedrückten Stimmungspol genügen. Eine genauere Analyse müßte zum mindesten eine Dreigliederung der Zeitstrukturen voraussetzen, indem sie neben der existentiell-geschichtlichen und der sie überwölbenden „übergeschichtlichen" Zeitlichkeit eine ihnen beiden vorausliegende Form der naturhaften „vorgeschichtlichen" Zeitlichkeit mit berücksichtigt. Eine solche Dreizahl der Zeitformen findet sich schon in dem sich mit der gegenwärtigen Fragestellung vielfach berührenden schönen Buch von E. Staiger, Die Zeit als Einbildungskraft des Dichters. Zürich-Leipzig 1939. Aus der neueren Literatur sei auf die entsprechend dreifach aufgefaßte Zeitordnung bei J. Chaix-Ruy, Les dimensions de l'être et du temps. Paris et Lyon 1953, verwiesen.

ben worden. In diesem Sinn spitzt sich die Frage zu als die nach dem inneren Aufbauverhältnis dieser beiden Formen der Zeitlichkeit.

6. Geworfenheit und Getragenheit

Einen ersten Vorstoß in dieser Richtung bedeutet die schon eben kurz berührte, bald nach dem Erscheinen von Heideggers „Sein und Zeit" veröffentlichte Arbeit Oskar Beckers „Die Hinfälligkeit des Schönen und die Abenteuerlichkeit des Künstlers".[12] Becker kam von einer andern Richtung, von der Deutung der ästhetischen Erscheinungen aus, auf genau dieselben Zusammenhänge. Er erkannte nämlich, daß im ästhetischen Erleben eine solche Form menschlichen Verhaltens vorliegt, die mit den Mitteln der von Heidegger entwickelten „Analytik des Daseins" grundsätzlich nicht mehr zu fassen ist und die daher geeignet ist, den von Heidegger gespannten Rahmen grundsätzlich zu sprengen. Er bezeichnete (mit dem eben schon verwandten Ausdruck) diesen ästhetisch bestimmten Zustand im Gegensatz zur existentiellen „Geworfenheit" als den der „Getragenheit" und entwickelte im Gegenzug zu den von Heidegger herausgearbeiteten und als „Existentialien" bezeichneten Grundbestimmungen des (existenzphilosophisch gesehenen) Daseins diese neue Grundbestimmungen des ästhetisch bestimmten Zustands unter dem Namen der „Quasi- oder Paraexistentialien".

In diesen Ansätzen sind zweifellos wesentliche Einsichten ausgesprochen, in denen die Notwendigkeit einer Erweiterung der ursprünglichen existenzphilosophischen Anthropologie sichtbar wird. Aber trotzdem reichen sie nicht weit genug. Schon in der Bezeichnung als „Paraexistentialien" kommt zum Ausdruck, daß Becker die Bedeutung der hier zur Rede stehenden Bewußtseinsformen doch nicht voll genug nimmt. Das ist eine Folge seines Ausgangs vom ästhetischen Bereich, durch den nur ein ganz bestimmter einseitiger Ausschnitt aus den hier zur Rede stehenden Erscheinungen in den Blick kommt. Weil nämlich die ästhetische Ebene als diejenige eines bloßen Scheins erscheint, dem nicht Wirklichkeit im gewöhnlichen Sinn zukommt, und weil das Verhalten zum Kunstwerk darum ein bloß „spielendes" Verhalten zum bloßen Schein ist, das sich als solches vom „Ernst" des wirklichen Lebens deutlich abhebt, wird der Gedanke nahegelegt, daß es sich in den Zuständen eines zeitlosen Glückserlebens überhaupt um nur ästhetisch zu verstehende Zustände handle, denen keine eigentliche Realität zukomme. Und so deutet Becker seine „Paraexistentialien" als Bestimmungen einer Grundverfassung des menschlichen Daseins, die lediglich im Verhalten zur Kunst in Erscheinung tritt. Daß die Bestimmungen der auf dem existenzphilosophischen Boden entwickelten „Analytik des Daseins" aufgehoben sind, wird hier darauf zurückgeführt, daß sich der Mensch dabei in einer bloßen Schein-Wirklichkeit bewegt, die sich dem wirklichen Dasein spielerisch und letztlich trügerisch überlagert.

Was also in den vorliegenden Untersuchungen als eine typisch wiederkehrende Erlebnisform des ursprünglichen Daseins selber herausgearbeitet werden sollte, das wird hier in die bloß ästhetische Ebene abgedrängt und verliert die Kraft, die existenzphilosophische Anthropologie und die von Heidegger daraus entwickelte ontologische Grundverfassung des menschlichen Daseins im Kern zu erschüttern. Bei Becker bleiben vielmehr die Heideggerschen Bestimmungen als die verbindliche und vollständige Kennzeichnung des menschlichen Daseins erhalten, und daß die neu hinzutretenden Erscheinungen mit diesen Mitteln nicht zu erfassen sind, wird bei ihm so gedeutet, daß es sich hier nicht um Bestimmungen des wirklichen, echten Daseins handelt, sondern nur um solche eines diesem zerbrechlich überlagerten Scheins. Demgegenüber wird hier behauptet, daß es sich auch in den Formen der „Getragenheit" um eine durchaus echte und reale Daseinsweise handelt. Die Beschränkung auf das ästhetische Verhalten bei Becker verdeckt, daß die Zustände der „Getragenheit" auch außerhalb des künstlerischen Verhaltens im ursprünglichen Leben selber vorkommen. Sie verlegt so die im Leben selber vorhandene Spannung zwischen beiden Möglichkeiten aus dem Leben heraus, indem sie sie als den Gegensatz von (ästhetischem) Schein und (geschichtlicher) Wirklichkeit faßt.

Es handelt sich hier nicht etwa nur um eine Angelegenheit bloßer Bezeichnung, sondern um die Frage nach der Bedeutung dieser Zustände für das Ganze des Lebens. Fassen wir sie als ästhetischen Schein, so bedeutet es, daß sich diese Zustände vom Leben selber gelöst haben und nicht mehr in diesem Leben fruchtbar werden können. Das Ästhetische ist (wenigstens in dem Sinn, wie es Becker gefaßt hat) nicht lebensgestaltend. Wir sahen die Grenzen dieses Wegs bei Proust mit besondrer Deutlichkeit. Demgegenüber scheint mir der weiterführende Ansatz darin zu liegen, daß man diese Höhepunkte nicht in irgendeiner Form der Jenseitigkeit – auch nicht in der ästhetischen – vom Leben ablöst, sondern sie ganz in dieses Leben einbezieht und nach der Bedeutung fragt, die diese seltenen Augenblicke für das Ganze des Lebens haben, auch nachdem sie selber schon vorübergegangen sind. Ihre volle Bedeutung erhalten diese Augenblicke erst durch ihre gestaltende, fruchtbare Leistung, die sie im Ganzen des Lebens zu erfüllen haben. Und von hier aus bekommt auch die philosophische Beschäftigung mit diesen Erscheinungen erst ihre letzte Rechtfertigung.

7. Die Überzeitlichkeit der Liebe

Tiefer noch in diese Zusammenhänge greifen die Untersuchungen über die Zeitstruktur der Liebeserfahrung, die Binswanger in seinem Buch über „Grundformen und Erkenntnis menschlichen Daseins"[15] genauer entwickelt hat. In diesem Werk, das über die bereits mehrfach herangezogenen früheren Arbeiten in Rich-

[15] L. Binswanger, Grundformen und Erkenntnis menschlichen Daseins. Zürich 1942.

tung auf eine ausgebaute philosophische Anthropologie wesentlich hinausgeht und wohl überhaupt den bedeutendsten Beitrag zur Phänomenologie der glücklichen Zustände darstellt, geht Binswanger insbesondre den Ewigkeitserfahrungen nach, die sich dem liebenden Menschen aufschließen. Die von ihm reichlich herangezogenen Zeugnisse der Dichter der verschiedenen Völker und Zeiten sprechen übereinstimmend von einem eigentümlichen Erlebnis, daß sich „jenseits" der Zeit unsres gewöhnlichen Lebens ein andrer Zustand auftut, ein Zustand zeitloser Dauer. Binswanger formuliert es (im Anschluß an E. Barrett-Browning) als den Gegensatz von „Liebe, die dauert, und Leben, das (ver-)schwindet" (S. 43). Diese echte Ewigkeit aber entsteht, wie hinzugefügt wird, nicht quantitativ durch eine endlose Aneinanderstückung von Zeitstrecken, sondern qualitativ „in der von der unendlichen Längenerstreckung der Zeit ... völlig verschiedenen Zeitform der zwischen ‚Augenblick' und ‚Ewigkeit' keinen Unterschied machenden, ewigen Dauer oder eigentlichen Ewigkeit" (S. 45). In diesem Sinne ist dann „die ewige Dauer ‚unabhängig' von der Kürze oder Länge der zeitlichen Erstrecktheit, sich souverän ‚über' dieselbe hinwegsetzend" (S. 45f.).

Die genauere inhaltliche Analyse dieser Zeitstruktur braucht uns hier nicht mehr weiter zu beschäftigen. Sie bestätigt, auf ein reichhaltiges neues Material gestützt, die Züge, die uns schon allgemein in der Analyse des Glückserlebens entgegengetreten waren. Aber während die vorliegenden Untersuchungen aus Gründen der methodischen Vorsicht von allen speziellen Inhalten der betreffenden Gestimmtheiten abzusehen versuchten, greift Binswanger zu einem inhaltlich bestimmten Kernphänomen des menschlichen Lebens, nämlich dem liebenden Miteinandersein, in dem er das „ontologische Gegenphänomen" der Angst sieht (S. 54). Dadurch gewinnen seine Untersuchungen entscheidend an philosophischem Gewicht, denn so wird es möglich, dem Tod als dem zentralen Kernphänomen bei Heidegger ein gleichrangiges Gegenphänomen entgegenzustellen.

An dieser Stelle interessiert daran vor allem die Frage, wie Binswanger das Verhältnis dieser Zeiterfahrungen zu der von Heidegger herausgearbeiteten existentiellen Zeitlichkeit deutet. Auch Binswanger kommt zu dem Ergebnis, daß die „Zeitlichkeit der Liebe" grundsätzlich nicht von der existentiellen Zeitlichkeit her verstanden werden könne und daß man darum gegenüber der Entschlossenheit des eigentlichen Augenblicks und der endlos weiterlaufenden Zeit der Uneigentlichkeit ein „drittes" und „aus keiner von beiden ableitbares Zeitverständnis" anerkennen müsse, nämlich das „Zeitverständnis der Liebe" (S. 56). Er spricht davon, daß „das Dasein hier das Sein zum Ende ... überzeitigt ... in die Zeit der Ewigkeit" (S. 98). (Analoges gilt übrigens für Binswanger auch für den Raum und er spricht, was uns hier nur nicht weiter zu beschäftigen braucht, entsprechend von einem „Überräumlichen" des Raumes im liebenden Miteinandersein). So kommt Binswanger allgemein zur Schichtung zweier Daseinsformen: „Jenseits" des Gegensatzes von Eigentlichkeit und Uneigentlichkeit, zwischen dem existentiellen Selbst-sein und dem Man-sein der Verfallenheit liegt die Liebe als eine durchaus eigne Weise zu sein. So stellt er die Bereiche der „Sorge" im

Sinne Heideggers und der „Liebe“ in dem von ihm herausgearbeiteten Sinn einander gegenüber, entwickelt für diese letztere die ihr eigentümliche „Erschlossenheit des Herzens“ (S. 105), ja er betont nicht nur die Gleichberechtigung der beiden Schichten, sondern hebt darüber hinaus sogar „das phänomenologische Primat der Liebe vor der Sorge“ (S. 87) hervor.

Auch hier ergibt sich natürlich die Frage nach dem Verhältnis dieser philosophisch-anthropologischen Erkenntnisse zur ontologisch orientierten „Analytik des Daseins“ im Sinne Heideggers. Binswanger betont, „daß eine anthropologisch zu nennende Untersuchung gar nicht anders möglich ist als unter Berücksichtigung der ontologischen Methode“ (S. 33), aber kommt auch bald zu dem Ergebnis, daß diese „Analytik des Daseins“, der er „im Verein mit der Phänomenologie Husserls und Schelers methodisch alles verdanke“, ihm „sachlich doch überall so im Wege“ stehe (S. 59), daß er sich in seiner grundsätzlichen Auseinandersetzung seinen eigenen Weg eröffnen müsse.

Zweifellos hat Binswanger ein sehr viel zentraleres und ein sehr viel reicher gegliedertes Phänomen ergriffen, als es für Becker vom ästhetischen Verhalten her möglich war; trotzdem bleiben auch hier die Erfahrungen vollendeten Liebesglücks herausgehobene Höhepunkte, und es ergibt sich auch hier die Frage, in welcher Weise diese dann im späteren Verlauf des Lebens, das notwendig einmal über sie weiterschreitet, fruchtbar werden können. Indem wir wegen der im besonderen Fall des liebenden Miteinanderseins gestifteten „Heimat“ auf Binswangers wichtige Ausführungen verweisen, halten wir uns allgemeiner an die zuvor behandelten Glückserfahrungen.

8. Die Bedeutung des fruchtbaren Augenblicks für das Ganze des Lebens

Die Bedeutung, die diese herausgehobenen Augenblicke über ihre eigne Dauer hinweg für das Ganze des Lebens haben, war schon im bisherigen (und was die glücklichen Stimmungslagen im allgemeinen angeht, vor allem im ersten Hauptteil) verschiedentlich berührt worden. Es kommt jetzt nur noch darauf an, das bisher Zerstreute unter dem gegenwärtigen Gesichtspunkt neu zusammenzunehmen und das früher über die glücklichen Stimmungen allgemein Entwickelte jetzt insbesondere auf die hier betrachteten herausgehobenen Grenzfälle zu übertragen. Im wesentlichen läßt sich diese Betrachtung nach zwei Richtungen hin verfolgen. Das eine ist, vom Überblick über den Gesamtverlauf des Lebens her die Bedeutung dieser herausgehobenen Augenblicke zu bestimmen. Das andre ist, die Art und Weise zu verfolgen, wie diese zeitlosen Augenblicke in einer stetigen Bewegung in die Zeitlichkeit des gewöhnlichen Lebens wieder zurückkehren.

In der ersten Richtung handelt es sich also darum, diese Augenblicke einer glücklichen Zeitlosigkeit als sinnvolle Glieder im Ganzen des menschlichen

Lebens zu sehen (und hierin bestätigt sich dann wieder die Fruchtbarkeit der eingangs entwickelten Fragestellung der philosophischen Anthropologie). Der glückliche Augenblick selbst geht gewiß schnell vorüber. Er kann auch spurlos vorübergehen, und in diesem Fall bleibt ein Gefühl der inneren Leere zurück, das nach allen fruchtlos verlaufenden rein innerseelisch zu verstehenden Glückszuständen der „Kater" ist: der Rückschlag, der durch den Mißbrauch bedingt ist, dadurch daß der Mensch die Aufgabe, die mit diesen höchsten Augenblicken gegeben war, nicht erfüllt hat. Aber diese Augenblicke brauchen nicht spurlos vorüberzugehen, und wir haben grade von dem Gesichtspunkt aus, ob sich eine fruchtbare Wirkung einstellt oder nicht, ein Kriterium dafür, den leeren Rausch vom fruchtbaren Augenblick zu unterscheiden.

Es sind zunächst allgemein die Augenblicke einer neuen Gläubigkeit. Nur in den Augenblicken eines solchen Glücks erschließt sich überhaupt ein neuer Glaube, und in dieser neuen Gläubigkeit erfährt dann der Mensch in strenger Wechselseitigkeit ein Doppeltes, was auch in den angeführten Beispielen immer wieder hervortrat: die eigene Vollkommenheit und zugleich die Vollkommenheit und Beständigkeit der ihn umgebenden Welt.[16]

Auf dem Boden dieser neuen Gläubigkeit entwickelt sich sodann die fruchtbare Kraft, und so handelt es sich in diesen Augenblicken des Glücks zugleich in einem tieferen Sinn um die Augenblicke einer neuen Konzeption, in denen dem Menschen eine neue Lebensaufgabe oder eine neue Sinngebung des Lebens aufgeht. Es handelt sich allgemein um die „produktiven Augenblicke". Und es gilt zugleich auch umgekehrt, daß n u r solche Augenblicke des Glücks im letzten Sinn schöpferisch sein können. Diese Augenblicke stehen zwar als solche außerhalb der Zeitlichkeit des Lebens, aber sie stehen ihm dennoch nicht beziehungslos gegenüber, sondern sie erweisen ihre Fruchtbarkeit für das Ganze des zeitlichen Lebens dadurch, daß die hier gefaßten Ideen auch über den als solchen schwindenden Augenblick hinweg Gültigkeit behalten und das Ganze des übrigen Lebens umzugestalten vermögen. Aber auf der andern Seite fällt dem Menschen diese fruchtbare Wirkung nicht in den Schoß, sondern hängt es jetzt von der Anstrengung des folgenden Lebens ab, ob das in diesen seltenen Augenblicken Ergriffene festgehalten und fruchtbar gemacht werden kann oder ob es ungenutzt wieder entschwindet. So war es schon bei Proust, wo die im isolierten Augenblick erschaute Idee des Kunstwerks dem ganzen restlichen Leben seinen Inhalt gab und dieses auch bis in die alltäglichen Mühen hinein bestimmte. So löst sich auch der scheinbare Widerspruch bei Nietzsche, daß der „große Mittag" das Erleben der Ewigkeit bedeutet und dennoch eine neue Zeit heraufbringt. Auch von den hier nicht näher verfolgten religiösen Erlebnissen ließe sich dieser Zusammenhang weiter verfolgen.

---

[16] Vgl. oben S. 161 und 172.

9. Die Rückkehr ins handelnde Leben

In der zweiten Richtung dieser abschließenden Betrachtung handelt es sich jetzt darum, den zeitlichen Übergang genauer zu verfolgen, der aus diesen zeitlosen Augenblicken in den Zustand einer neuen Entschlossenheit und einer neuen Tätigkeit im zeitlich-geschichtlichen Leben hinüberführt. Es könnte zunächst scheinen, als ob der Zeitlosigkeit des reinen Glückszustands gar kein andrer Übergang in das gewöhnliche zeitliche Leben möglich sei als ein einfaches Hinausfallen, bei dem der Mensch sich enttäuscht aus dem erträumten Paradies wieder hinausgeworfen und in die frühere Alltäglichkeit des Lebens zurückversetzt findet. Und so müßte es in der Tat sein, wenn die eben gestreifte, vom ästhetischen Verhalten ausgehende Auffassung zu Recht bestünde, daß diese Augenblicke nur als Loslösung vom wirklichen Leben und nicht als Teile dieses Lebens selber zu begreifen wären. Es zeigt sich aber, daß dies keineswegs der Fall ist. Dieses enttäuschte Erwachen aus dem Traum tritt nur dort ein, wo durch ein Versagen des Menschen der fruchtbare Augenblick nicht wirklich fruchtbar geworden ist. Überall da aber, wo er wirklich gezündet hat, wächst aus der Zeitlosigkeit dieses Erlebens selber die Spannung hervor, welche den in sich selber ruhenden Augenblick von innen heraus sprengt und sich dann in dem tätigen Einsatz für die Verwirklichung des zuvor Erschauten entlädt.

Das gesteigerte Bewußtsein der Kraft und des eignen Werts, von dem in den verschiedenen Zeugnissen übereinstimmend die Rede war, verlangt von sich aus nach einer Auswirkung und Bewährung. Aus dem Untergrund einer stimmungsmäßigen Gehobenheit erwächst notwendig eine neue Aktivität, so wie sie in den schon an früherer Stelle angeführten Zeilen zu Beginn des zweiten Teils des „Faust“ zum Ausdruck kommt: Aus dem Erwachen im Zustand vollster Seligkeit entwickelt sich unmittelbar ein gesteigerter Tätigkeitsdrang – „Des Lebens Pulse schlagen frisch lebendig“ –, der sich dann sofort weiter als neue sittliche Kraft auswirkt, die umgestaltend und verwandelnd in das Leben eingreifen will, als „ein kräftiges Beschließen, zum höchsten Dasein immerfort zu streben“.[17]

Es gibt dabei eine stetige Reihe der Übergangs, die aus dem Zustand des zeitlosen Erlebens in den einer neuen Entschlossenheit hinüberführt. Aus der zunächst noch rein passiven Schau der neuen Vorstellungswelt erwächst allmählich ein Ziel des Handelns, zunächst noch in einer unzugänglichen Ferne, in einem Stadium eines unverbindlichen und spielerischen Plänemachens. Aber wie von selbst nehmen diese Pläne dann eine festere Gestalt an. Allmählich wächst die Ungeduld, ans Werk zu kommen, und so entwickelt sich aus dem Zustand einer gelösten Ruhe immer mehr die innere Spannung, er lädt sich gewissermaßen mit Energie auf, bis sich dann die gesammelte Kraft dieses Zustands in der Tat, in einem neuen Werk entspannt, um danach im Vorgang der Zielverwirkli-

[17] Vgl. oben S. 69ff.

chung langsam in den ruhigeren Gang eines stetigen Ablaufs überzugehen, in dem dann wiederum die gehobenen Stimmungen beim fortschreitenden Gelingen und die beklommenen Stimmungen bei auftretenden Widerständen einander abwechseln.

Die Einzelheiten dieses Übergangs sind nicht mehr Gegenstand der vorliegenden Untersuchung. Es genügt, daß es einen solchen stetigen Übergang gibt, in dem diese Ausnahmezustände eines zeitlosen Glücks aus ihrer eigenen inneren Entwicklungstendenz heraus in das gewöhnliche zeitlich-geschichtliche Leben zurückkehren und in dem sie zielgebend und gestaltend dafür fruchtbar werden. Von hier aus versteht man, daß diese seltenen Augenblicke keine fruchtlose Enthebung bedeuten, die für das Leben im ganzen ergebnislos bleibt, sondern daß sich von diesen Augenblicken her das Leben im ganzen gestaltet. Das gilt in gesteigerter Form von den zuletzt behandelten Ausnahmezuständen; das gilt aber zugleich von der fruchtbaren Bedeutung der gehobenen Stimmungen überhaupt, von denen im ersten Teil die Rede war.

ERGÄNZENDE TEXTE

Die philosophische Anthropologie und ihre methodischen Prinzipien (1972)

Im Unterschied zu anderen Zweigen der Philosophie, deren Entstehung weit in die Geschichte des abendländischen Denkens zurückreicht, hat sich die philosophische Anthropologie erst sehr spät entwickelt. Sie ist als selbständige Disziplin erst ein Kind unseres Jahrhunderts. Ja, man kann ihre Geburt fast auf das Jahr genau bestimmen. Es ist das Jahr 1928, in dem *Schelers* im Jahr zuvor in Darmstadt, in der „Schule der Weisheit" des Grafen Keyserling, gehaltener Vortrag unter dem Titel *Die Stellung des Menschen im Kosmos* auch als Buch erschien und so, als wäre ein lang erwartetes Stichwort gefallen, sofort die gesamte philosophische Diskussion in seinen Bann schlug. In dieser kleinen, aber ungeheuer einflußreichen Schrift ist die Aufgabe einer philosophischen Lehre vom Menschen zum ersten Mal in aller Klarheit formuliert worden. Aber noch im selben Jahr 1928 erschien auch *Plessners* wesentlich umfangreicheres Buch *Die Stufen des Organischen und der Mensch,* mit dem verdeutlichenden Untertitel „Einleitung in die philosophische Anthropologie", das freilich wegen seines größeren Umfanges und seiner schwerfälligeren Darstellung nicht die gleiche Verbreitung fand wie die Schelersche Schrift.

Scheler und Plessner können also als die Begründer der philosophischen Anthropologie gelten. Plessner gilt dabei weithin als ein Schüler Schelers, der dessen Ansätze systematisch weiter durchgeführt habe. Aber eine solche Auffassung wird dem wirklichen Verhältnis nicht gerecht. Zwar wirkten beide gleichzeitig nebeneinander an derselben Universität Köln, und der jüngere Plessner wird von dem älteren, von Einfällen übersprudelnden Scheler viele Anregungen empfangen haben. Aber wie bei Scheler die genannte Schrift nur in langer Entwicklung entstandene und auch verschiedentlich schon vorher ausgesprochene Gedanken in einprägsamer Form zusammenfaßte (die Scheler dann wegen seines frühen Todes, ebenfalls schon im Jahr 1928, nicht mehr weiter ausarbeiten konnte), so reichen auch bei Plessner, der von der Biologie zur Philosophie kam, diese Gedanken in eine lange Vorgeschichte zurück. Er weist im Vorwort selber ausdrücklich auf seine frühere Schrift über *Die Einheit der Sinne* hin, in der schon vieles von seinen späteren Gedanken vorbereitet war.

Beide Schriften, Schelers *Stellung des Menschen* und Plessners *Stufen des Organischen,* sind auch in ihrem ganzen Charakter sehr verschieden. Scheler faßt in wenigen großen Zügen eine Fülle von verschiedenartigsten Forschungsergebnissen und philosophischen Einfällen in einem groß angelegten Gesamtbild zusammen. Gegenüber den aus dem Darwinismus, den Köhlerschen Intelligenzversuchen an Affen und vielen anderen Motiven erwachsenen Tendenzen, den

Menschen ganz in das Tierreich einzuordnen, stellt er in einer überraschenden neuen Wendung, nämlich in seiner Lehre vom Geist als dem asketischen Prinzip, die Sonderstellung des Menschen wieder her. Bei Plessners schrittweise vorsichtig aufbauendem und oft sehr abstrakt formuliertem Buch ist es vor allem die methodische Konsequenz, mit der er hier das, was er die „exzentrische Position" des Menschen nennt, gegenüber dem übrigen Reich der organischen Natur abhebt. Um ihn voll zu würdigen, muß man aber auch seine spätere Schrift über *Macht und menschliche Natur* aus dem Jahr 1931 hinzunehmen; denn hier hat er die zunächst weitgehend in biologischer Perspektive entwickelte Problematik der philosophischen Anthropologie auch nach der geistes- und kulturwissenschaftlichen Seite hin ausgeweitet, wobei er in enge Beziehungen zu der in Göttingen gepflegten Diltheyschen Richtung, vor allem zu Georg Misch, trat. Auf diese Schrift müssen wir schon darum heute mit besonderem Nachdruck hinweisen, weil sie damals wegen der ausbrechenden nationalsozialistischen Herrschaft nicht mehr zur Auswirkung kam.

Ehe wir aber im Inhaltlichen näher auf den philosophisch-anthropologischen Ansatz eingehen, müssen wir zunächst die Frage stellen, warum gerade damals, also in den zwanziger Jahren unsres Jahrhunderts und nicht schon zu einem früheren Zeitpunkt, eine solche philosophische Anthropologie entstanden ist. Scheler gibt als Begründung an, daß die Fülle des in den letzten Jahrzehnten zusammengekommenen und oft beunruhigenden Einzelwissens die überlieferten Vorstellungen vom Menschen fragwürdig gemacht habe und daß deswegen eine Neubesinnung notwendig geworden sei. In diesem Sinn schreibt er: „Die immer wachsende Vielheit der Spezialwissenschaften, die sich mit dem Menschen beschäftigen, verdecken ... weit mehr das Wesen des Menschen, als daß sie es erleuchten ... So kann man sagen, daß zu keiner Zeit der Geschichte der Mensch sich so problematisch geworden ist wie in der Gegenwart". Auch Heidegger nimmt diesen Gedanken in seinem Kantbuch auf und betont: „Keine Zeit hat so viel und so Mannigfaltiges vom Menschen gewußt wie die heutige ... Aber keine Zeit wußte weniger, was der Mensch sei, als die heutige. Keiner Zeit ist der Mensch so fragwürdig geworden wie der unsrigen."

Aber so richtig diese Begründung im einzelnen ist, so erscheint sie mir doch nicht als ausreichend; denn so lange die Menschen überhaupt, von Tod und Schicksal erschüttert, über ihr Leben nachgedacht haben, wurden sie notwendig auf die Frage nach dem Sinn ihres Daseins, nach dem Wesen des Menschen geführt. Von der bangen Frage der Psalmen: „Was ist der Mensch, daß du seiner gedenkst?" geht ein langer, hier nicht zu verfolgender Weg weiter bis etwa zu Pestalozzis *Nachforschungen*, wo es heißt: „Was bin ich, und was ist das Menschengeschlecht?" Und Kant hat dann bekanntlich die Frage: „Was ist der Mensch?" neben oder besser über die drei bekannten Fragen gestellt: „Was kann ich wissen? Was soll ich tun? Was darf ich hoffen?" Die Frage als solche ist also keineswegs neu, und wenn sie in der heutigen Philosophie mit einer besonderen Dringlichkeit gestellt wird, so dürfte das noch einen andern Grund haben, der nicht von außen an die Philosophie herangetragen wird, sondern der sich mit innerer Notwendigkeit aus ihrer eignen immanenten Entwicklung ergibt. Und ich glaube, daß sich ein solcher Grund auch angeben läßt.

Seit Beginn der Neuzeit hatte man die Grundlegung der Philosophie und der Wissenschaft in einer Erkenntnistheorie gesucht, die vor der Ausbildung allen inhaltlichen Wissens zunächst die methodischen Prinzipien einer gesicherten Erkenntnis herausarbeiten sollte. Der rationalistische wie der empiristische Weg stimmten in diesem grundlegenden Ziel überein. Seit dem Ende des 19. Jahrhunderts wurde aber immer deutlicher, daß eine solche Erkenntnis nicht aus sich selber heraus, von einem ein für allemal gesicherten Ausgangspunkt beginnend und von da schrittweise aufsteigend, möglich ist, daß vielmehr alle Erkenntnisleistungen einbezogen sind in einen umfassenden Zusammenhang des Lebens, eingeordnet in ein praktisches, handelndes Verhalten, gefärbt und bedingt durch Stimmungen, Gefühle und Triebregungen der verschiedensten Art, herausgewachsen aus einem unbewußten Untergrund der Seele und von ihm weiterhin getragen, daß also die Erkenntnis nicht autonom ist, sondern vielfach bedingt von einem umfassenden Leben. Das erforderte notwendig eine Tieferlegung der Fundamente der Erkenntnistheorie; sie war nicht mehr aus sich selbst zu begründen, sondern erforderte eine tiefere Begründung vom Ganzen des Menschen her.

Damit verlagerte sich die Fragestellung auf das Gebiet der philosophischen Anthropologie; denn das war ja, auf den besonderen Teilbereich der Erkenntnis angewandt, deren Fragestellung, nämlich die Aufgabe, die Erkenntnisleistungen aus dem Gesamtzusammenhang des menschlichen Lebens angemessen zu begreifen. Das ist natürlich nur ein Teil der allgemeineren philosophisch-anthropologischen Fragestellung, aber der in diesem Zusammenhang entscheidende. Nur so ist es zu verstehen, daß die philosophische Anthropologie damals sogleich jene zentrale Stellung einer philosophischen Grunddisziplin für sich in Anspruch nehmen konnte, die bis dahin die Erkenntnistheorie eingenommen hatte. Die philosophische Anthropologie erscheint in diesem Zusammenhang also als die Erweiterung und Vertiefung der bisherigen Erkenntnistheorie, in gewissem Sinn kann man sogar sagen: der Kantischen Transzendentalphilosophie.[1]

Aber darüber hinaus kann man die Entstehung der philosophischen Anthropologie noch in einem weiteren Zusammenhang sehen, nämlich als die methodische Fortführung eines Ansatzes, den die Lebensphilosophie seit dem Ende des 19. Jahrhunderts in Nietzsche und Dilthey, und weiter in Bergson, Simmel, Klages und manchen andern, zumal auch unter den zeitgenössischen Dichtern, begründet hatte. Diese Dichter und Denker lehnten sich auf gegen die beengenden Formen der gesellschaftlichen Konvention, der erstarrten Moral, des äußerlich gewordenen begrifflichen Wissens. Sie lehnten deren Herrschaftsanspruch ab und betonten demgegenüber das Eigenrecht des nach freier Entfaltung ver-

---

[1] Vgl. dazu O.F. Bollnow, Philosophie der Erkenntnis. Das Vorverständnis und die Erfahrung des Neuen. Urban Bücher Bd. 126. Stuttgart 1970.

langenden schöpferisch quellenden Lebens. Sie fragten in diesem Zusammenhang nach der Funktion, die die Kunst, die Wissenschaft, das begriffliche Denken überhaupt im Leben zu erfüllen haben. Nietzsches *Zweite Unzeitgemäße Betrachtung* über *Nutzen und Nachteil der Historie für das Leben* sei nur als Beispiel für diese Problematik genannt. Und das ist dann genau dieselbe Fragestellung, die, abgelöst von dem weltanschaulich-pantheistischen Hintergrund der Lebensphilosophie, aber auch abgelöst von dem revolutionären Impuls der Kulturkritik, vielmehr übertragen auf die Ebene allgemeiner philosophischer Besinnung, dann in die philosophische Anthropologie aufgenommen und fruchtbar gemacht wurde. Die philosophische Anthropologie erscheint in dieser Beziehung als die Fortführung ursprünglich lebensphilosophischer Impulse.[2]

Aber so, wie sich die philosophische Anthropologie zunächst entwickelte, kam es trotz vieler inzwischen dazugekommener neuer Beiträge, vielleicht kann man gradezu sagen: infolge der verschiedenartigen hier zusammenströmenden Tendenzen nicht zu einer methodisch klaren Grundlage, die imstande gewesen wäre, Sie als eine selbständige Disziplin zu begründen. Scheler und entsprechend auch Plessner (wenigstens in seiner früheren Schrift) gingen von einer *kosmologischen Perspektive* an die Frage heran. Indem sie nach der „Stellung des Menschen im Kosmos" oder nach den „Stufen des Organischen" fragten, gingen sie aus von der Vorstellung einer in Stufen gegliederten kosmischen Ordnung, innerhalb derer auch der Mensch seine bestimmte Stellung habe und von der her er dann auch zu begreifen sei. Wenn wir die unteren Stufen dieses Aufbaus als für uns weniger erheblich beiseite lassen, spitzt sich die Frage zu auf das Verhältnis von *Mensch und Tier.* So sah *Scheler* gegenüber der auch bei höheren Tieren feststellbaren Intelligenz das spezifisch Menschliche in dem, was er im Unterschied dazu den Geist nannte, das heißt in der Fähigkeit zur Lösung von der tierisch gebundenen Umweltbeziehung und zur nur durch die Befreiung von unmittelbarem Triebdruck möglichen Erkenntnis der Dinge in ihrem reinen Eigenwesen. So sah *Plessner* das Wesen des Menschen in seiner Exzentrizität, das heißt in der Fähigkeit, aus der eigenen Mitte herauszutreten und sich gewissermaßen von außen zu sehen, oder anders ausgedrückt: zu sich selbst in ein Verhältnis zu treten. Grundsätzlich ähnlich wurde der Ansatz zwölf Jahre später noch von *Gehlen* wiederholt, dessen bekanntes Buch *Der Mensch* im Untertitel den Schelerschen Ansatz wiederholt, indem er sein Thema als „seine Natur und seine Stellung in der Welt" erläutert. Auch Gehlen geht aus vom Vergleich zwischen Mensch und Tier. Der Mensch ist gegenüber den Tieren – oder den übrigen Tieren, wie wir sagen wollen – durch schwerwiegende biologische Nachteile gekennzeichnet, er ist das „Mängelwesen", das in der freien Natur gar nicht leben könnte und darum gezwungen ist, zur Kompensation dieser seiner Mängel eine entgiftete künstliche Natur, eben eine Kultur aufzubauen. Der Mensch ist von Natur aus ein Kulturwesen.

---

2 Vgl. O.F. Bollnow, Die Lebensphilosophie. Verständliche Wissenschaft 70. Bd. Berlin, Göttingen, Heidelberg 1958.

Jedesmal ergibt sich so ein eindrucksvolles geschlossenes Bild vom Menschen: Bei Scheler ist es der Mensch als Geistwesen, als der Asket des Lebens, der sich durch das Vermögen zur reinen Schau aus allem übrigen Leben heraushebt, bei Plessner ist es der Mensch als das exzentrische Wesen, das infolge des Mangels an einem natürlichen Mittelpunkt zur ewigen Unruhe, zum ewigen Fortschritt verurteilt ist, bei Gehlen wiederum der Mensch als das handelnde Wesen, das handelnd seine Welt umschafft. Aber, so imponierend diese Bilder auch jedesmal sind, so erkennt man doch, sobald man sich einmal von ihrer Faszination gelöst hat, daß jedesmal ein einseitiger spezieller Aspekt herausgehoben und zum Kennzeichen des spezifisch Menschlichen erhoben wird, daß aber andere und nicht weniger wichtige Aspekte darin fehlen und sich auch nicht nachträglich einfügen lassen. So geht, um nur ein Beispiel anzuführen, schon die ganze geschichtliche Welt mit dem Reichtum ihrer Gestaltungen in keines dieser Menschenbilder ein. Es wird gewissermaßen eine einzelne Schneise durch den Wald der menschlichen Wesenszüge geschlagen. Man kommt zwar zu Bildern vom Menschen, aber immer nur zu einseitigen und darum auch schon verzerrenden Bildern, niemals zu einer wirklich umfassenden Bestimmung des Menschen.

Darüber hinaus aber müssen wir fragen, ob es seit der Kantischen Wendung überhaupt noch zulässig ist, in objektiver Einstellung vom Kosmos auszugehen, um in seinem Rahmen dann auch den Menschen zu begreifen, ob es nicht vielmehr notwendig ist, in transzendentaler Erkenntnishaltung grundsätzlich vom Menschen auszugehen, um von diesem Zentrum her neben anderem auch die Welt zu begreifen. Darum wird eine andere methodische Begründung der philosophischen Anthropologie erforderlich, nämlich eine solche, die

1. ohne Bevorzugung eines bestimmten Aspekts alle am Menschen vorfindbaren Wesenszüge in grundsätzlicher Gleichberechtigung aufnimmt und dabei

2. primär vom Menschen ausgeht, ihn aus sich selber versteht und nicht von einem in gegenständlicher Ebene angesetzten Vergleich des Menschen mit einem außermenschlichen Sein.

Nur wenn man diesen Ansatz folgerichtig durchführt, wird es möglich, daß die philosophische Anthropologie als Erweiterung des Kantischen transzendentalphilosophischen Ansatzes erscheint. Sie ist dann nicht mehr ein neuer und vielleicht durch besondere Aktualität ausgezeichneter Zweig der Philosophie, der zu den andern, schon bestehenden, hinzuträte, sondern die philosophische Zentraldisziplin, die anstelle der bisherigen Erkenntnistheorie die ganze Philosophie durchdringt und begründet. Diesen Tatbestand hat neuerdings *Klaus Giel* klar ausgesprochen. Er betrachtet die philosophische Anthropologie nicht als Teilgebiet, das zu den übrigen philosophischen Disziplinen hinzugekommen sei, sondern „als eine neue Grundlegung der Philosophie überhaupt, von der aus die traditionellen Disziplinen ihrerseits in einem neuen Licht und in einer neuen

Funktion innerhalb des Ganzen der Philosophie erscheinen". Er spricht in diesem Sinn kurz von einer *„Philosophie als Anthropologie"*.[3]

Es ist wiederum *Plessner* gewesen, der den methodischen Ansatz einer so verstandenen philosophischen Anthropologie zuerst entwickelt hat, und zwar in seinem schon genannten späteren Werk über *Macht und menschliche Natur,* dessen neue Fragestellung er im Untertitel „Ein Versuch zur Anthropologie der geschichtlichen Weltansicht" ausdrücklich hervorgehoben hat. Die Ausweitung der ursprünglich naturphilosophischen zu einer geschichtlich orientierten Betrachtung und die Anknüpfung an die Arbeiten Diltheys und Mischs zum Verständnis der geschichtlichen Welt eröffnen hier eine neue Möglichkeit, vom Menschen als der bildenden Mitte seiner Welt auszugehen. Diese Ansätze sind, wie erwähnt, damals, nämlich 1931, nach der Emigration Plessners nicht mehr zur Auswirkung gekommen. An sie muß darum heute wieder neu angeknüpft werden.

Ich versuche darum, in enger Anlehnung an Plessner, seine Ansätze aufnehmend, deutend und vielleicht auch ein wenig weiterführend, das Methodenproblem der philosophischen Anthropologie in einer neuen, mir angemessener erscheinenden Weise zu entwickeln. Dabei lassen sich, soweit ich heute sehe, *vier methodische Grundprinzipien* einer solchen noch nicht vorhandenen, sondern erst zu entwickelnden philosophischen Anthropologie unterscheiden, und zwar vier Grundprinzipien, die untereinander wiederum eng zusammenhängen, indem sie den einheitlichen Ansatz nach verschiedenen Seiten hin abwandeln.[4]

1. Das erste dieser methodischen Prinzipien läßt sich im unmittelbaren Anschluß an Plessners Darstellung entwickeln. Dieser begreift in der genannten Schrift den Menschen als „die produktive ‚Stelle' des Hervorgangs einer Kultur" und erläutert diesen Gedanken dann näher als „das Prinzip der Relativierung aller außerzeitlichen Sinnsphären auf den Menschen als ihre Quelle im Horizont der Geschichte". Er meint damit – und wiederholt damit im Grunde nur den alten lebensphilosophischen Ansatz – daß alle Kulturbereiche: Wirtschaft, Staat, Kunst, Religion, Wissenschaft usw. als schöpferische Leistungen vom Menschen hervorgebracht sind und darum nicht als in sich ruhende gegenständliche Bereiche zu verstehen sind, sondern nur von den menschlichen Bedürfnissen her, denen sie ihr Entstehen verdanken, aus ihrer Funktion, die sie innerhalb des menschlichen Lebens zu erfüllen haben. Plessner verweist hier auf Nietzsche, der im *Willen zur Macht* einmal sagt: „Alle Schönheit und Erhabenheit, die wir den wirklichen und eingebildeten Dingen geliehen haben, will ich zurückfordern als Eigentum und Erzeugnis des Menschen: als seine schönste Apologie ... Das war bisher seine größte Selbstlosigkeit, daß er bewunderte und anbetete und sich zu verbergen wußte, daß er es war, der das geschaffen hat, was er bewunderte."

---

[3] K. Giel, Philosophie als Anthropologie, in: Wege zur pädagogischen Anthropologie. Heidelberg 1963.

[4] Vgl. O.F. Bollnow, Die anthropologische Betrachtungsweise in der Pädagogik. Neue Pädagogische Bemühungen Nr. 23. Essen 1965. S. 30ff.

Ich habe dies Prinzip in früherem Zusammenhang einmal als das der *anthropologischen Reduktion* bezeichnet, und diese Bezeichnung ist inzwischen verschiedentlich aufgenommen worden. Ich hatte dabei auch auf *Feuerbach* hingewiesen, der in seiner anthropologischen Wendung die Gottheiten, die von den Menschen als außer sich über sich bestehend vorgestellt wurden, als Projektionen der menschlichen Seele zu deuten unternommen hatte, die aus bestimmten Bedürfnissen hervorgegangen sind und im menschlichen Leben bestimmte Funktionen zu erfüllen haben. So könnte man die anthropologische Reduktion als eine Erweiterung dieses Gedankens auf die Gesamtheit aller Kulturbereiche betrachten, die alle von ihrem Ursprung im Menschen her begriffen werden können. Aber diese Parallele ist nicht unbedenklich und kann leicht mißverstanden werden; denn wenn Feuerbach von einer „Verwandlung und Auflösung der Theologie in Anthropologie" gesprochen hat, so kann das noch als Desillusionierung, als kritische Auflösung oder wenigstens Relativierung des objektiven Anspruchs erscheinen. Auch an die Nähe zur Ideologiekritik könnte hier erinnert werden. Aber als methodisches Prinzip der philosophischen Anthropologie bedeutet die Reduktion keine Aufhebung oder Abschwächung der Realität, sondern die Zurückführung einer abgelöst scheinenden Gegenständlichkeit, auf den Mensch und Welt – in diesem Fall also: Mensch und Kultur – gemeinsam umfassenden Bezug.

Plessner weist selbst darauf hin, daß der Mensch als Schöpfer zugleich „an seine eigenen Kreaturen gebunden ist und ihnen untertan wird", und erst in diesem Zusammenhang erweist sich die „Rücknahme der über- und außermenschlichen Forderungen religiöser, ethischer, juristischer, künstlerischer, wissenschaftlicher Wirklichkeiten in den Machtbereich schöpferischer Subjektivität" als sinnvolle Erweiterung des Kantischen transzendentalphilosophischen Ansatzes, nämlich als Erweiterung über den bloßen Erkenntnisbezug hinaus auf die Gesamtheit der menschlichen Kulturbezüge. An *Cassirers Philosophie der symbolischen Formen* und seinem zusammenfassenden Spätwerk *Was ist der Mensch?* läßt sich dieser Übergang vom transzendentalphilosophischen Ansatz Kants zu einer von dort her verstandenen philosophischen Anthropologie besonders deutlich verfolgen.[5]

2. Der anthropologischen Reduktion, die die objektiven Kulturbereiche vom Menschen her zu begreifen unternimmt, entspricht als zweites methodisches Prinzip der im selben Zusammenhang ebenfalls von Plessner entwickelte Gedanke, umgekehrt das menschliche Leben von den objektiven Gebilden her zu verstehen. Wie *Schelling* seinerzeit die Kunst als Organon der Philosophie betrachtet hatte, an deren Wirklichkeit sich die dem Denken als solchem unerreichbare letzte metaphysische Einheit ablesen läßt, so kann man auch die Religion und die Wissenschaft und allgemein jedes Kulturgebiet – wie in Plessners Fall insbeson-

5 Vgl. dazu G. Bräuer, Ideologiekritik und anthropologische Reduktion in der Pädagogik, in: Erziehung in anthropologischer Sicht, hg. v. O.F. Bollnow. Bilden und Erziehen. Zürich 1969.

dere die Politik – als Organon benutzen, das heißt als Ausgangspunkt, von dem her man auf den Menschen zurückschließen kann, der das betreffende Kulturgebiet hervorgebracht hat. So betont Plessner: „Wie Kunst, Wissenschaft und Religion darum zu Medien der Welterkenntnis geworden sind, daß die Philosophie sie zu ihrem Organon machen konnte, so wird auch die Politik die gleiche Würde nur erringen, wenn Philosophie sie aus der Stellung eines zufälligen Bestätigungsgebietes des naturgebundenen Menschen befreit, indem sie sie zu ihrem Organon macht." Es ist letztlich der *Diltheysche* Ansatz, daß der Mensch sich nicht auf dem Wege der unmittelbaren Selbstbetrachtung, sondern nur auf dem Umweg über seine Objektivationen kennen lernt, hier aber ausgeweitet zu einem universalen anthropologischen Ansatz. Wir bezeichnen es allgemein als das *Organon-Prinzip* in der philosophischen Anthropologie.

Das Organon-Prinzip ist, genau genommen, die zur anthropologischen Reduktion inverse Operation. Während die eine die objektiven Gebilde der Kultur vom Menschen als ihrem Schöpfer her zu begreifen versucht, unternimmt es umgekehrt die zweite, den Menschen von den von ihm hervorgebrachten Gebilden her verständlich zu machen. Sie fragt also: Wie muß das Wesen des Menschen beschaffen sein, damit er aus einem inneren Bedürfnis heraus die Kunst, die Wissenschaft, die Politik usw. hervorbringen konnte? Was lernen wir aus diesen Schöpfungen über ihren Schöpfer?

Beide Prinzipien ergänzen einander und gehen auch in ihrer konkreten Anwendung oft ineinander über. Beide Prinzipien umschreiben in ihrer wechselseitigen Abhängigkeit den Umkreis einer Kulturanthropologie, das heißt der Lehre vom Menschen als einem Kulturwesen, wie sie seitdem von verschiedenen Seiten her, von Cassirer, Gehlen, Landmann, Plessner, Rothacker und manchen andern Autoren entwickelt worden ist. Weil die Kultur keine äußere Zutat ist, die zu einem schon vorher bestehenden und von ihr unabhängigen Wesen des Menschen erst nachträglich hinzukäme, sondern der Mensch, mit Gehlen zu sprechen, „von Natur ein Kulturwesen" ist, darum kann er auch nur als Kulturwesen angemessen verstanden werden. Und darum ist die Kulturanthropologie kein einzelner Zweig der philosophischen Anthropologie neben manchen anderen, sondern deren Ganzes, gesehen nur aus einer besonderen Perspektive, nämlich der Kultur.

3. Aber so sehr es zum Wesen des Menschen gehört, nur in einer Kultur leben zu können, so gibt es doch auch wieder in seinem Leben Phänomene, die sich nicht von der Kultur aus fassen lassen, weil sie dem Leben selber, unabhängig von seinen kulturellen Objektivationen, anzugehören scheinen. Dahin gehören manche Züge seiner leiblichen wie seiner seelischen Organisation, Stimmungen, Gefühle, Triebe usw. Hier setzt dann das dritte und allgemeinste methodische Prinzip der philosophischen Anthropologie ein, das ich seinerzeit in meinem Buch über *Das Wesen der Stimmungen* (1941) in Anlehnung an Kierkegaards Deutung der Angst zu formulieren versucht habe. Es geht aus von einer zunächst beliebigen Erscheinung des menschlichen Lebens, die aus irgendwel-

chen Gründen ein besonderes Interesse erregt (der Angst, der Freude, der Scham, der Arbeit, dem Fest usw., aber auch dem aufrechten Gang, dem Gebrauch der Hand usw.), und versucht, von ihr her ein Verständnis des Menschen im ganzen zu gewinnen, es gewissermaßen so zu extrapolieren, daß die betrachtete Erscheinung darin eine notwendige und unentbehrliche Funktion gewinnt. Es fragt also, wenn ich meine alte Formulierung wieder aufnehmen darf: Wie muß das Wesen des Menschen im ganzen beschaffen sein, damit sich diese besondere, in der Tatsache des Lebens gegebene Erscheinung darin als sinnvolles und notwendiges Glied begreifen läßt? Ich bezeichne es in Ermangelung eines prägnanteren Ausdrucks kurz als das *Prinzip der anthropologischen Interpretation der Einzelphänomene des menschlichen Lebens.*

Das klassische Beispiel für eine solche Betrachtungsweise ist *Kierkegaards Deutung der Angst.* Die Angst ist nach Kierkegaard nicht etwa ein zufälliger Mangel, der dem Menschen nun einmal anhaftet und den es nach Möglichkeit zu vermeiden gilt, sondern sie ist der Ausdruck der Vollkommenheit des Menschen; denn nur unter dem Angriff der Angst wird der Mensch aus der Gedankenlosigkeit seines Alltagslebens herausgerissen und zu seiner eigentlichen Existenz aufgerufen. Die Angst ist, wie Kierkegaard sagt, „der Schwindel der Freiheit". Das sich aus dieser Deutung ergebende Bild vom Menschen ist dann das existenzphilosophische Verständnis, das durch den scharfen Gegensatz von Alltäglichkeit und eigentlicher Existenz gekennzeichnet ist und für das es den Weg zur Eigentlichkeit nur im radikalen Bruch mit der Verfallenheit des alltäglichen Daseins gibt.

Daß das Plessnersche Organon-Prinzip nur ein Spezialfall dieser allgemeineren Fassung des anthropologischen Methodenprinzips ist, ist sogleich deutlich; denn es wendet ja die hier formulierte Frage auf die Gebilde der Kultur an: Wie muß das Wesen des Menschen im ganzen beschaffen sein, damit es mit innerer Notwendigkeit die Kunst, die Wissenschaft, das Recht usw. hervorbringen mußte und sich nur in ihnen die in ihm angelegten Möglichkeiten entfalten konnten?

Auf der andern Seite gehören aber auch die von Gehlen, Portmann und wiederum von Plessner entwickelten anthropologischen Deutungen bestimmter biologischer und anatomischer Befunde in den Umkreis dieser Fragestellung. Wenn *Gehlen* etwa die biologisch faßbaren „Mängel" (das Fehlen natürlicher Waffen, die Schwäche der Sinne usw.) so in das Gesamtverständnis des Menschen einbezieht, daß sie zugleich als notwendiges Korrelat seiner kulturschaffenden Leistungen erscheinen, also beides, „Mangel" und Kultur, wechselseitig aufeinander angewiesen ist, so ist es wiederum eine Spezialisierung unsres allgemeinen Prinzips.

Entsprechendes gilt auch von *Portmanns* viel diskutiertem Gedanken vom „extra-uterinen Frühjahr". Die zunächst rein biologische Feststellung, daß das Menschenkind eine erhebliche Zeitspanne früher geboren wird als alle mit ihm vergleichbaren Tiere, gewinnt zugleich ein allgemeineres anthropologisches Interesse, wenn man bedenkt, daß es zu einer Zeit, wo das tierische Junge noch gegen die Einflüsse der Außenwelt abgeschirmt ist, den Einwirkungen einer jeweils verschiedenen Umgebung ausgesetzt und daher in ungleich größerem Maß durch von außen kommende Einflüsse formbar ist. Diese ungleich stärkere Formbarkeit im frühkindlichen Alter ist also eine wesentliche Voraussetzung für die Geschichtlichkeit des Menschen, das heißt für die weitgehende Wandelbarkeit seines Wesens im Lauf der Geschichte.

Und ähnlich ist es auch mit den Zügen, die auf Grund früherer Ansätze (bei Carus und bei Engels und in unsrer Zeit bei Erwin Straus) neuerdings wieder *Plessner* zentral in die Grundlagen der „Conditio humana" hineingenommen hat: Wie der aufrechte Gang ein ganz andres, distanzierteres Verhältnis zur Umwelt ermöglicht, wie insbesondre die damit verbundene Befreiung der Hände von den tragenden Funktionen des Fußes die Voraussetzung für den Werkzeuggebrauch und damit natürlich die Voraussetzung für die Kultur überhaupt ist.

In allen diesen (nur als Beispiele herausgegriffenen) Fällen handelt es sich also darum, daß ein einzelnes Ergebnis, wie es sich aus der einzelwissenschaftlichen Forschung ergeben hatte, über die einzelwissenschaftliche Fragestellung hinaus in einen Zusammenhang mit dem Ganzen des Mensch-seins gebracht wird. Ob dies nun innerhalb der Einzelwissenschaft selber geschieht oder erst durch den diese Ergebnisse aufnehmenden Philosophen, ist nebensächlich: Immer geht es darum, daß in dieser neuen Perspektive die einzelwissenschaftliche Fragestellung in eine allgemein anthropologische umschlägt. Das ist ein interessanter Vorgang, den wir gegenwärtig in den verschiedensten Wissenschaften, am deutlichsten vielleicht in der Medizin und Psychologie beobachten können.

Aber diese Anstöße brauchen nicht von den anthropologischen Einzelwissenschaften auszugehen; sie können sich, wie schon erwähnt, auch aus der unmittelbaren Lebenserfahrung ergeben, wenn irgend ein die Aufmerksamkeit erregendes Phänomen zur tieferen Besinnung zwingt (die Krise, die Begegnung, das Mißtrauen und der Vertrauensschwund oder was immer wir nehmen wollen). Immer handelt es sich darum, daß ein beliebiges Einzelphänomen, das in irgend einer Hinsicht wichtig geworden ist, in eine unmittelbare Beziehung zum Wesen des Menschen im Ganzen gebracht wird.

4. Diese Aufgabe wäre verhältnismäßig einfach, wenn wir dabei von einem bestimmten Bild vom Menschen ausgehen könnten, um dann das neu zu begreifende Einzelphänomen in seinen Rahmen einzuordnen, das Einzelne also vom Ganzen her zu begreifen. Die Schwierigkeit beruht aber darauf, daß wir grade nicht wissen, was der Mensch in seinem Wesen ist, und daß sich die philosophische Anthropologie gerade im Bewußtsein von dieser Unsicherheit entwickelt hat. Darum müssen wir eine charakteristische Wendung in der Fragestellung vollziehen. Und gerade in dieser Wendung scheint mir das eigentliche Wesen der philosophischen Anthropologie zu bestehen: Sie geht nicht aus von einem fertigen Wesen, sondern vielmehr vom einzelnen Phänomen (im Falle Kierkegaards also der Angst) und sucht von ihm aus mit Hilfe der zunächst vorsichtig ange-

wandten Arbeitshypothese, daß dies konkrete Einzelphänomen im Zusammenhang des menschlichen Lebens nichts Zufälliges oder gar Fehlerhaftes sei, ein Wesen so zu erschließen, daß in ihm dieser bestimmte Zug als sinnvoll und notwendig begriffen werden kann. Die Deutung geht also vom Einzelzug zum Gesamtverständnis.

Damit aber ergibt sich die weitere Frage: Wenn wir von den Einzelzügen ausgehen und von ihnen auf das Ganze zurückschließen, welches ist dann dieses Gesamtverständnis, dieses „Wesen des Menschen im ganzen", auf das wir hinauswollen? Bei jedem zugrundegelegten Einzelphänomen ist es immer nur ein auf dieses bestimmte Einzelphänomen relatives Ganzes. Aber woher wissen wir, daß wir von den verschiedenen Einzelphänomenen aus immer zum selben „Ganzen" kommen? Oder vorsichtiger ausgedrückt: daß sich die verschiedenen Aspekte dieses „Ganzen", die sich von den verschiedenen Seiten her ergeben, zu einem einheitlichen und widerspruchsfreien Gesamtbild vereinigen? Es ist, allgemein ausgedrückt, die Frage nach einem abschließenden „Bild vom Menschen", das sich als Ergebnis einer solchen philosophischen Anthropologie herausbildet.

Die Frage nach dem abschließenden *Bild vom Menschen* hat sich wahrscheinlich schon bei vielen Lesern im Verlauf der bisherigen Überlegungen aufgedrängt. Aber eben hier müssen wir uns entschieden zur Wehr setzen und diese Frage als unangemessen zurückweisen. Bei Scheler, beim früheren Plessner der *Stufen des Organischen*, bei Gehlen, da kam es zwar zu allgemeinen Formulierungen: als Geistwesen, als exzentrisches Wesen, als handelndes Wesen. Aber grade diese Formulierungen mußten wir als voreilige Konstruktionen wieder zurückweisen. Und leitende „Menschenbilder" im Sinn der genannten Frage sind sie wahrscheinlich auch nicht.

Die zunächst plausibel klingende Frage nach dem leitenden Menschenbild ist ohnehin mit äußerster Vorsicht zu behandeln. Sie dient vor allem auf dem Gebiet des Erziehungswesens in der Regel dazu, neue, vorwärts drängende Tendenzen mit dem Vorwurf, sie hätten kein Menschenbild anzubieten, zu disqualifizieren und die Erziehung in die überlieferten Bahnen zurückzulenken. Aber ein Menschenbild, eine geschlossene Einheit, zu der sich die verschiedenen Züge zusammenschließen, gibt es überhaupt nur im betrachtenden Blick von außen, sei es, daß man eine fremde Kultur, sei es, daß man eine vergangene Geschichtsepoche ins Auge faßt. Nur das Fremde schließt sich in dieser Weise zur Einheit zusammen. Die eigne Zeit (auch der einzelne Mensch) hat niemals ein Bild vom eigenen Wesen, solange sie sich in lebendiger Entwicklung befindet. Auf die eigne Zeit angewandt, ist die Frage nach einem verbindlichen Menschenbild regelmäßig der Ausdruck unfruchtbarer reaktionärer Tendenzen.

Auch in der philosophischen Ebene ist der Einwand Heideggers, alle Anthropologie müsse immer schon den „Menschen als Menschen gesetzt" haben, sie bedürfe darum einer vorgängigen ontologischen Begründung, zurückzuweisen. Schon Plessner hat darauf aufmerksam gemacht, daß ein solches ontologisches Fundament notwendig auf die „Verabsolutierung bestimmter menschlicher Möglichkeiten" hinauslaufe, wie man es bei Heidegger ja auch unschwer nachweisen kann.

Es gibt also weder die Möglichkeit, die Einheit der anthropologischen Bestimmungen durch ein vorgängiges ontologisches Fundament zu garantieren, noch sie in nachträglicher Synthese aus den Einzelzügen zu gewinnen. Es gibt vielmehr nur die *eine* Möglichkeit, nämlich auf die Orientierung an einer solchen Einheit, an einem solchen Bild vom Menschen überhaupt zu verzichten. Das ist es, was Plessner als das *Prinzip der offenen Frage* formuliert hat und was wir mit vollem Gewicht als viertes zu unseren bisherigen methodischen Prinzipien hinzufügen müssen. Offene Frage heißt dabei, um es gegen ein gelegentlich vorgekommenes Mißverständnis zu schützen, nicht unbeantwortete oder gar unbeantwortbare Frage, sondern eine solche, deren Ergebnis nicht schon durch die Art der Fragestellung vorgezeichnet ist, sondern offen ist für neue, überraschende und nicht vorhergesehene Antworten.

Das führt zu ganz bestimmten Folgerungen für das Vorgehen einer solchen philosophischen Anthropologie. Es bedeutet: sich bei keiner Frage durch bestimmte vorgängige Vorstellungen von dem, was der Mensch sein könnte, bestimmen lassen, sondern jedesmal neu und unbefangen herangehen, als ob man noch gar nichts wüßte, um sich offen zu halten für das Einmalige und Besondere, das gerade dieses bestimmte Phänomen uns zu sagen hat. So betont es *Hans Lipps*: „Immer von neuem hat man einzusetzen, um ins Freie zu bringen, was in den verschiedenen Richtungen der Kenntnis des Menschen unter je anderen Seiten gestreift oder angeschnitten ist." So wiederholt es *Klaus Giel*: „Die philosophische Anthropologie sieht sich immer unmittelbar vor die Phänomene selbst gestellt, sie setzt mit jeder Erscheinung neu ein. Sie läßt sich gleichsam in der Weise ihres Vorgehens von den Erscheinungen selbst leiten, nicht von einer schon anderwärts erprobten Begrifflichkeit". Diese Offenheit für die Vielfalt der Phänomene, diese vorbehaltlose Hingabe an jeden neu sich aufdrängenden Zug ist nicht Mangel an systematischer Kraft, sondern der aus tiefer Verantwortung erwachsene Verzicht auf unzulässige Vereinfachungen. Jedes einzelne Phänomen hat einen unmittelbaren Zugang zum Verständnis des Menschen im ganzen, und jedes einzelne Phänomen ist unersetzlich, weil es darüber etwas auszusagen hat, was auf keine andre Weise zu gewinnen ist. Wie sich die einzelnen Ergebnisse dann zusammenfügen, ist eine sekundäre Frage und im Grunde nur eine Angelegenheit unfruchtbarer Systematik. Manches wird sich zwanglos zusammenfügen, manches aber auch nicht. Ob sich die divergierenden Züge vereinigen lassen oder ob unaufhebbare Widersprüche zurückbleiben, das wissen wir nicht und sollten diese Frage auch nicht allzu ernst nehmen; schon die Orientierung an einem solchen Gesamtbild, und wäre es auch nur in der Form einer regulativen Idee, wäre für die konkrete Arbeit verhängnisvoll; denn sie würde die Offenheit der Fragestellung schon wieder in Richtung bestimmter Erwartungen einengen.

Im Gegenteil: bei jedem neuen Phänomen neu und unbefangen einzusetzen, immer offen zu bleiben für das unerwartete Neue, das grade dieses bestimmte Phänomen zu bieten hat, und jeder Versuchung zu einer endgültigen Wesensbestimmung energisch zu widerstehen, darin liegt die Würde und die Verantwortung einer philosophischen Anthropologie, und überall, wo in dieser Weise nach dem Wesen des Menschen gefragt wird, da wird, wenn auch in noch so bescheidenem Anteil, am Aufbau der philosophischen Anthropologie gearbeitet. Diese Arbeit kann niemals zu einem Abschluß kommen, weil aus der Unergründlichkeit des Menschen immer Neues und Unvorhergesehenes in den Blick kommt. Aber der Sinn dieses Forschens liegt ja auch nicht in allgemeinen Ergebnissen, sondern in der Intensität des Fragens, in dem von immer neuen Erfahrungen her der Mensch tiefer und immer tiefer erschlossen wird.

Philosophische Anthropologie
(1986)

Das Wort Anthropologie wird in einem sehr verschiedlichen Sinn gebraucht. Unter Anthropologie in dem seit dem Ende des 19. Jahrhunderts verbreiteten Sprachgebrauch versteht man eine empirische, vergleichende Untersuchung der mutmaßlichen Ursprünge der Menschengattung, also den Teil der Biologie, die den Menschen betrifft. Etwas anderes ist die philosophische Anthropologie, also eine Anthropologie, die in spezifisch philosophischer Weise nach dem Menschen fragt.

Der Begriff der philosophischen Anthropologie ist durch Max Scheler[1] geprägt und gleichzeitig von Helmuth Plessner in seinem Buch „Die Stufen des Organischen und der Mensch" mit dem Untertitel „Einleitung in die philosophische Anthropologie" im Jahre 1928 ausführlich entwickelt worden. Der Begriff fand bald eine breite, fast möchte man sagen: eine modische Verbreitung, weil ein allgemeines Bedürfnis der Zeit in ihm zum Bewußtsein kam. Scheler fragt hier: „Was ist der Mensch, und was ist seine Stellung im Sein?"

Der Ursprung der Frage nach dem Menschen

Aber die Frage „Was ist der Mensch?" ist nicht erst im Rahmen philosophischer Besinnung entstanden. Sie reicht weit in die Anfänge der Geschichte zurück. So heißt es schon in den Psalmen: „Was ist der Mensch, daß du seiner gedenkst?" Das ist nicht die theoretische Frage nach dem Wesen des Menschen. Es ist überhaupt keine Frage, die eine inhaltlich bestimmte Antwort erwartet, sondern der Ausdruck eines tiefen Erschreckens. Es ist die erschütternde Erfahrung der menschlichen Nichtigkeit. „Der Mensch geht auf wie eine Blume, flieht wie ein Schatten und bleibt nicht". Die Frage, was ist der Mensch? erwächst aus tiefster menschlicher Betroffenheit und muß vor diesem Hintergrund gesehen werden.

Die Frage nach dem Wesen des Menschen hat aber noch eine andere Seite, die in der griechischen Tragödie angesprochen wird. „Πολλὰ τὰ δεινά, vieles Gewaltiges lebt, aber nichts ist gewaltiger als der Mensch".[2] Δεινός, wie es hier vom Menschen ausgesagt wird, bedeutet gewaltig, mächtig, teils im anerkennenden Sinn als tüchtig, aber zugleich auch im bedenklichen Sinn als furchtbar, schrecklich. Die δεινότης, die hier vom Menschen ausgesagt wird, bedeutet seine Macht, aber Macht in dem gefährlichen Sinn, daß sie in frevelhafter Vermessenheit die Strafe der Götter heraufbeschwört. Und bei den verbrecherischen Taten

---

1 In: Die Stellung des Menschen im Kosmos 1928.

2 Sophokles, König Ödipus.

entsteht die erschrockene Frage: wie konnten Menschen so etwas tun? Der Mensch ist Macht, in seinem innersten Wesen auf Können angelegt; denn jedes Können ist Ausüben einer Macht. Und in jeder Macht liegt die Gefahr des Mißbrauchs, des Umschlags ins Böse, ins Satanische. Diese gefährliche Zweideutigkeit in der δεινότης muß man sehen, wenn man nach dem Wesen des Menschen fragt.

Der kosmologische Ansatz

Schon die Titel der ersten Veröffentlichungen zur philosophischen Anthropologie, die ich eben nannte, sind bezeichnend für die Richtung, aus der sie an das Problem herangehen: Max Scheler: Die Stellung des Menschen im Kosmos, Helmuth Plessner: Die Stufen des Organischen und der Mensch, Arnold Gehlen: Der Mensch. Seine Natur und seine Stellung in der Welt, mit einigem Abstand 1940. Bei Scheler ist es ganz klar. Er geht aus von der übergreifenden Ordnung des Kosmos mit einer „Stufenfolge der psychischen Kräfte", um in diesem Rahmen die Stellung, die Sonderstellung des Menschen zu begreifen, die er durch den „Geist" als die Fähigkeit der Vergegenständlichung und der Verwandlung der „Umwelt" in eine gegenständlich gegebene „Welt" bestimmt. Entsprechend bei Plessner: Er entwickelt die „Stufen des Organischen" und in ihrem Zusammenhang die „exzentrische Position" des Menschen.

Gehlen beschränkt den Bezugsrahmen auf den Vergleich von Mensch und Tier. Der Mensch als das „Mängelwesen" muß, um trotz seiner biologischen Benachteiligung leben zu können, nach seinen Bedürfnissen eine künstliche Natur, eine Kultur, aufbauen. Er ist von Natur aus ein Kulturwesen.

Das Gemeinsame dieser verschiedenen Ansätze ist deutlich. Sie gehen, am deutlichsten wohl bei Scheler, von einer kosmischen Ordnung aus und suchen in diesem Rahmen dann das Wesen des Menschen zu bestimmen oder von einer Stufenfolge, deren oberste, nur in diesem Aufbau zu verstehende Stufe der Mensch ist. Mir aber scheint, daß dieser Weg, der von einem naiven Realismus getragen ist, sich nach der transzendentalphilosophischen Wendung Kants nicht mehr durchhalten läßt. Für uns, so scheint es mir, kann der Weg nicht mehr von der Welt zum Menschen führen, sondern vom Menschen zur Welt. Das bedeutet: das menschliche Leben, das vom Menschen gelebte Leben mit den Lebensbezügen, die ihn mit seiner Umwelt verbinden, muß der Ausgang einer philosophischen Besinnung sein. Das ist der von Wilhelm Dilthey entwickelte Weg einer methodisch durchgeführten geschichtlichen Lebensphilosophie.

Der hermeneutische Ansatz

Auf dieser Grundlage muß auch eine philosophische Anthropologie entwickelt werden. Ich spreche darum allgemein von einem hermeneutischen Ansatz. Er muß das im alltäglichen Leben schon immer enthaltene Verständnis des Menschen unter Einbeziehung aller einzelwissenschaftlichen Forschung durch philosophische Interpretation zur genaueren Bestimmtheit bringen. Ich habe das Prinzip einer hermeneutisch verstandenen philosophischen Anthropologie in meinem Buch „Das Wesen der Stimmungen“[3] dahin zu bestimmen versucht, daß sie anstatt das Wesen des Menschen aus einem einzelnen Prinzip (der Macht, dem Geschlechtstrieb usw.) abzuleiten, vielmehr jeden im Leben gegebenen Zug, der aus irgend einem Grund problematisch geworden ist (die Arbeit, die Übung, die Scham, das Wohnen im Haus, der aufrechte Gang, die Ermahnung usw.), als etwas aufnimmt, das über den Menschen etwas Besonderes, Einmaliges und nicht aus einem vorher schon Gewußten Ableitbares über den Menschen aussagt. Ich habe damals das methodische Prinzip auf die Formel gebracht: Wie muß das Wesen des Menschen im ganzen beschaffen sein, damit sich diese besondre, in der Tatsache des Lebens gegebene Erscheinung darin als sinnvolles und notwendiges Glied begreifen läßt? Ich muß allerdings einschränkend hinzufügen, daß das Wort „Wesen“ hier nur in einem unverbindlichen Sinn genommen ist, um das übergreifende Ganze zu bezeichnen, in dem die einzelne Erscheinung ihre Stelle hat. Über eine zeitlose Wesenheit ist damit noch nichts ausgesagt.

Das klassische Beispiel für eine solche Betrachtungsweise ist die existenzphilosophische Deutung der Angst. Dies Beispiel ist inzwischen so oft durchkonstruiert worden, daß ich mich auf eine schematische Zusammenfassung beschränken kann. Für das alltägliche Lebensverständnis erscheint die Angst als ein peinlicher Mangel, der dem Menschen nun einmal anhaftet, dem man aber nicht nachgeben darf, sondern den man in entschieden tapferer Haltung überwinden muß. Dem gegenüber betont Kierkegaard, daß die Angst, richtig verstanden, gerade der Ausdruck einer menschlichen Vollkommenheit ist. Sie hat im Leben eine entscheidend wichtige Funktion; denn indem der Mensch, ohne vor ihr auszuweichen, die Angst durchhält, wird er aus der Gedankenlosigkeit seines Alltagslebens herausgerissen und zu seiner eigentlichen Existenz erweckt. Die Angst ist so nach Kierkegaard der „Schwindel der Freiheit“.

Ausgehend von einer so gedeuteten Erfahrung der Angst läßt sich eine existentielle Anthropologie entwickeln, die durch den schroffen Gegensatz zwischen der Uneigentlichkeit und der Eigentlichkeit des Daseins gekennzeichnet ist und zu einem spezifisch existentiellen Verständnis der Zeitlichkeit und der Geschichtlichkeit hinführt.

Aber so viele und wichtige Züge am menschlichen Dasein in einer solchen existentiellen Anthropologie aufgedeckt werden, so beruht sie doch auf einem

[3] Otto Friedrich Bollnow, Das Wesen der Stimmungen. Frankfurt/Main 1941. 6. Aufl. 1980, S. 16.

bestimmten, sehr einseitigen Aspekt und kann nicht beanspruchen, das Wesen des Menschen im ganzen zu erfassen. Andere, nicht weniger wichtige Züge bleiben außerhalb ihrer Deutungsmöglichkeiten. Aber das ist kein zufälliger Mangel, sondern die notwendige Folge des hermeneutischen Ansatzes. Und grade hierauf beruht seine erhellende Kraft, der bei jeder neuen Erscheinung neu und unbefangen einsetzt und sich nicht durch mitgebrachte Vorstellungen beeinflussen läßt. So betont Hans Lipps, der dies Verfahren in großer Virtuosität geübt hat: „Immer von neuem hat man einzusetzen, um ins Freie zu bringen, was in den verschiedenen Richtungen der Kenntnis des Menschen unter je anderen Seiten gestreift oder mit angeschnitten ist."[4]

Ich bedaure, daß es an dieser Stelle nicht möglich ist, die Fruchtbarkeit dieses Verfahrens an der Fülle der untereinander wiederum sehr verschiedenartigen Phänomene sichtbar zu machen.

Umfassende Bestimmungen

Zu diesen Betrachtungen, die von einzelnen, sich aufdrängenden und meist als lästig empfundenen Phänomenen ausgehen, kommen andere Überlegungen, die die Gesamtverfassung des Menschen ins Auge fassen. Ich nenne hier das allgemeine Verhältnis des Menschen zur Zeit, zum Raum, zum Leib, zur Sprache und zur Geschichte. Man spricht in neuerer Zeit von einer Zeitlichkeit, Räumlichkeit, Leiblichkeit, Sprachlichkeit und Geschichtlichkeit des Menschen. Man versteht darunter die Verfassung eines Wesens, das in seinem Wesen durch sein Verhältnis zur Zeit, zum Raum, zum Leib, zur Sprache und zur Geschichte bestimmt ist. Das ist ein neuer weiterer Bereich fruchtbarer anthropologischer Forschung, den ich hier nicht weiter ausführen kann.

Aber ich möchte wenigstens ein paar Gedanken zum Problem des Raums[5] andeuten. Anthropologisch interessiert natürlich nicht der homogene mathematische Raum, sondern allein der vom Menschen erlebte und gelebte Raum mit seiner reichen inneren Gliederung. Der Mensch befindet sich im Raun nicht an beliebiger Stelle, er ist nicht in den Raum als ein ihm fremdes und feindliches Medium „geworfen", wie es Martin Heidegger behauptete, sondern er hat im Raum eine Mitte, an die er hingehört und auf die alle Stellen im Raum bezogen sind. Diese Mitte hat zugleich eine gewisse Ausdehnung. Es ist der Raum seines ständigen Aufenthalts, in dem er sich vor den Bedrohungen der Umwelt geborgen fühlt. Dieser Raum der Geborgenheit ist das Haus. Die Weise der Befindlichkeit im Haus aber ist das Wohnen, und das Wohnen ist insofern die grundlegende Bestimmung für das richtige Verhältnis des Menschen zum Raum.

---

4 Hans Lipps, Die menschliche Natur. Frankfurt/Main 1941, S. 9.

5 Otto Friedrich Bollnow, Mensch und Raum. Stuttgart 1963.

Das darf allerdings nicht im Sinn einer trägen Behaglichkeit aufgefaßt werde, in der sich der Mensch in sein Haus verkriecht. Der Mensch muß hinaus ins feindliche Leben, um in der Welt da draußen seine Aufgaben zu erfüllen. Wichtig ist nur, daß er einen Raum hat, in den er sich zurückziehen und wieder zu sich selbst kommen kann.

Daß man auch mit gutem Recht das richtige Verhältnis zur Zeit, das der Mensch leicht verfehlt und um das er sich zu bemühen hat, als ein Wohnen in der Zeit bezeichnen kann, sei nur kurz erwähnt. Ebenso auch, daß das Verhältnis zum Leib am treffendsten als ein Wohnen im Leib bestimmt wird. Erwähnt sei nur, daß auch das Verhältnis zur Sprache am besten als ein Wohnen verstanden wird. Wie der Mensch mit den Worten Wilhelm von Humboldts „die Sprache aus sich herausspinnt“ und sich zugleich „in dieselbe ein(spinnt)“,[6] so bildet die Sprache zwar nicht geradezu einen Käfig, in dem der Mensch gefangen ist, aber doch ein Haus, in dem er verläßlich wohnt. So heißt es bei Heidegger sehr tiefsinnig: „Die Sprache ist das Haus des Seins. In dieser Behausung wohnt der Mensch“.[7]

Das durchzuführen ist hier nicht der Ort. Ich fasse nur zusammen, daß in den verschiedenen Hinsichten, die wir unterschieden haben, zur Zeitlichkeit und der Räumlichkeit, Leiblichkeit und der Sprachlichkeit, die sich je in verschiedener Weise das Wohnen als die umfassendste Bestimmung des Verhältnisses des Menschen zur Welt ergeben hat. So kann auch Maurice Merleau-Ponty seine großartige Erörterung des Wohnens in seiner „Phénoménologie de la perception“ dahin zusammenfassen: Der Mensch sei ein „Wesen, das die Welt bewohnt.“[8]

Der Mensch als Schöpfer seiner Kultur

Ein weiterer, zu weitreichenden Ergebnissen führender Zugang zum Verständnis des Menschen geht vom Verhältnis des Menschen zur objektiven Kultur aus. Anstatt die verschiedenen Kulturbereiche, die Kunst, die Wissenschaft, die Religion, das Recht, die Wirtschaft usw. als an sich bestehende objektive Gegebenheiten zu betrachten und in ihrer unabhängig vom Menschen bestehenden Eigengesetzlichkeit zu untersuchen, kommt es darauf an, sie auf das Leben zurückzubeziehen, aus dem sie hervorgegangen sind und in dem sie eine bestimmte Funktion zu erfüllen haben. So hatte schon Ludwig Feuerbach die Religion aus den Bedürfnissen zu begreifen versucht, aus denen sie hervorgegangen ist, und hatte insofern, etwas überspitzt, von einer „Verwandlung und Auflö-

---

6 Wilhelm von Humboldt, Über die Verschiedenheit des menschlichen Sprachbaues. Hrsg. von der Königl. Preuß. Akademie der Wissenschaften. 1. Abt. 7. Bd., S. 60.

7 Martin Heidegger, Brief über den ‚Humanismus‘. In: Platons Lehre von der Wahrheit. Bern 1947, S. 53.

8 Maurice Merleau-Ponty, Phénoménologie de la perception. Paris 1945, S. 491.

sung der Theologie in die Anthropologie" gesprochen.[9] So hatte dann Friedrich Nietzsche auf seinem Gebiet den „Nutzen und Nachteil der Historie für das Leben" untersucht. Und so wollte dann auch Wilhelm Dilthey allgemein „die sich unermeßlich ausbreitende geschichtlich-gesellschaftliche Wirklichkeit ... zurückübersetzen in die geistige Lebendigkeit, aus der sie hervorgegangen ist".[10]

Am entschiedensten hat Helmuth Plessner in „Macht und menschliche Natur, ein Versuch zur Anthropologie der geschichtlichen Weltansicht" (1931)[11] auf dem „von Dilthey und Misch gewiesenen Weg" eine Anthropologie der Kultur entwickelt und damit seine ursprünglich von der Biologie her entwickelte philosophische Anthropologie auch auf die geistige Welt übertragen. Er betrachtet hier den Menschen „auch in den außerempirischen Dimensionen des rein Geistigen als Zurechnungssubjekt seiner Welt, als die ‚Stelle' des Hervorgangs aller überzeitlichen Systeme, aus denen seine Existenz Sinn empfängt". Oder als „die produktive ‚Stelle' des Hervorgangs einer Kultur", oder noch einmal im Sinn der genannten Reduktion als „das Prinzip der Relativierung aller außerzeitlichen Sinnsphären auf den Menschen als ihre Quelle".

Zweierlei scheint mir an Plessners Formulierung vom Menschen als der „produktiven ‚Stelle' des Hervorgangs einer Kultur" bemerkenswert. Plessner vermeidet den naheliegenden Begriff des Hervorbringens, womit die Tätigkeit eines bestimmt gearteten Subjekts vorausgesetzt würde, sondern spricht statt dessen in einer neutralen Weise von einem Hervorgehen, womit der Vorgang als ein subjektloses Geschehen angesprochen wird. Und zweitens: Das Wort „Stelle" wird in beiden Fällen in Anführungszeichen gesetzt, ein Hinweis, daß das Wort nur behelfsmäßig für etwas sonst schwer zu Fassendes steht. Mir scheint es anzudeuten, daß diese „Stelle" nicht einen bestimmten Zeitpunkt bezeichnet, der als faßbarer Ursprung am Anfang der Entwicklung stünde, sondern daß es überhaupt keinen Anfang gibt, an dem der Mensch seine Kultur zu schaffen begonnen hätte, sondern wo wir einen Menschen haben, hat er auch schon immer eine Kultur, und das Hervorgehen geschieht in jedem Augenblick, nicht von einem Nullpunkt aus, sondern als ein beständiges Umbilden und Fortbilden im Rahmen einer immer schon vorhandene Kultur.

Damit ist zugleich die Abgrenzung gegen ein zu subjektivistisches Verständnis der anthropologischen Reduktion gegeben. Plessner spricht ausdrücklich von „überzeitlichen Systemen", von „außerzeitlichen Sinnsphären", oder schärfer noch von einem „Hervorgang des Ewigen aus dem Zeitlichen".[11] Damit ist hier in letzter Entschiedenheit die Konsequenz gezogen, ohne die die geschichtliche Weltansicht in strukturlosem Relativismus zerfließen müßte: daß im zeitlichen Geschehen etwas geschaffen wird, das dann eine überzeitliche Bedeutung hat, der „Hervorgang des Ewigen aus dem Zeitlichen". Das Dilthey-

---

9 Ludwig Feuerbach, Das Wesen des Christentums. Sämtliche Werke, hrsg. von W. Bodin und F. Jodl. 6. Bd. dazu 2. Bd. S. 245.

10 Wilhelm Dilthey, Gesammelte Schriften. 5. Bd. S. 165.

11 Plessner, Macht und menschliche Natur, a.a.O. S. 143, 148, 149, 150.

sche Problem, wie sich bleibende Bedeutungen aus dem Fluß des Lebens entwickeln können, ist damit in einer kurzen provozierenden Formel zusammengedrängt.[12]

Der Mensch als Geschöpf seiner Kultur

Aber nun kommt ein wichtiger neuer Gedanke hinzu: Das Hervorbringen der Kultur ist nicht als ein einseitig gerichteter Vorgang zu verstehen, in dem ein gleichbleibendes, bestimmt organisiertes Subjekt nach und nach seine Kultur hervorbringt, sondern das Hervorbringen der Kultur verändert zugleich den sie hervorbringenden Menschen. Der Mensch ist, in der Formulierung Michael Landmanns, nicht nur Schöpfer, sondern auch Geschöpf seiner Kultur. Jede schöpferische Leistung, die der Mensch aus sich herausstellt, schafft zugleich das Organ, sie aufzufassen, und verändert insofern, indem sie neue Möglichkeiten der Auffassung in ihm entwickelt, den Menschen selbst.

Das gilt in der einfachsten Form sogar schon für die scheinbar in der biologischen Ausstattung fertig vorgegebenen Sinne. Schon Karl Marx hat darauf aufmerksam gemacht, daß der Mensch von Natur aus nur ein „rohes, unmenschliches Auge", nur ein „rohes Ohr" mitbringt. Erst durch die Gestaltung in der Kunst „wird ein musikalisches Ohr, ein Auge für die Schönheit der Form, kurz werden erst menschlicher Genuß und fähige Sinne, Sinne, welche als menschliche Wesenskräfte sich bestätigen, teils erst ausgebildet, teils erst erzeugt".[13] Und was an den körperlichen Sinnen verdeutlicht ist, gilt entsprechend auch von den „geistigen Sinnen", worunter bei Marx im weitesten Sinn alle Weisen menschlichen Auffassens und menschlichen Verhaltens zur Welt zu verstehen sind. Der Mensch wird geformt durch die Kultur, die er hervorgebracht hat.

Ich will das nicht im einzelnen ausführen, sondern nur auf die Folgen für die philosophische Anthropologie aufmerksam machen. Weil der Mensch im Hervorbringen seiner Kultur sich selbst hervorbringt, sich zwar nicht aus dem Nichts erschafft, aber beständig neue Fähigkeiten entwickelt, dürfen wir nicht von einem überzeitlichen „Wesen" des Menschen sprechen und darauf verbindliche Voraussagen für die Zukunft gründen. Wenn wir in einer gewissen nachlässigen Weise vom Wesen des Menschen sprechen, dann können wir darunter nur den Menschen verstehen, wie er uns in unserer Zeit und in unserer kulturellen Umwelt gegeben ist.

In diesem Zusammenhang steht der bekannte Satz Diltheys: „Was der Mensch sei und was er wolle, erfährt er erst in der Entwicklung seines Wesens

---

12 Vgl. Georg Misch, Lebensphilosophie und Phänomenologie. Eine Auseinandersetzung der Diltheyschen Richtung mit Heidegger und Husserl. 2. Aufl. 1930, S. 103ff.

13 Karl Marx, Der historische Materialismus. Die Frühschriften, hrsg. von S. Landshut und J.P. Mayer. Leipzig 1931. 1. Bd. S. 302.

durch die Jahrtausende, und nie bis zum letzten Worte"[14] – nie bis zum letzten Worte, weil man dazu erst das Ende der Geschichte abwarten müßte, was natürlich ein Widersinn ist; denn die Geschichte, wie wir sie erfahren, hat so wenig ein Ende, wie sie einen Anfang hat. Das bedeutet nicht einfach, daß der Mensch ein Wesen hätte, das sich erst schrittweise in der Geschichte enthüllt, sondern daß dieses Wesen erst in der Geschichte entsteht und mit jeder schöpferischen Leistung sich vermehrt.

Die Unergründlichkeit

Ich halte inne, denn noch nach einer andern Richtung bedarf die Wendung vom Menschen als der „produktiven ‚Stelle' des Hervorgehens einer Kultur" einer näheren Bestimmung. Als Grundbestimmung des Lebens wird immer wieder seine Unergründlichkeit hervorgehoben. Es ist eine immer wiederkehrende Versicherung der Lebensphilosophie. So heißt es bei Friedrich Nietzsche im „Zarathustra": „In dein Auge schaute ich jüngst, oh Leben! Und in's Unergründliche schien ich mir da zu sinken."[15] Die Unergründlichkeit bedeutet nicht nur eine Schwierigkeit für unser Begreifen, in dem Sinn, daß das Netz unserer Begriffe mit seinen groben Maschen nicht ausreiche, die Fülle der Wirklichkeit einzufangen. Einen anthropologisch verbindlichen Sinn bekommt diese Aussage erst, wenn man mit Georg Misch genauer fragt, was hier unergründlich heißt. Unergründlich ist das Leben nicht nur, weil es unmöglich ist, ihm auf den Grund zu kommen, sondern weil das Leben überhaupt keinen Grund hat, zu dem man gelangen könnte, weil es im wörtlichen Sinn bodenlos ist. Oder auch bei der andern, im ähnlichen Sinn gebrauchten Wendung, der Unerschöpflichkeit. Das Leben ist nicht darum unerschöpflich, weil es ein so großer Vorrat ist, den man mit den Begriffen nicht ausschöpfen kann, sondern weil es überhaupt nicht als ein bestimmter Vorrat zu fassen ist, sondern eher wie eine Quelle, die unaufhörlich strömt und sich niemals erschöpft.

Aber auch das Bild der Quelle ist unzulänglich und auch wieder irreführend, weil es an einen außerhalb der Geschichte und vor der Geschichte liegenden zeitlosen Ursprung denken läßt. Wir müssen vielmehr das Leben als in sich, d.h. in jedem Augenblick seiner Geschichte als schöpferisch fassen. So hat es auch Helmuth Plessner gesehen: „Das schöpferische Leben darf nur bedeuten die jeweilige menschliche Wirklichkeit, wie sie restlos in unsere Erfahrung eingeht; nicht einmal einen in ihr liegenden Quellgrund, dessen schöpferische Fähigkeit diesseits der Geschichte als eine zeitlos zeitigende Struktur von der Philosophie zu formulieren oder, wenn nicht rational, doch schauend zu fixieren wäre."[16]

[14] Dilthey, Gesammelte Schriften. 6. Bd. S. 57.

[15] Friedrich Nietzsche, Zarathustra. Klassiker-Ausgabe. 6. Bd. S. 157.

[16] Plessner, a.a.O. S. 186.

Das Schöpferische

Ein erläuterndes Wort ist noch zu sagen über den Begriff des Schöpferischen. Schöpferisch nennen wir allgemein ein Tun, bei dem etwas wirklich Neues hervorgebracht wird. Neu in diesem Sinn nennen wir es etwa nicht, wenn ein Handwerker einen Gegenstand gebräuchlicher Art nach bewährtem Verfahren herstellt; denn damit bleibt er in einer bekannten und schon immer verstandenen Welt. Neu nennen wir es erst, wenn er ein neues Verfahren erfindet oder wenn er aus einem neuen Bedürfnis oder ein neues Bedürfnis erst schaffend einen Gegenstand bisher unbekannter Art herstellt. Und wenn wir allgemein ein menschliches Schaffen als schöpferisch bezeichnen, so heben wir es damit als etwas eigentümlich Menschliches von einer organischen Entwicklung ab. Denn in einer organischen Entwicklung, etwa dem Wachsen einer Pflanze aus dem Samenkorn, wird nur zur Entfaltung gebracht, was schon von Anfang an im Keim angelegt war. Menschliches Schaffen aber geht über die organische Entwicklung hinaus, indem in ihm etwas grundsätzlich Neues entsteht. Dadurch unterscheidet sich menschliche Entwicklung – des einzelnen Menschen wie der übergreifenden Gebilde – als eine geschichtliche Entwicklung von einer bloß organischen. So unterscheidet Dilthey: „Nicht geprägte Form, die lebend sich entwickelt, ... sondern Erblicken der Genesis, die auch Epigenesis sein kann; Zusammenhang des Heterogenen, der in der Entwicklung sich bildet ... Überall Wachstum von innen und harte aneignende Arbeit zugleich."[17] Versuchen wir diesen Vorgang ein wenig genauer zu bestimmen und fragen wir: wie geschieht eine solche schöpferische Leistung, so heißt die Antwort: es ist zunächst eine Störung des normalen Verlaufs, die den Menschen zwingt, nach neuen Möglichkeiten Ausschau zu halten, um die Störung zu beseitigen. Es ist der Zufall, der als etwas nicht Vorausgesehenes und schlechterdings nicht Voraussehbares in das Leben eindringt und, wenn er nicht als Fremdkörper zerstörend wirken soll, dazu zwingt, ihn durch eine neue Synthese in das bisherige Leben zu integrieren. Die schöpferische Leistung besteht in der Sinngebung des an sich Sinnlosen.

Daraus folgt, daß geschichtliches Geschehen schlechterdings nicht voraussehbar ist. Alle verantwortliche Planung stößt an die Grenze des nicht voraussehbaren und darum nicht einplanbaren Zufalls. Alle Futurologie kann nur immer Folgerungen aus bestehenden Möglichkeiten ziehen. Aber schon wenn wir uns in der technischen Alltagswelt umsehen, bemerken wir, daß die in unserem Leben selbstverständlich gewordenen technischen Möglichkeiten nicht voraussehbar gewesen sind. So ist alle geschichtliche Entwicklung ein Gewebe von stetiger Entfaltung und neue Aufgaben stellendem Zufall. Und darum entzieht sich die Zukunft der Planbarkeit und Voraussicht.

Ein besonders wichtiger Fall ist das zur echten Begegnung gewordene Zusammentreffen mit einem andern Menschen, mit einem Werk der Kultur oder

---

17 Dilthey, Gesammelte Schriften. 5. Bd. S. LXXXII. Vgl. Frithjof Rodi, Morphologie und Hermeneutik. Zur Methode von Diltheys Ästhetik. Stuttgart 1969, S. 48.

überhaupt einer fremden Kultur. In diesem Sinn nimmt Misch den eben angeführten Satz Diltheys auf: Gegenüber der Meinung, daß „ein Mensch, eine Generation, ein Volk doch nur einen Einfluß empfangen könne, der seinem eigensten geistigen Trachten gemäß ist", betont er, „wie die Vereinigung gerade des Heterogenen, das Hineinbilden fremder Mächte in die eigene Innerlichkeit eine entscheidende Rolle in der geschichtlichen Gestaltung spielt und auch das zufällige Zusammentreffen zu einer produktiven Begegnung werden kann".[18]

Der Mensch als Macht

In diesem schöpferischen Hervorbringen seiner Kultur und – untrennbar verbunden [damit] – seiner selbst können wir den Menschen nicht als ein festes Sein, sondern nur als ein beständiges Werden begreifen. Aber auch dieses Werden ist kein strukturloses Abfließen, sondern, wie Misch es näher bestimmt, „das Sichgestalten aus dem Grenzenlosen als die große Leistung des Lebens".[19]

In dieser dem Menschen innewohnenden Fähigkeit zur Gestaltung des Gestaltlosen fassen wir das Leben als Macht. Damit gibt Georg Misch auf die alte anthropologische Frage „Was der Mensch ist" eine entschieden weiterführende Antwort: „Gemeint ist mit dem ‚Sein' des Menschen zugleich: was der Mensch vermag – die innere Mächtigkeit des menschlichen Lebens: nicht bloß im Sinne des Unerschöpflichen, wie die Quelle mehr ist als der Strom, sondern im Hinblick auf jenes πολλὰ τὰ δεινά als ‚Macht'. Das Wort ‚Macht' in der elementaren verbalen Bedeutung genommen, in der es ... zunächst die leibhafte Beweglichkeit und sodann die personale Gestaltungskraft ebenso wie das genialische Sprudelnkönnen umfaßt."[20] Macht ist hier in einem allgemeinen Sinn als das Vermögen verstanden, das Gewollte oder Erstrebte auch zu verwirklichen.

So verstehen wir den Menschen in seinem tiefsten Grunde als Macht, und zwar nicht als leere Gewalt, die er anwenden kann, sondern als schöpferische Macht der Gestaltung, als die Fähigkeit zur Selbstverwirklichung. Diese Macht kann sich, wie es im künstlerischen oder wissenschaftlichen Schaffen deutlich ist, ganz ohne Gewaltanwendung auswirken.

Trotzdem ist der heute geläufigere Begriff, der die Macht als Macht über andre Menschen faßt, und der sie oft zur rohen Gewalt hinüberspielen läßt, nicht unbegründet. Der Mensch lebt nicht im leeren Raum und muß, was er verwirklichen will, in einer Umwelt und gegen den Widerstand seiner Umwelt durchsetzen. Macht ist insofern das Vermögen, den Raum für seine Entfaltung zu schaffen und zu behaupten. Das gilt schon im geistigen Bereich. Jeder neue künstlerische Stil, jede neue wissenschaftliche Theorie wird nicht von vornherein

---

[18] Misch, a.a.O. S. 167.

[19] A.a.O. S. 170.

[20] A.a.O. S. 45.

bereitwillig aufgenommen, sie erscheint zunächst als Störung der überlieferten Auffassungen und muß sich erst mühsam gegen deren Widerstand durchsetzen.

Das gilt in besonderer Weise vom wirtschaftlichen und politischen Leben. Jeder Mensch und jede vom Menschen geschaffene Organisation steht mit ihrem Lebenswillen in Konkurrenz mit anderen Menschen und Organisationen und muß sich ihren Lebensraum erkämpfen und behaupten. Das hat Helmuth Plessner in seinem schon mehrfach herangezogenen Buch sehr klar herausgearbeitet. „Der Mensch ... steht als Macht notwendig im Kampf um sie."[21] Aber ich will hier nicht eine politische Anthropologie entwickeln, sondern nur eine allgemeine philosophisch-anthropologische Folgerung ziehen.

Die Bestimmung des Menschen als Macht ist so lange unvollständig, ja in hohem Grade gefährlich, als man nicht hinzufügt, daß mit jeder Macht zugleich eine Ohnmacht gegeben ist. Das bedeutet, daß der Mensch mit der Ausübung seiner Macht auf etwas stößt, das seiner Macht entzogen ist. Wir nennen es das Fremde. Zwar kann jede Macht durch die Anstrengung des Menschen ausgedehnt werden, indem er sich das Fremde aneignet, es sich unterwirft und zu eigen macht. Aber diese Ausdehnung ist nicht beliebig möglich. Irgendwo stößt sie auf eine Grenze. Und das Bedenkliche ist, daß diese Grenze nicht von Anfang an feststeht, sondern erst in der fortschreitenden Machtentfaltung erfahren wird.

Aber außer dieser nur relativ zu bestimmenden Grenze gibt es eine andere, eine absolute Grenze, etwas, das schlechthin der menschlichen Verfügung entzogen ist. Jaspers spricht von Grenzsituationen und zählt als solche Tod und Leiden, Kampf und Schuld auf: „Sie sind wie eine Wand, an die wir stoßen, an der wir scheitern."[22] An ihnen macht der Mensch die Erfahrung seiner Ohnmacht, wie sie schon in den Worten des Psalmisten zum Ausdruck kam: „Ist doch der Mensch gleichwie nichts; er fährt dahin wie ein Schatten." Er wird zur Bescheidenheit gezwungen. Und erst auf diesem Boden erwächst die tröstliche Gewißheit, daß er nicht allein steht, daß alle menschliche Macht getragen wird von einem tieferen Grund, daß sie verwurzelt ist in einem Transzendenten.

Aber der Mensch versucht immer wieder, sich aus dieser Bindung zu lösen und sich in seiner Eigenmacht zu emanzipieren. Darauf beruht der unheimliche und gefährliche Charakter der Macht, den ich ebenfalls gleich zu Anfang im Begriff der δεινότης in der griechischen Tragödie hervorgehoben habe. Im stolzen Gefühl der eignen Macht liegt die Versuchung der Maßlosigkeit, der Vermessenheit. Die Griechen sprachen von der Hybris, die mit dem Sturz in den Abgrund endet. Aus dieser im innersten Wesen der Macht gelegenen Gefahr der Vermessenheit ergibt sich die Aufgabe einer von innen her kommenden Selbstbegrenzung, die wesentlich zum Menschen gehört.

---

21 Plessner, a.a.O. S. 191.

22 Karl Jaspers, Philosophie. Berlin 1938. 2. Bd. Existenzerhellung. S. 233–249.

Hier bedarf es, wenn der Weg nicht in den Abgrund führen soll, der Kraft der Besinnung, die dem dämonischen Streben Einhalt gebietet, die schon auf technischem Gebiet das Richtige und Wünschenswerte von dem Möglichen unterscheidet und dem maßlosen Streben ein Maß setzt. Hier scheint mir in einem tieferen Sinn die Aufgabe der Vernunft einzusetzen, der Vernunft als der Fähigkeit des Maßes. In diesem Sinn können wir der alten Bestimmung des Menschen als eines durch den Besitz der Vernunft ausgezeichneten Wesens einen neuen und tieferen Sinn geben: der Mensch als das des Maßes fähige, das die Maßlosigkeit im selbstgebenden Maß bindende Wesen.

Insofern ist der Versuch einer Wesensbestimmung des Menschen im letzten Grunde ethisch bedingt. Und diese nicht von einer Natur gegebene, sondern in der Zucht des Maßes gewonnene oder zu gewinnende Gestalt des Menschen bezeichnen wir mit dem schönen alten Wort als Menschlichkeit oder als Humanität und hoffen, daß die Menschheit trotz aller bitteren Erfahrungen noch immer zur Menschlichkeit fähig ist.

Drucknachweise

Das Wesen der Stimmungen. Frankfurt a.M. 1941;
2. durchgesehene u. erw. Aufl. Frankfurt a.M. 1943;
3. durchgesehene u. erw. Aufl. Frankfurt a.M. 1956;
8. Aufl. Frankfurt a.M. 1995

Die philosophische Anthropologie und ihre methodischen Prinzipien. Erstveröffentlichung in: Philosophische Anthropologie heute. Hrsg. von Roman Roček und Oskar Schatz. München 1972, 19–36

Philosophische Anthropologie. Erstveröffentlichung in: Universitas 41 (1986), 846–855